世界文化シリーズ 別巻 1

Children's Culture in English-speaking Countries

英米児童文化55のキーワード

白井澄子
笹田裕子 編著

ミネルヴァ書房

まえがき

近年、日本のマンガやアニメなどのサブカルチャーが海外で注目されていることとあいまって、日本でも英米の児童文化に強い関心が寄せられるようになっている。しかし、一口に英米児童文化といっても、なかなか実態が摑みにくいのではないだろうか。本書は、英語圏の子どもたちが、社会の中でどんな生活をしているか（してきたか）を知る手立てとなるトピックを取り上げて、紹介したものである。

そもそも、子ども期の捉え方自体が、国や時代によって異同があるのは周知のとおりで、子どもを取り巻く文化についても、何をどこまで含めたらよいか、意見が分かれるところである。そこで本書では、衣食住や教育といった子どもの生活の基本になる事柄から、おもちゃや遊びまで、子どもが社会の中で関わりを持つモノやコトを幅広く取り上げることにした。例えば、身近なところでは、子どもの日常に焦点を当てた「食事・おやつ」「子ども部屋」「子ども服」、教育については、「子どもの教育」「保育園・幼稚園」「不登校」、また、社会と子どもについては「子ども観の歴史」「児童虐待」などの項目を設定し、なるべく過去と現代の違いにも触れるようにした。また、「映画の中の子ども」のように、イメージとしての子どもが、どのように扱われてきたかを紹介した項目もある。

しかし、本書の一番の特色は、何と言っても児童文学について触れた部分が多いことで、例えば、「秘密」の項目では、名作『クローディアの秘密』、また「乳母」の項目では、もちろんメアリー・ポピンズについての言及がある。このように、本シリーズ別巻の中でもユニークな一冊になっている。

本書の七つの章は、子ども観の誕生に始まり、家族や学校との関わり、子どもの生活圏での事柄、子どもの興味、各種メディアと子どもの関係、そして、こうした文化的背景の中で書かれた児童文学の章へと流れるように構成されている。一つずつの項目は独立しているので、つまみ食い的に読んでいただくのもよいが、思春期―イニシエーション―自立とアイデンティティ―YA小説、のように項目を関連させて読んでいただくと、英語圏におけるティーンエイジャーについて概観することができる。また、本シリーズ『イギリス文化 55のキーワード』の中にも子どもと教育に関する項目があるので、あわせてお読みいただくと面白さが倍増すると思われる。

二〇一三年一月

白井澄子

目次

第1章

子どもの発見／子どもの誕生

悪童トム・ソーヤーをつかまえた教師。『トム・ソーヤーの冒険』より

子どもの発見の背景

二〇世紀には三つの「発見」があったといわれる。人類学者レヴィ＝ストロースの野生（未開人）の発見、哲学者フーコーの狂気（狂人）の発見、そして、歴史家アリエスの子ども期（子ども）の発見である。野生・狂気・子どもという三つは、今日の管理社会では人間性と文明を揺さぶる複雑な感情を刺激する概念として、ある部分は無意識層に沈澱し、別の部分は表層に浮遊する。積層をなすこれらの文化概念は、表層から深層に向かって掘り進む考古学的な視点から解釈し直されることでその意味が「発見」されたのであった。ここで注目したいのは子どもの発見／誕生の二つの意味についてである。

教育の対象としての子どもの発見

まず最初の子どもの発見は、大人とは違う子どもの発達の特殊性と、それがもたらす子ども独自の文化が大人の文化とは異なるものとして理解しようとする大人の意識革命としてあらわれた。アリエスの『〈子供〉の誕生』（一九六〇年。原書は『アンシァン・レジーム期の子供と家族生活』）は、フーコーの『監獄の誕生』（一九七五年）を意識したものだが、ヨーロッパでは、早いところでは一七世紀頃から子どもの発見／誕生と呼ばれるこの意識革命が社会文化的に構築されたものであることを明らかにした。中世には近代的な感性を伴う子ども期や子どもの発達思想はなく、家族の絆と子どもの教育の価値は近代に再構築され、子どもが大人とは違うものとして理解されるようになった。近代の自然科学の発展がもたらした合理主義や啓蒙主義は大人世界の知性を啓いただけでなく、同時に大人とは違う子どもの発達段階や年齢段階を想定し、大人であることの三つの識別指標である言語、道徳、技術の獲得に向けて、子どもの能力は教育によって無限に伸びると考えた。子どもは生まれつき白紙（*tabula rasa*）であるから、生まれた後に環境から受ける教育は機会均等であるべきだとする白紙説の発達観は、子どもは生まれつき原罪を帯びていると見なした伝統的なキリスト教の子ども観とは対極に位置するものであった。この新しい子ども観のもとで、生まれ落ちた社会階級によって能力の発達が不合理に押しとどめられていた封建制は打破され、近代公教育制度の思想的基盤が形成され、やがて進歩主義の教育思想が語られるようになった。これは詰め込み型の早教育になりやすいという問題をはらんでいたが、近代のモラリスト（道徳改革者）、教育改革者、宗教教育者らに支持された。

大人と子どものあいだの異質性を教育の前提とし、この段差を乗り越えさせようとする教育関係は、経験者が未経験者に、精神的な成熟者が未成熟者にはたらきかける教育の構造になり、これは、段差の上に立つ者の権威と差別意識を助長し、権威主義的になりやすい。このような構造は近代以降の公教育を国家による支配機構に組み込みやすくした。教育関係に生まれたこのような権威主義はますます管理・統制的になり、排他的競争と序列化、差異化意識を教育の評価方法に採り入れ、硬直して選択肢を狭める大人の期待感に子どもを誘導する囲い込み型の教育意識を反映していた。近代教育は最初は私教育として家庭に、次いで公教育として学校に子どもを囲い込むことで成立した。

挑発者としての子どもの発見

もうひとつの発見は、大人文化とその価値観に対して挑発したり、侵犯する子どもの発見である。ここで発見されたのは子どもの自然性であった。この発見は、当時、各地で発見されつつあった野生児に強い関心を寄せ、人間の根源的自然性に価値を置くルソーによってなされ、それ以降のロマン派によって広められた。このような子どもの発見は、一九世紀後半以降の公教育と近代合理主義の行き詰まりとその矛盾を鋭く批判する自然主義哲学者、エコロジスト、児童文学者、新教育運動家、芸術家らに継承されている。子どもの自然性を重視する子ども観は、純真・無垢・残忍・未開・狂人・逸脱・奔放といった諸特性を子どもらしさ（childhood）として受けとめるが、このうち純真・無垢・奔放は、大人には無害なため可愛がりの動因となるが、残忍・未開・狂人・逸脱などは有害だとされ、大人の道徳によって規制され、教育によって矯正される。近代以降の合理主義は、子どもを純真無垢で素直、茶目っ気のあるペットとして可愛がる――動物を愛玩動物として可愛がる文化と子どもを可愛がる意識は連動している――一方、まるで文明を知らない未開人のように野卑で、大人の感情を逆撫でするものとして抑圧する。こうした反理性的で脱文化的な振る舞いに対する不快感や驚き、脅威は、子どもと大人を区別してきた近代の感情である。挑発者・侵犯者としての子どもを発見することができるのは、大人自身の規準や感性、合理的な考え方が硬化していることを自覚し、その矛盾や問題を感じ、それを相対化しようとするときである。こうして、「子どもの発見／誕生」論は、大人が異質なものをどれくらい冷静に受けとめられるかその成熟度をはかる精神的指標となっている。

（北本正章）

1

子ども観の歴史――新しい子ども学へ

図１　純真無垢の子ども（ジョシュア・レノルズ画「マスター・ヘアー」（1788年））

子どもへの二つのまなざし

子ども観は、様々な時代や文化、社会の中で子どもがどのように受け止められ、理解され、また子どもたちの方はどのような感情と価値観の中で自分を表現し、大人との関わり合いを作っていたのかという問題を含んでいる。

子ども観の歴史文化研究は、子どもの実態と経験、子どもの理念と感情という二つのレベルでこの問題を解明してきた。この二つのレベルの理解を同時に深めることが子ども観研究では重視されるが、考察される子どもは必ずしも幸せな子どもばかりではない。実態レベルでいえば、近代以前の子どもは、生まれたあと成人するまで継続して親元にいたわけでなく、多くの乳幼児が母乳育よりも乳母養育され、歩けるようになると里子制のもとで幼い労働力として他人の家に預けられ、一〇代の早い段階で徒弟になり、厳しい親方の監督下に置かれていた。このような近代以前の子どものライフサイクルを特徴づけているのは、生物学的な親子関係の期間が現代の親子関係に比べて非常に短かったことと、それを補う「名付け親」「里親」「親方」など、血がつながらない者たちがまるで親のようにかかわる「親代わり」（*in loco parentis*）のネットワークが人生段階の節目ごとに形成されていたことである。

また、理念レベルで見ても、幼い子どもが泣きわめいたり、むずかったりするのは乳幼児の心の中に悪魔がおり、生まれながら原罪（Original Sin）を負っているからだと考えた伝統的なキリスト教の原罪説的子ども観がある。他方、これに対して、

図２　人生段階図

一八世紀以降には、子どもは生まれつき白紙であるとするジョン・ロック（John Locke, 1632-1704）の「白紙説」（*tabula rasa*）に基づく教育思想が広まり、さらに一九世紀になると、子どもは純真無垢であるとするウィリアム・ワーズワス（William Wordsworth, 1770-1850）やウィリアム・ブレイク（William Blake, 1757-1827）らのロマン主義的な子ども観が登場する。このように、大人と子どもの関係は必ずしも円満な実態や理念が謳歌されていたわけではなく、実態でも理念でも常に光と影があった。子ども観とは、子どもの実態と理念をめぐる価値観の相克を見きわめようとする思想的視野の広がりをさす。

アリエスの子ども観研究

子ども観史研究が大きく展開したのは、フランスの歴史家フィリップ・アリエス（Philippe Ariès, 1914-84）の『〈子供〉の誕生』（原題は「アンシャン・レジーム期の子供と家族生活」一九六〇年初版）の出版が契機であった。アリエスはこの著書で、現代家族の私生活主義が、個人主義の保護膜を作るプライバシーとアイデンティティを過剰に重視し、個人の自律性を高めることに熱心である一方で、人間の存在を思慮深く高貴にしてくれる共存感覚や共感能力の教育をないがしろにしていると批判する観点から、親子関係の歴史に見られる子育てと教育の理念と感情のレベルについて、斬新な仮説を示して広く注目された。子ども観史研究は、核家族化と福祉社会のあり方を子どものあり方から問い直す二〇世紀後半の社会科学の中で新しい分野を開いたのであった。

現代的な意味での子ども期（子どもらしさ）に対する感情が歴史とともに変化し、社会的に形成されると考えたことから、アリエスは感情の歴史家とか社会構成主義

図3　J・ゾファニー画
「家族の肖像画」(1766年)

の歴史家と呼ばれたりする。子どもへの対し方が大きく変化する兆しは、ネーデルランドとフランスでは一七世紀に見られ、やがて一八世紀の都市部で顕著になってきたこと、そして中世ヨーロッパには現代的な感覚に近い子ども期への感情がなかったと主張した。アリエスは、新しく登場してきた市民階級のあいだで、子どもと大人の差異が深く自覚されるようになってきたことを論証するために、子どもの年齢、子ども期の肖像、服装、遊びなどの実態的な証拠を渉猟し、その意味が変容してきたこと、そして、純真無垢なロマン主義的子ども像と子どもの保護思想の登場、そして家庭への子どもの取り込みと、その後に登場する学校への囲い込みなどを詳細に検討した。子どもを取り巻く実態と理念の双方が変容する過程で、一方では家庭で子どもを「可愛がる」(coddling)意識が起こり、伝統的な原罪説的子ども観は解体し、愛情という絆で結びつく感情家族では、子どもを魅惑的な玩具やペットのようにあつかう家庭教育が盛んになった。だが、ほぼこれと同時に、家庭の外で存在感を増しつつあった聖職者やモラリスト、教育家たちのあいだに、子どもの養育に文明的で理性的な行動規範を期待するイデオロギーが高まった。彼らは、子どもの養育と保護から生じやすい甘やかしの文化を批判し、神の被造物として造り直されるべき子どもを家庭から引き離し、その身体と精神を理性によって管理しようとした。アリエスは、教育の名の下に子どもを支配する近代の教育イデオロギーが学校文化を生み出したと主張する。このような子ども観の近代的な展開は、英語圏では、早い時期に各国で見られた。近代的な母子関係の進化を扱ったE・ショーター(『近代家族の形成』)、近世から近代にかけてのイギリスにおける情愛的個人主義の展開を中上流階級の文化的伝播構造として描いたローレンス・ストーン(『家族・性・

図4　ジョシュア・レノルズ画
「子どもをあやす母親」(1784年)

結婚の社会史』)、親子関係の進化を主張したL・デ＝モス(『親子関係の進化』)などがそれである。これらは、意識的にアリエスのテーゼを発展させようとしたわけではなかったものの、結果的にはアリエスが示した近代的子ども観の社会史的構成要因のいくつかを明らかにした。

子ども観研究と新しい子ども学

しかし他方、アリエスの脱近代合理主義的な仮説には、様々な反論と疑問も投げかけられた。子どもに対する親の愛情の連続性を実証したL・ポロク(『忘れられた子どもたち』)や、親子関係の時代区分と人口学的家族戦略を解明したA・マクファーレン(『再生産の歴史人類学』)、中世の子ども世界と発達段階を発見したS・シャハール(『中世の子ども』)、そして、子どもの遺棄をめぐる福祉思想の連続性を解明したJ・ボズウェル(『見知らぬ人の親切』)らによる諸研究は、アリエスのテーゼを乗り越える系譜に属する。子ども観研究は、一九六〇年代以降のポストモダンのアカデミズムによる近代合理主義の再構成の中で、近代の公教育、消費文化、福祉国家といったマクロな(つまりパブリックで公共圏的な)構造を、子どもというミクロな(つまりプライベートで親密圏的な)切り口で描き出そうとする俊敏な研究者のあいだで早くから注目されていた。さらに今日では、子ども観の連続性と非連続性の両面を視野に入れた世界史的な視野での子ども観研究も進んできている。半世紀を超える豊かな研究成果は、二一世紀に向けて、教育学、児童文化、児童文学、児童福祉、児童心理学、メディア文化論、家族論、安全学、小児医学などを包摂する「新しい子ども学」として大きく飛躍しようとしている。

(北本正章)

2

子どもと家庭——囲い込まれる子どもたち

図1　コテージハウスの子どもたち(ヘレン・アリンガム画「コテージ・ラウンドハウス」(1870年))

諺のなかの家（house）と家庭（home）

イギリスの諺に、家についてのものが二つある。一つは、「イギリス人にとって家は城である」（*An Englishman's house [or home] is his castle.*）という諺である。家は神聖な空間で、何びとの侵入も許さないという意味が込められている。イギリスでは、中産階級の家も、地方地主の館《マナー・ハウス》も、村の戸建《ヴィレッジ・ハウス》も、玄関ドアは日本のように外開きでなく内開きが多い。内側にいくつも鍵をかけて外敵を防ぐ伝統が残っている。来客者に、「どうぞお楽に」とか「おくつろぎ下さい」というとき、イギリスでは、"My [or Our] house is your house." とか、"Please make youself at home." と表現する。家は奴隷と家畜を意味する *famulus* を語源に持つが、それとは別に、house（household）と home でも表現される。House（家屋）は物質空間を、home（家庭）は精神文化空間をさすが、二つ目の諺、「男は家屋をつくり女は家庭をつくる」（*Men make houses, women make home (s).*）は、この点を明確に区別している。これは、家の創設と運営をめぐる男性（夫）と女性（妻）の役割分担を示しているだけでなく、両者の性格特性と得意分野も暗示しており、「夫が稼ぎ、妻は蓄える」（*Men get wealth, women keep it.*）と対をなしている。ドイツの歴史家オットー・ブルンナーが指摘したように、家庭生活の安定は、知恵を持って配慮し合う男女の役割分担が条件であり、家庭経営の「合理性」と人間関係の「情緒性」という二つの原理の調和による。ヴィクトリア時代の「男の子は男の子らしく」（*Boys will be boys.*）と

図2　ヘレン・アリンガム画
「あやとり遊び」（1890年）

いうしつけの表現は、家を構成する古い倫理観と役割分担の意識が次第に形式的で押しつけがましくなったことを反映している。

伝統家族の親子関係——農耕文化の中の子ども

子ども観の社会史の第一ステージは農耕文化に始まる。そこでは、厳しい自然環境と生存条件がもたらす生産水準の低さが人々の協力を必要としたため、集団労働と部族のまとまりが生まれた。共同性は、子どもの髪型や服装、言葉遣いといった外面的な規制や、年長者の権威への恭順を強いる文化を生んだ。家の持続性を保つために、血縁関係と相続が最優先された。この倫理観は、相続する者には親が介入する調整婚で家督を継がせ、他の子どもには生涯独身のまま予備の労働力として生きることを強いた長子相続制によって、生まれ順序の格差を子どもに押しつけた。縁戚ときょうだいから成る相互扶助のネットワークは、部族や種族間の抗争と葛藤に対して、シャリヴァリ（charivari）やフェーデ制（Fehde）のような暴力的な制裁を加える背景をなし、犯罪の抑止力にもなっていた。一方、医療と衛生水準の低さは子どもの生命力と生存率を低くおしとどめ、家族戦略を多産多死型の人口動態へと導いていた。

この人口動態では、子どもは兄弟（姉妹）と従兄弟（姉妹）の多い血縁のネットワークの中で相続をめぐって競争にさらされる一方、生存のための連帯を強めた。遊びを通じて大人の労働を模倣し、親兄弟を発達モデルにし、文字を媒介せず、観察と模倣と記憶によって、生活の中で学びが繰り返される農耕文化の子ども空間は、大人空間に溶け込んでいた。ライフサイクルの乳幼児期を除けば、大人と子どもの境界線はきわめて曖昧で、それを線引きするのは学校ではなく、身体の成熟指標を

図3　シャリヴァリ〔スキミントン〕（ウィリアム・フォガース画「フューディブラス」(1725/26年)）

宗教的に祝福（確認）する成人儀礼であった。

近代化と子どもの囲い込み――子どもの発見／子ども期の発明

子ども期は家族の構造によって変わるが、その変化は、生態学的環境と社会的上昇意欲の強さに規制された。二〇世紀後半の家族史家たちは、産業革命の結果として核家族化が進んだのではなく、多数の子どもを潜在的な労働力としてかかえていた共同体では、産業革命に先だって核家族化が進んでいた（「プロト工業化論」）ことを発見し、定説を修正した。産業革命に先立つこの核家族化については二つの仮説が成り立つ。

ひとつは、何かの事情で子どもを可愛がる感情が高まり、より丁寧に子育てされるようになった結果、子どもの死亡率が下降し、多くの子どもを産み育てる必要がなくなって家族規模が縮小したという仮説である。もうひとつは、これとはまったく逆に、何かの事情で子ども数が少なくなり、多くの時間と感情を少数の子どもに振り向けるようになり、いきとどいた細やかな子育てが可能になった結果、子どものかわいらしさが発見され、子ども期が認識あるいは発明されたとする仮説である。この「何かの事情」の構成要因は、全体状況的で複雑な因果関係の網を広げている。

ロマン主義的結婚観が個人主義との親和性を増すと、愛情で結びついた夫婦の絆の証として子どもが認識されて大事にされ、愛しみの対象として物質的にも精神的にもよく観察され、しばしば甘やかされる。家庭での子どもの溺愛を戒めたのは、近世のモラリストであった。家族の社会化機能の限界を知っていたモラリストは、人間性《ヒューマニティーズ》研究によって、教育が理性的に人間性を変えることができるという確信から、子どもの教育を家庭に任せることには懐疑的であった。彼らは、子どもの

図4　テューエル・アンドリュー画「ホーンブック」（1897年）

礼儀作法《シヴィリティ》を説くことで家庭生活に介入し、印刷術の改良をてこに、理性の理解と表現を目指す識字教育を学校教育の中心に置いた。教育は識字教育と同化させられた。

いっぽう、近代家族は、プライバシーと個人主義という二つの壁の中で、人生における成熟目標を自己達成、自己実現、そして自己省察ができる能力を重視する子育てモードを作った。だが、そうした個人の完全性《パーフェクティビリティ》への高揚とは裏腹に、核家族という狭い人間関係は、人間性を磨く多様性が乏しく、異質なものを受け入れるよりも同質化することを重視してしまったために、その意図に反して、子どもを甘やかすことが親の愛情であるという倒錯を生み出した。

こうして核家族は、子どもが幼いうちはともかく、自立と成熟を目指す思春期前後からの社会化には不向きであることを次第に自覚する中で、最初は近代国家と部分的に妥協したり結託し、最終的には裏切られながら、家の外の様々な教育機関に依存するようになった。近代に生まれた幼稚園、保育所、託児所、小学校などの公教育機関に共通しているのは、子ども期は保護されるべき時期であるとする福祉イデオロギーと、保護するために子どもを家庭から引き離し、発達段階と社会の需要に応じて子どもの社会化を果たす機能を学校に付託したことである。学校によるこの社会化機能は、最初はそれなりの役目を果たすかのように思われ、近代以降の教育政策の立案者たちは、近代教育学の手を借りて、子どもの保護と教育を同時に果たす預かり施設型の教育を展開した。だが、M・フーコー（Michel Foucault, 1926-84）が指摘していたように、「社会が教育学の中で自己の黄金時代を夢想する時代」すなわち、社会がその進歩と発展を教育に期待できる時代は、長くは続かなかった。

（北本正章）

3

子育て――社会を映す鏡

一七世紀以前のイギリスの子育て

生まれた子どもはだれの手で、どのように、そしていつまで養育されるのか。この問いへの答えは、シンプルで本能的に見える子育てという行為にも、時代と場所によって大きな差があることを示している。

中世から近代初期にかけて、乳幼児死亡率は非常に高かった。当時広く行われていたのは、赤ん坊の手足を固定して布でぐるぐる巻きにするスワドリングという育児法である。これは、畸形を防止するためとされていたが、実際には手間を省く意味合いが大きく、子どもはしばしば不衛生な状態で放置されることとなった。

中産階級以上の子どもも例外ではなかった。イギリスでは、子どもを生後すぐに母親から引き離し、授乳をうけおう乳母（ウェット・ナース）のもとに送り出す慣習があり、乳母の怠慢や無知によって、多くの子どもが命を落とした。

なんとか乳幼児期を生きのびたら生きのびたで、子どもたちは六、七歳にもなると、階級を問わず里子に出され、一〇代なかばまで他家で奉公せねばならなかった。こうした慣習に驚いた一五〇〇年ごろのイタリア人は、「イギリス人の愛情のなさは子どもの扱いにあらわれている」と慨嘆している。たしかにイギリスには子育てを他人の手にゆだねる伝統があると結論してもよいかもしれない。しかし、その伝統の背後には、他家の厳しいしつけが子どものためになるという道徳観と、有力な里親と縁を結ぶことで子どもや生家の栄達を願う実際的な目的があった。子ども時

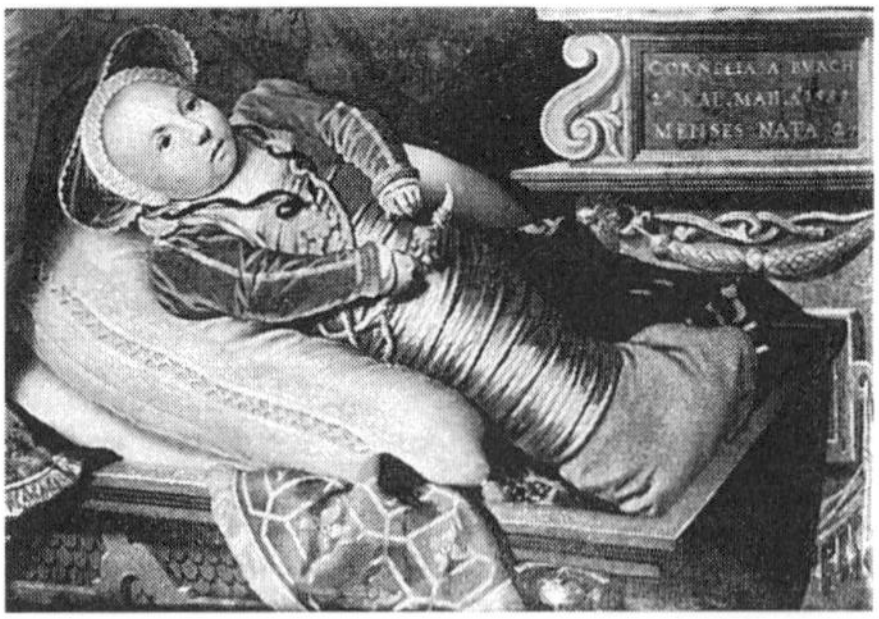

図１　16世紀のスワドリングの図

図2　ジェイムズ・ジェインウェイ

代は短かったが、それは一日も早く不完全な子ども時代を脱して大人になってほしいと願う親の愛情のあらわれだったのである。

ピューリタン家庭の子育て

子どもは不完全な大人であり、厳しくしつけて早く一人前にしなければならないという考えは、近代への移行期である一七世紀以降も長く続いた。しかし、核家族化の進行と宗教改革の広がりの中、より大きな関心が、子どもの体と魂の成長に寄せられるようになった。特にピューリタンたちは、スワドリングや乳母制度をやめて、母乳で子どもを育てるべきだと主張していた。

しかし、それがただちに現代のような個性と愛情重視の子育てに結びつくわけではない。ピューリタンにとって、人間は原罪を背負った弱い存在であり、いつ死ぬかわからない子どもはとりわけ、幼少時から厳しい禁欲的なしつけにさらされた。ジェイムズ・ジェインウェイ（James Janeway, 1636?-74）は『子どもたちへの贈り物』（一六七一年）で、幼い子どもたちが回心して喜んで死んでいく場面を描いたが、現代では信じられないことに、この本は当時の大ベストセラーだった。

植民地時代のアメリカにもこの子育て方針は受け継がれ、「できるだけ早い時期に子どもの意志をくじくように」説いた記録が残っている。現代から見れば息がつまりそうなピューリタンの子育ては、裏を返せば子どもの教育の可能性を信じ、よりよい社会の一員に育て上げようとする親心でもあった。しかし、よかれあしかれ放任に近かった前世紀の子育てにくらべ、この時代の子育ては抑圧の色を強めていった。

図３　『若草物語』に描かれた理想の家庭像

産業革命と帝国のゆりかご

一八世紀から一九世紀にかけて、産業革命とそれに伴うイギリス社会の激動は、子育ての様相にも大きな変化をもたらした。人口の増大、急激な都市化、職住空間の分離、性別役割分業などがその背景にある。

工業化に伴う職住分離は、少なくとも中産階級以上では、子どもを母親ごと生産の場から切り離し、家庭内に囲い込む役割を果たした。子どもの無垢をたたえたロマン派の影響もあって、ようやく子どもは小さな大人ではなく、子ども時代は特別なものとみなされるようになったのである。ヴィクトリア朝の中期には、家庭は安らぎの場であり、女性は「家庭の天使」として家事と子育てに専念し、帝国をになう男子を育成すべきだとの考えが確立していた。とはいえ、上流階級になるほど、実際に子育てを行っていたのが母親ではなく乳母（ドライ・ナースまたはナニー）であったのは皮肉である。

アメリカでも一九世紀には、母親中心の子育てが普通になり、より寛容で穏やかな育児法がとられるようになっていた。この時代の理想的な子育てを描いているのは、オルコット（Louisa May Alcott, 1832-88）の『若草物語』（一八六八年）だろう。父親不在の家庭をしっかりと支えるマーチ夫人のもと、性格の違う四姉妹もまた「家庭の天使」を目指して成長していく。

この時代はまた、子ども専用の服やおもちゃと並んで、児童文学が発展した時期でもあった。労働者階級の子どもたちにとっては事情がまったく別だったとはいえ、子どもが子どもとして大切にされる時代がようやく始まろうとしていたのである。

図４　生後１カ月から可能とされた排泄訓練

二〇世紀の「科学的」子育て

イギリスの乳幼児死亡率は、一九〇〇年ごろを境にようやく劇的に低下しはじめた。生まれた子どもの大半が生きのびられる時代になったのである。二〇世紀前半を支配した楽天的な科学万能主義のもと、子育ては神の意志ではなく、科学と結びつけられていく。

心理学、行動主義などそのときどきの最新の科学と手を組んだ子育て法は、しかし、とうてい恒久的な決定版とはなりえなかった。例えば、一九二〇年代のアメリカの育児書は、厳格な規則的授乳や早期の排泄訓練、「甘やかし」につながる抱っこやキスの禁止を唱えていた。しかし現在、アメリカでもイギリスでも、こうした子育てはほとんど行われていない。科学が万能ではないことを人々は悟ったが、だからといって伝統の知恵にももう頼れず、子育てに対する自信を失っているように見える。

子育て観のめまぐるしい変遷には、現代社会の変化の激しさがあらわれている。母親の手に取り戻されたかに見えた子育ては、女性の職場進出とともにふたたびナニーや公的保育といった外部にゆだねられつつある。いつの時代でも、子育てをめぐる議論は、社会のありようと密接に関係しているのである。

（伊達桃子）

図１　親の愛をめぐる兄弟の対立を描く映画『エデンの東』の DVD カバー

4 兄弟・姉妹・一人っ子――対抗心と結束力

きょうだい関係の原型

中世以前の西欧社会のきょうだい関係の詳細は必ずしも明確になっていない。しかし、例えば旧約聖書にはたくさんの兄弟が登場しており、データではなく言説の形でそのきょうだい観が分かる。創世記の「カインとアベル」で、兄のカインは、主が自分ではなく弟アベルからの贈り物を受け取ったことに憤り、アベルを殺して、罪逃れの嘘をつく。「エサウとヤコブ」は双子で、弟ヤコブは、母親の入れ知恵でエサウをだまし、長子の特権と父親からの祝福を奪う。だが、逃亡したヤコブが二一年後に戻ったとき、ヤコブはエサウに礼を尽くし、エサウもヤコブを心から迎え入れて和解する。「ヨセフと兄たち」のヨセフは兄たちに陥れられてエジプトに売られるが、帰還したのち、それを赦し、主の言葉を伝える。親の愛をめぐって屈折する「カイン・コンプレックス」も、ひどい仕打ちをした相手でもきょうだいならば赦すという情愛も、現代に通じる普遍性を持っている。これは、長子優先の社会規範を反映した言説であるが、生まれた順番に関係なく法の下に平等になった今日でも、きょうだいならではの葛藤や緊張、愛情や和解は、意外に変わっていない。

イギリス地主階級のきょうだい

イギリス農村部で一五～一六世紀の土地保有階級から興った地主階級のあいだでは、土地の分散を避けるため、特に不動産を相続するのは長男だけだった。世襲財産制度が廃止されたのは一八三七年に遺言法ができてからである。それ以前には、

図2　オースティン『自負と偏見』の原書表紙

長男以外の子どもたちには、結婚持参金や分与などで、わずかな財産が与えられるにすぎず、J・オースティン（Jane Austen, 1775–1817）の『自負と偏見』（一八一三年）では、娘をもつ親に結婚相手として望まれにくい「次男以下の男は思うように結婚できないものですよ」とダーシーのいとこが語っている。自分では変えられない差異が兄弟間に緊張を生み、長男が責任を強いられ、次男以下が嫉妬する可能性がある一方、よい方向に働けば、頼りがいのある長子と、自分で道を切り開く次男以下という理想的な形もあっただろう。

一方、姉妹は、社会性と感情が絶妙にブレンドされた気安い関係を、生涯にわたって保持していた。同じ『自負と偏見』のベネット家の五姉妹は、恋愛のすれちがいや駆け落ちなど窮地のときは手を貸しあい、相手の喜びを自分の喜びとして助け合っている。誠実なビングリーと結ばれたジェーンも、男らしいダーシーと結ばれるエリザベスも、結婚後も、よりよき関係で社交を続け、妹たちに目配りしていくことが示唆される。姉妹は、血縁という最大の強みでリスクを回避しながら、婚家の関係も重ねあわせ、ネットワークの威力を内包した人間関係を発展させていた。

家庭の事情ときょうだい仲

イギリスやアメリカでは、階級、農村部／都市部、その家の労働形態など様々な属性によって家族の形やきょうだいの関係性が異なる。中世期のイギリス封建時代の小作人家族や産業革命以降の労働者階級では、多産多死の現実を背景に、ひとつの家庭にたくさんの子どもがいて種々の労働を担っていた。ヴィクトリア朝時代のロンドンを舞台にしたディケンズ（Charles John Huffam Dickens, 1812–70）の『クリスマス・キャロル』（一八四三年）で、スクルージは、貧しいクラチット一家の明る

図3　ヴィクトリア朝時代のカードに映るきょうだい

さに驚く。けちなスクルージがわずかな給金しか出していなかった事実はあるにしても、実際問題として、労働者階級の家庭が平和に暮らすことは、キリスト教的な美徳観がなければ困難だった。「貧しくとも楽しいわが家」という理想像には、多分に教訓がこめられている。クラチット家のきょうだいたちは、いかにも読者の胸を打つように、互いに思いやり、病身のティム坊やを心配している。

アメリカでは、東部のホワイトカラー、植民地時代からの古い家系の農家、新参移民の底辺労働者層、開拓民など、個々の家庭の事情によって子どもの生活も大きく異なっていた。例えば、歴史あるニューイングランドの家族たちは、農業従事者や店の経営、一般労働者として土地に定着して暮らしていた。きょうだいは近代化された家父長社会における男女の役割分担に従い、男子は社会的成功を目指し、女子は「家庭の天使」となるべく教育された。他方で、西部を目指す一九世紀の開拓民の子どもたちは、ワイルダー（Laura Ingalls Wilder, 1867-1957）の『大きな森の小さな家』（一九三二年）以下のシリーズに理想化されて描かれているように、一種の必然性をもって役割分担し、畑仕事や家事労働をこなしていた。家族が強い求心力を持つ生活の中で、きょうだいたちは助け合い、労働や勉強に励んでいた。

現代のきょうだい

一九世紀後半ごろから、社会情勢の変化や核家族化により、一家庭あたりの子どもの数が減りはじめ、きょうだい関係は、社会よりも家庭内の問題となっていく。家父長的な思潮の中では、男子は姉妹を庇護し、女子は兄弟を立てるという原則があったが、しだいに、その家庭に生まれた平等な子ども同士という扱いが志向されるようになる。

図４　アメリカでロングセラーの育児書『きょうだいを対立させない子育て法』の原書表紙

現代では、家庭によってきょうだいの育てられ方は異なる。少子化により、きょうだい同士の年齢も近くなり、かつてなら、生まれたばかりの赤ん坊を二〇歳の姉が世話するようなきょうだい関係も珍しくなかったが、今は、きょうだいは親の愛情をめぐる最初のライバルとして認識される。子どもは一歳を過ぎたころから、きょうだいと自分への親の扱いの違いに敏感になるという。育児書には、「きょうだいを平等に扱うためのヒント」「弟妹が生まれたときの、上の子どもへの対処法」などが書かれ、きょうだいの問題が完全に個別の家庭内の問題になっている。

アメリカでは一九七六年に九・六パーセントだった一人っ子の割合が一九九八年には一七パーセントに増加した。また、養子縁組や再婚同士のカップルによる血のつながらないきょうだい関係、あるいは、きょうだいがハンディや病気を持つ場合など、それぞれの家庭が向き合わなければならないきょうだいの問題は複雑化している。その有無を含めてきわめて多様化したきょうだい関係は、聖書の時代から変わらない愛憎と現代的な複雑さを内包しつつ、個々の家庭が引き受けるべき、育児の一部となっている。

（鈴木宏枝）

5

幼年期――黄金時代、あるいは庭

「幼年期」の定義

日本語における一般的な定義では「幼年（期）」とは「物心がついてから後、小学校に入学するころまでの年齢」である（『新明解国語辞典』）。英語の‘childhood’は「幼時、幼年時代」（『プログレッシブ英和中辞典』）と訳されていて、‘childhood’の定義は「child である状態、時代」であり、‘child’は「思春期前の年齢の若い人間」である（*The Pocket Oxford Dictionary*）。英語の‘childhood’は思春期前までを指すのに対して、一般的にその訳語とされている日本語の「幼年期」あるいは「幼年時代」（『リーダーズ英和辞典』にもこの訳語がある）は六歳頃までで、数年のずれがある。『ジーニアス英和辞典』では（このずれを意識したのか）‘childhood’を「子供時代、児童期、子供の身分」と定義して、「infancy と youth の間」と注記している。このように、日本語の「幼年期」と英語の‘childhood’には相違があり、前者は（日本の学校制度における）小学校時代を含まないのに対して、後者はその時期を含む。ここでは英語の‘childhood’が指す時期をも含めて考えたい。

文学における幼年時代

「幼年時代」という表題の文学作品がいくつかある。いずれも作者自身の幼い頃を回想して綴った自伝的小説である。室生犀星（1889-1962）の『幼年時代』（一九一九年）では六歳の頃から一三歳の冬までを回想している。堀辰雄（1904-53）の『幼年時代』（一九三八～三九年）では四歳頃から小学校入学までの記憶を綴っていて、

図1　グレアム『黄金時代』の原書表紙

最終章「エピロオグ」に一二〜一三歳の頃の話を付け加えている。トルストイ（1828-1910）の『幼年時代』（一八五二年）の語り手は「一〇歳の誕生日の三日後」から「幸せな幼年時代が終わりを告げ、新しい時代〈少年時代〉が始まる」までを追想し、幼年時代を「二度と戻らない幸福な時代」と呼ぶ。ゴーリキー（1868-1936）の『幼年時代』（一九一三〜一四年）は五歳で父親と死別し、母の実家での「重くよどんだ斑色の…奇妙な生活」の始まりから、母の死をきっかけに「世間に出る」までの物語である。

いずれの『幼年時代』でも語り手はほぼ思春期を迎える直前までを追想している。他にも中勘介（1885-1965）の『銀の匙』（一九一三年）やケネス・グレアム（Kenneth Grahame, 1859-1932）の『黄金時代』（一八九五年）と『夢の日々』（一八九八年）など、幼年時代の追想記の名作がある。グレアムの表題がいみじくも示すとおり、幼年時代を追想する文学作品では、この時代を幸福な黄金時代と捉えることが多い。

幼年期の発見

フィリップ・アリエスは主著『〈子供〉の誕生』（一九六〇年）において、「幼年期」が近代になってから「発見」されたものであると指摘する。中世から近代初期にかけては、幼児の死亡率が高く、生き延びて一定年齢に達すると「小さな大人」として労働力の一端を担うことが当然とされ、「幼年期」という概念も、それが人格形成上重要な時期であることも、意識されていなかった。幼児死亡率が低下し、それに伴って出生率が低下したことによって、少数（とはいえ少子化時代の現在よりは多数）の子を時間と手間をかけて育てるようになり、手厚く保護され教育されるべき時期としての「幼年期」が意識され始めたという。

図2　ピアス『トムは真夜中の庭で』の原書表紙

アリエスは幼年期が意識され始めた時期を一七世紀初頭と考えている。一八世紀中葉にはルソー（Jean-Jacques Rousseau, 1712-78）が『エミール』（一七六二年）の中で、人格形成における幼年期の重要性を強調し、一九世紀初頭にはワーズワスが「虹」（一八〇二年）に「子供は大人の父」という有名な一節を書いた。ワーズワスがここで言っているのは、幼年期の経験（特に虹を見て感動するなどの自然と触れ合う経験）が成人後の人格に大きく影響するという意味である。

児童文学と幼年期

古典的な児童文学作品において、主人公の年齢はほぼ（childhood の訳語としての）「幼年期」に該当する。例えばキャロル（Lewis Carroll, 1832-98）の『不思議の国のアリス』（一八六五年）では主人公アリスの年齢への言及がないが、続編『鏡の国のアリス』（一八七一年）では七歳と六カ月ということになっている。だが二つの物語の中でのアリスの言動を見ていると、その論理的な思考や言語能力からも、もう少し年長であると考えた方が自然だといえるかも知れない。いずれにせよ、アリスが思春期前の年齢であることは確かであり、その意味ではこの二つの作品も「幼年期」の文学の名作に数えることができる。

バリ（James Matthew Barrie, 1860-1937）の『ピーター・パン』（一九〇四年初演、一九一一年小説化）でも主人公ピーターの年齢は明らかにされていないが、舞台上でこの主人公が伝統的に女優によって演じられて来たことから明白なとおり、彼は第二次性徴前の幼年期に留まっている。大人は行くことができない「ネヴァーランド」は幼年期のシンボルである。

ピアス（Philippa Pearce, 1920-2006）の『トムは真夜中の庭で』（一九五八年）の主

図4　イギリスの伝統的な「囲われた庭」（『秘密の花園』のモデルとなったケント州のグレイト・メイサム・ホール）

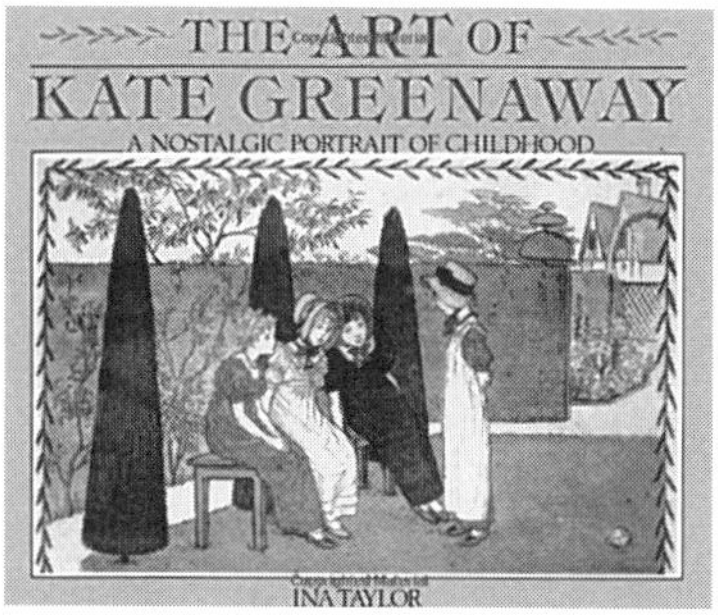

図3　ケイト・グリーナウェイによる幼年時代のイメージとしての庭

人公トムも明らかに思春期前の年齢である。ここでは「真夜中の庭」が幼年期のシンボルになっている。彼はここで少女ハティと出会い、二人がこの庭を出てスケートで川を下り、大聖堂の塔の階段を昇るという行為が、彼らの「成長」すなわち「幼年期からの脱出」を暗示している。庭は囲われた聖域というイメージから、保護され限定された自由が保障されている幼年時代のシンボルになりやすい。ケイト・グリーナウェイ（Kate Greenaway, 1846-1901）も囲われた庭園を幼年時代のシンボルとしてしばしば描いている。

C・S・ルイス（Clive Staples Lewis, 1898-1963）は自伝『喜びの訪れ』（一九五五年）で、幼年期（childhood）と青年期（adolescence）との間に少年期（boyhood）という「暗黒時代」（dark ages）があり、この時期には「想像力が眠り、最も好ましくない感覚や野心が絶え間なく、熱狂的なまでに覚醒する」と述べている。〈ナルニア国ものがたり〉シリーズ（一九五〇～五六年）の第二巻『カスピアン王子のつのぶえ』（一九五一年）の最後でピーターとスーザンが、第三巻『朝びらき丸東の海へ』（一九五二年）の最後ではエドマンドとルーシーが、ナルニアからの「卒業」を余儀なくされるのも、この暗黒時代（幼年期の終わり）を迎えたからである。

『アリス』や『ピーター・パン』で幼年期が感傷的に美化されていることは否定できないが、いずれの作品も最終的には成長を肯定している。二〇世紀以降、幼年期からの脱却をより積極的に描く作品が目立つようになる。「暗黒時代」を迎えてナルニア国から締め出された少年少女らも、最終巻『さいごの戦い』（一九五六年）では通過儀礼としての「暗黒時代」を終えて再びナルニアに受け入れられているのである。

（安藤　聡）

6 思春期——居場所を求める若者たち

図１　『ライ麦畑でつかまえて』を愛読する少年を描いた2001年米映画『ライ麦畑をさがして』のパンフレット

社会の中の自分

藤原哲によると、“adolescence”（ここでは「青年期」と訳されているが）は「生物・社会的に、子どもから成人へ移行する過渡期であり、子ども時代の認識様式や生活様式から脱して、新しい自己概念（self-concept）を創造し、人生を心理的に再構成する（psychological reconstruction of life）重要な時期に当たる」と定義されている（「青年期」依田新監修『新・教育心理学事典』）。つまり子ども時代の狭い環境から脱して、より広い社会の人間関係の中で自分の立ち位置と存在意義を探るということだ。

社会に対する若者の立ち位置としてひとつのモデルを作り出したのが、Ｊ・Ｄ・サリンジャー（Jerome David Salinger, 1919-2010）の『ライ麦畑でつかまえて』（一九五一年）である。一六歳のホールデン少年は潔癖なまでに大人社会の欺瞞を嫌悪する。自分に決して嘘をつくまいとする純粋さゆえに社会の一員たることを拒否し、孤独の狂気に至る。ラストには不穏ながらも一筋の希望も見えるが、権威・欺瞞・俗物を象徴する大人に対して権威を嫌い自由で純粋であらんとする若者という構図は、ＹＡ小説のひとつの規定値となった。同時代に出版されたビバリー・クリアリー（Beverly Cleary, 1916-2021）の『フィフティーン』（一九五六年）の主人公の少女が親世代の価値観と生活様式を受け入れ、両親と同レベルの生活を維持したいと考えているがゆえに、本質的に葛藤を抱かないのとは対照的である。社会に対する

図２　映画化された『アウトサイダーズ』は1982年に全米公開（日本公開は1983年）

考え方は、描かれる子ども像・若者像に如実に反映されるのである。

『ライ麦畑でつかまえて』とは逆に、大人になることは清濁を併せのむことというメッセージを明確にする作家もいる。成長を道徳的な無垢（moral innocence）から道徳の認知（moral knowledge）へ至る過程と捉えるポーラ・フォックス（Paula Fox, 1923-2017）は、『イーグル・カイト』（一九九五年）では父親のエイズ、『モンキー・アイランド』（一九九一年）では児童遺棄など主人公に厳しい現実を受け入れさせる。

大人でもない、子どもでもないという複雑な空間を、繊細に、しかしわかりやすく描いて数多くの賛同者を得たのがS・E・ヒントン（Susan Eloise Hinton）の『アウトサイダーズ』（一九六七年）である。世間から偏見の目で見られる貧しい不良グループを主人公としたこの作品は、大人に反抗しながらも大人に救いを求め、幼い無垢な子ども時代へ郷愁を抱きながらもまだ自分たちも子どもであることに希望を抱くという矛盾した一〇代の姿を、社会性を排除した閉鎖された空間を描くことで浮き彫りにした。

社会に働きかける

『アウトサイダーズ』とは反対に、作品に社会性を持ちこんで、社会とどう関わっていくかを読者に考えさせる作品もある。ロバート・コーミア（Robert Cormier, 1925-2000）の『チョコレート・ウォー』（一九七四年）は、学校や学校内の秘密組織という閉鎖された世界を扱ってはいるが、その中に人間の力学を凝縮させて社会の縮図たる様相を見せている。コーミアは、大衆がいかに非人間化するか、権力のもとで個人の良心がいかにたやすく踏みにじられるかなど、社会に対する個人の問

図3　『チョコレート・アンダーグラウンド』はコミック（2008年）やアニメーション映画（2009年）が製作された

題をサスペンス的な独自の切り口で提示しつづけたYA小説家の代表格である。

また人気作家アレックス・シアラー（Alex Shearer, 1949-）は社会の構図を寓話として見せた。幅広い作風をもつ彼の代表的な一作『チョコレート・アンダーグラウンド』（二〇〇二年）は国民が選挙に無関心なせいでとんでもない独裁政権を招いてしまった物語である。独裁政治に対して闘う過程で、民主主義とは何か、民主主義は自明のものではなくそれを維持するために個々人の努力が必要であることが訴えられている。

読者に考えさせるといえば、ナット・ヘントフ（Nat Hentoff, 1925-2017）がその好例だろう。ベトナム戦争からイラク戦争まで発言があり、基本的にノンフィクションを活動フィールドとするヘントフは、テーマとなる問題——例えば『ジャズ・カントリー』（一九六五年）においては人種差別——について賛否様々な意見を登場人物に提示させる。作品の結末に至っても明確な答えは出さず、読者は多様な考え方を学びつつ、自分の意見を形成するよう導かれる。

葛藤の描き方

自己の確立、人間関係、社会的問題への対処——若者たちに襲いかかる試練は様々である。その葛藤や問題の解決・昇華へ至る描き方の多様性が個々の作品の独自性であり、物語の面白さ、ひいては文学の豊かさとなることはいうまでもない。

読者の日常にさらに寄り添うことのできる日記体形式や、読者に共感を呼び掛ける独白スタイルは定番だが、メルヴィン・バージェス（Melvin Burgess, 1954-）の『ダンデライオン』（一九九六年）は数多くの登場人物たちの独白を用いて、俯瞰的視点を作品にもたせた。またエイダン・チェインバース（Aidan Chambers, 1934-）

図４　マーヒー『めざめれば魔女』の原書表紙。変貌する少女

は、主人公の心の葛藤や成長を描くのに『二つの旅の終わりに』（一九九九年）などで一人称と三人称、現在と過去を並置する手法やポストモダン的手法を用いて実験的な試みを続けている。

ファンタジー的要素を用いて心の葛藤の変遷を描くのもその手法のひとつである。例えばアーシュラ・K・ル＝グウィン（Ursula K. Le Guin, 1929-2018）の『影との戦い』（一九六八年）は、自分と自分の影との闘いを通して、アイデンティティの確立を大きな冒険に仕立てた。マーガレット・マーヒー（Margaret Mahy, 1936-2012）の『めざめれば魔女』（一九八四年）は世界の始原へとさかのぼる旅を通して、新しい自分に生まれ変わるという成人儀礼を表現した。いっぽう『わたしはアリラ』（一九八四年）などのヴァージニア・ハミルトン（Virginia Hamilton, 1936-2002）は、現実・非現実の枠を超えたネイティヴ・アメリカンやアフリカン・アメリカンの記憶――個人の記憶と集団的記憶――のイメージを活用して、主人公たちを出自の確認に向かわせた。ファンタジー的要素を用いる利点としては、本来目には見えない人間の内なる動きをはっきりとしたイメージで形象化できること、心の変遷を時に大きな冒険としてダイナミックに表せること、そしてそれに付随するエンターテインメント性だろう。読者は偉大な冒険を楽しみながら最後の場面では主人公の成長を実感できるのである。

（横田順子）

7

孤児――アンもトムも孤児だった

図1　1900年頃のロンドンの街角。慈善活動による食事の配給を待つ恵まれない子どもたち

孤児とは？

子どもの頃に『赤毛のアン』（一九〇八年）や『トム・ソーヤーの冒険』（一八七六年）に読みふけった人も少なくないだろう。実は、アンもトムも親と死別した孤児で、児童文学の主人公には驚くほど孤児が多い。私たちは孤児への同情と、親に縛られない自由奔放な主人公に憧れさえ抱き、夢中になって読んだのかもしれない。いったい、孤児を生みだす社会とはどのようなものなのか、また、孤児にまつわる児童文学にはどのような特徴があるのだろう。

孤児を意味する英語の orphan はギリシア語の orphanos から来た語で、親との死別の意味が含まれていた。一般的には孤児とは、養育する両親あるいは片親のない子どものことを指すが、例えば親が存命でも子育てを放棄したり、何らかの理由で親子が離別したり、病気で子育てができない場合も含まれる。また、孤児は決して古い時代の産物ではなく、現代でも戦争孤児のほか、ネグレクトなど親の養育放棄による孤児が決して少なくない。特に現代ではエイズで親を亡くした「エイズ孤児」という新たな範疇さえ生まれている。

孤児の問題は教育の欠如をはじめ、児童虐待、幼児労働、非行、犯罪、少女売春など様々な社会問題と絡み合い、また、孤児をいかに救済するかという別の側面にも目を向けさせる。孤児を保護する施設はすでに古代ギリシア時代からあったが、英米で施設ができたのは一七、八世紀で、その施設の運営方法や運営方針をめぐっ

図２　イギリスからカナダに運ばれ，農場で働く多数の孤児たち

ては、施設での養育か、家庭環境を重視した里親制度かなど、現在でも意見が分かれるところだ。

孤児産出国の近代イギリス

西欧社会で子どもの存在が意識され始めるのは一七世紀初頭といわれているが、一九世紀になってもイギリスでは「子どもは聞こえてもよいが、見えてはならぬ」のが当然と考えられていた。中上流階級にあっては、妻の懐妊や子どもの誕生は盛大に祝われたが、誕生後の養育については無関心で乳母にまかせっきりであった。労働者や貧しい家庭においては、子どもは勝手に育つままに放っておかれたといってもいいほどで、三歳にもなればりっぱな労働力と考えられたのであった。

当時の未発達な医療や劣悪な衛生状態の中で、出産時に命を落とす妊婦は多く、生まれるなり孤児になってしまう幼子も珍しくなかった。一八世紀後半の産業革命も、悲劇を生む装置であった。急速に産業化が進む社会に適応できない親は、時に機械事故で命を失い、時に失職して親子それぞれが流浪の民と化す場合もあった。こうして孤児となった子どもたちは、親戚に引き取られ（遺産目当ての親戚も多かった）、運よく雇い手があれば奉公人としてわずかな賃金で働くこともできたが、都市部でマッチ売りなどの半端仕事をしてうろつく孤児も多く、キングズリー（Charles Kingsley, 1819-75）の『水の子』（一八六三年）に登場する煙突掃除のトムのように、過酷な労働で命を落とす子どもも少なくなかった。孤児は発展・拡大する大英帝国の裏であえぐ民衆の象徴といえる存在で、キリスト教の慈善団体が孤児の救済に乗り出したり、公立の孤児院ができたりもしたが、孤児の数に対応しきれないのが現状だった。

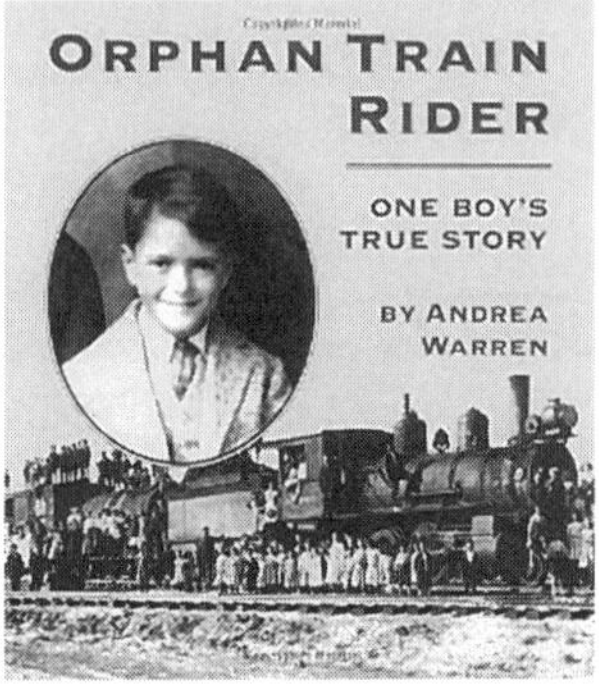

図３　「孤児列車」でアメリカ内陸部に送られた少年の実話

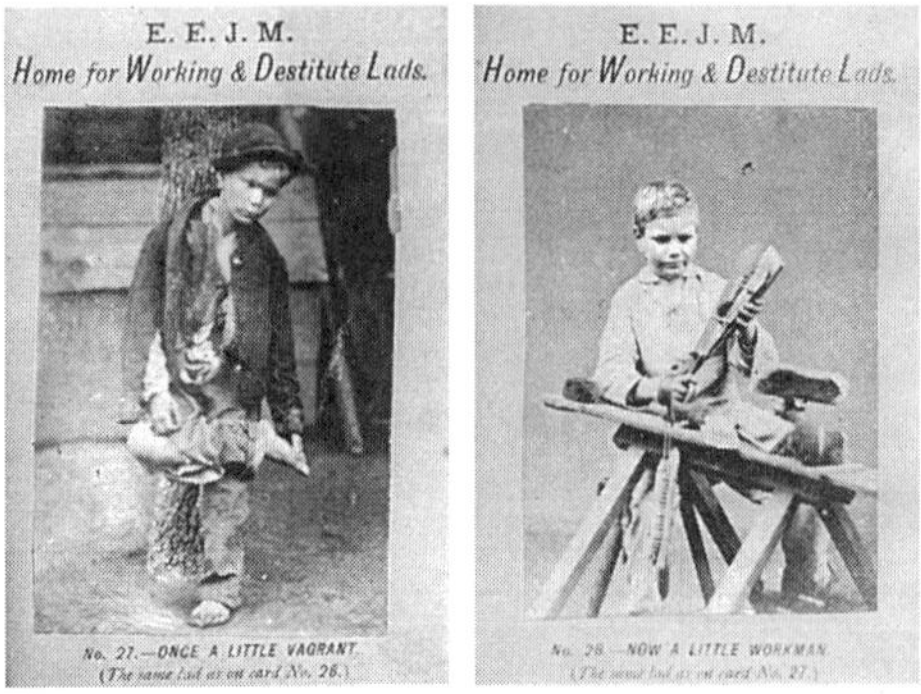

図４　孤児だった少年が，支援活動により立派に働けるようになったことをアピールする孤児院の写真

一九世紀半ばになると、路上にあふれる孤児たちを農家の労働力として北米に送り出す方策がとられるようになった。イギリスでは医師で社会改革家のトマス・バーナードが組織的に孤児のカナダ移住を進め、アメリカではキリスト教信仰に基づく社会改革者チャールズ・L・ブレイスが同様の企画を実施した。孤児たちはイギリスから船で北米に送られ、港に着くと、今度は「孤児列車」と呼ばれる列車で内陸の農業地帯に送られたが、田舎なら都会の悪習慣に染まらず、精神衛生上好ましいだろうという考えが背景にあったようだ。救いの手は差し伸べられたものの、孤児たちがすべて新しい環境に馴染み受け入れられたわけではなく、悪事に染まることも珍しくなかった。『赤毛のアン』で紹介される孤児による一家毒殺のエピソードは、まんざら誇張した作り話でもなかったのである。

いずれの地域においても、孤児院経営は初期の慈善事業から、しだいに国や地域政治がかかわる事業になったが、常に財政、宗派、教育の問題に悩まされた。ジーン・ウェブスター（Jean Webster, 1876-1916）の『続・あしながおじさん』（一九一五年）は、お嬢様育ちのサリーが素人ながら孤児院経営に携わっていく過程を追った作品だが、そこには孤児院における衣食住、衛生、健康の問題、働き手を探す苦労などが盛り込まれ、当時の孤児院経営の難しさをうかがい知ることができる。

孤児物語の魅力

古くから文学には孤児にまつわる話が多いが、イギリスの古いバラッド「森の子どもたち」は、心ない大人によって食い物にされる孤児の悲惨な状況を描き、繰り返し舞台化や絵本化が行われた。また、孤児物語は児童文学の開花期から書かれ続け、『水の子』を始め、『ぼろ着のディック』（一八六七年）、『赤毛のアン』、『ポリア

図５　コールデコットによる絵本『森の子どもたち』の原書表紙

図６　パターソン『ガラスの家族』の原書表紙

ンナ』（一九一三年）、『あしながおじさん』（一九一二年）などの古典から、レモニー・スニケット（Lemony Snicket, 1970-）の〈世にも不幸なできごと〉シリーズ（一九九九〜二〇〇六年）にいたるまで、枚挙にいとまがない。

しかし、作品に登場する孤児はか弱いばかりではない。『赤毛のアン』では、孤児で赤毛で不器量と三拍子そろったアンは、想像力豊かな個性を発揮して、カスバート家になくてはならない存在になっていくし、『秘密の花園』（一九一一年）のメアリは、引き取られた叔父の家の荒れ果てた花園を再生し、コリン少年を病床から解き放つ。このように孤児の少女は、少女小説とは切っても切れない登場人物であり、苦境に負けず、周囲の大人や社会を変えていく前向きな姿勢は、受け身的な少女概念に挑戦する新しい少女像となった。一方、少年では『ぼろ着のディック』が、読み書きを覚え人生を切り開く成功物語として一世を風靡し、トム・ソーヤーは、いたずらを連発して親代わりのおばさんを困らせる悪童だが、彼のユニークな発想はたいくつな田舎町に活力を与えて、ここでも孤児は生命力のある子どもとして生き生きと描かれた。現代作品では、〈世にも不幸なできごと〉シリーズの子どもたちも、死亡した親の遺産を狙う大人たちによって翻弄されるが、機知で苦難を乗り越える逞しさを持っている。

一方、キャサリン・パターソン（Katherine Paterson, 1932-）の『ガラスの家族』（一九七八年）では、母親に見捨てられた少女が、里親との葛藤を経て成長する過程を追い、里親制度の問題、捨てられても親を慕う子どもの心理など、多くを考えさせる。このように、孤児物語がもつ、弱者による社会への挑戦状的な側面は、いつの時代にも読者に訴えるのだろう。

（白井澄子）

第2章

子どもと社会

女家庭教師《ガヴァネス》から勉強を教わる子どもたち

子どもは社会によって作られる

子どもは生まれた日から、その子が属する社会の文化・習慣・政治形態など、いわゆる「社会」との関わりなしには生きられない。アメリカのメディア学者ニール・ポストマンが、そもそも「子ども期というのは社会が作り出すものである」と言っているように、子どものありようは、社会が規定しているのである。子ども期を意識することのなかった中世の西欧社会では、子どもは小型の大人であり、子ども服もなければ、性や暴力を子どもから遠ざける配慮もなく、当然のことながら教育やしつけも存在しなかった。しかし、一七世紀にヨーロッパで「子ども」の認識が生まれると、一気に子どもにたいする関心が高まり、とりわけ、社会の一員にふさわしく育てるための教育には強い関心が向けられるようになった。

子どもに道徳教育、宗教教育、識字教育など様々な教育を施すために大きなエネルギーが注がれるようになったのである。イギリスにおいては、中上流家庭が家庭での教育を託したガヴァネスの登場や、有名パブリック・スクール設立へとつながっていく（パブリック・スクールについては本シリーズ『イギリス文化 55のキーワード』の「パブリック・スクール」の項を参照されたい）。さらに、地域、国を挙げて教育への取り組みが始まるのだが、労働者階級や町にあふれる孤児の教育は容易ではなかった。こうした状況下にあって、イギリス初期の幼児教育が、労働者の子どもを預かり面倒を見る保育教育に端を発していることは興味深い。ただし、その陰には子どもを労働力として酷使する児童労働があったことも見逃せない事実である。

こうして教育の機会が保障されていくのだが、皮肉なことに子どもたちは必ずしもこれを歓迎したわけではない。トム・ソーヤーの先生にたいする悪戯や、授業さぼりからも察しがつくように、子どもたちにとって学校や教師は、子どもの自由を奪う宿敵でもあった。現代では英米でもネットいじめその他が原因の不登校問題を引き起こすことがある。しかし英語圏の学校では、家庭教師や親の指導に基づいた、家庭での個人教育の機会が認められているのが救いといえるだろう。

子どもはいつ大人になるのか？

子ども期の終わりは各社会によって異なり、日本でも成人年齢引き下げの議論があるが、実は、英語圏の成人年齢はかつては二一歳だったが、現在は一八から一九歳と、国や州によってばらつきがある。成人年齢は日本より低年齢だが、未成年の飲酒規制などは日本以上に厳しい。一方で、いわゆる日本の成人式のような式典はなく、強いていえば、高校や大学卒業時に催されるプロム（prom）と呼ばれるダンスパーティがそれに当たるかもしれない。このほかにも、運転免許の取得、選挙権の取得、親元を離れての自活なども、子どもが大人社会に参入していく際の一つの節目でありイニシエーションであるといえそうだ。

児童文学の中でも特にティーンエイジャーを扱った作品には、しばしばイニシエーションが象徴的に描かれる。多くの場合、思春期までの自分中心の子どもっぽい考え方や行動を脱して、いわゆる大人の考えを理解し、責任ある行動をとるに至るまでの、心理的な痛みとその克服の過程が扱われている。このような体験は、未開社会での身体的な痛みを伴う成人の儀式に匹敵するものといえるだろう。

多文化社会における子ども

ほとんどの英語圏諸国は、その成り立ちの初期から、異民族・異人種が混じりあって暮らす多文化社会であったことから、様々な問題をかもし出してきた。二〇世紀半ばまで、アメリカでは黒人その他の移民を白人文化に染めあげる同化政策が当たり前であったし、カナダやオーストラリアでは、先住民の子どもを家族から引き離して、寄宿学校で生活させ、言語・文化・思考をまるごと白人化する教育が行われた。社会による児童虐待の一つの形といえるだろう。現代では事情は改善されてきているが、教育現場における英語教育の推進が同化政策だと批判を浴びたり、移民や先住民の子どもが親世代の民族文化と英語文化の板挟みになったりと、まだまだ解決できない問題は多い。本章の「多文化社会と子ども」の項で、フランスの教室における文化衝突と教師・生徒間の意識のギャップを捉えた例が紹介されているが、こうした状況は英語圏でも見られる現象であり、移民国が抱える共通の問題といえるだろう。

児童文学でもしばしば多文化摩擦が取り上げられてきた。最近では、移民や先住民の親を持つ若い作家が、自身の文化的アイデンティティを模索・確認し、周囲にも知らしめるプロセスを、人気のグラフィック・ノヴェル（マンガ）というスタイルで表現した作品が登場し、高く評価されているものもあり、興味深い。

（白井澄子）

8 子どもの教育——教育概念の変容

DE CIVILITATE MORVM PVERILium per DES. ERASMVM ROterodamum, Libellus nunc primum & conditus & æditus.

Roberto VVhitintoni interprete.

A lytell booke of good maners for chyldren/nowe lately compyled and put forth by Erasmus Roterodam in latyne tonge/ with interpretacion of the same in to the vulgare englysshe tonge/by Robert whytyngton laureate poete.

Cum priuilegio.

ERASMVS Roterodamus generoso cumprimis & optimi spei puero Adolph, principis Veriani filio S.

Erasmus Roterodame saluteth a chylde of noble bloode and of singuler hope/named Adolph. sonne vnto the prince of Veriane.

図１　エラスムスの『少年礼儀作法論』

子どもの教育の歴史にあらわれた二つの変化

古典古代から近代に向かう中で、教育はその場所と概念の二つの点で大きく変化した。近代以前には大衆教育のための学校は存在せず、子どもは大人と混じって大人や年長の兄弟姉妹を発達モデルにした。そこで学んだのは、文字や科学技術ではなく、水くみ、落ち穂拾い、家畜の世話と餌やり、収穫の手伝い、雑草取り、薪拾いなどであった。農耕社会では、「生活が教育する」といわれるように、その教育の特色は実学的で、生活に直結し、学ぶ方法は実物や活動の観察に基づく実践で、文字を媒介することは少なかった。近代には学ぶ場所がこうした生活の場面から学校に変わっていく。

もうひとつの変化は、教育の概念そのものが大きく変わったことである。この変化は、教育の対象とされた人間の年齢と、学ぶ内容において見ることができる。通常、わたしたちが「教育」ということばで欧米の教育文化を語るとき、古くはソクラテス以降のアカデミア（Academia）やリュケイオン（Lykeion）に集った、いわゆる古典教養《パイディア》を学ぶエリート教育である。欧米の教育史に登場するキリスト教会付属の聖歌学校、ラテン語学校（グラマー・スクール）、大学などはいずれも思春期、青年期以降の、人口の一パーセント以下の少数のエリート層の子どもの教育機関であった。近代以前の教育に幼児期の子どもが登場するのは非常に珍しく、学習者の大半は、青年期の若者であった。そこには現代的な意味での幼児教育や初等教育とい

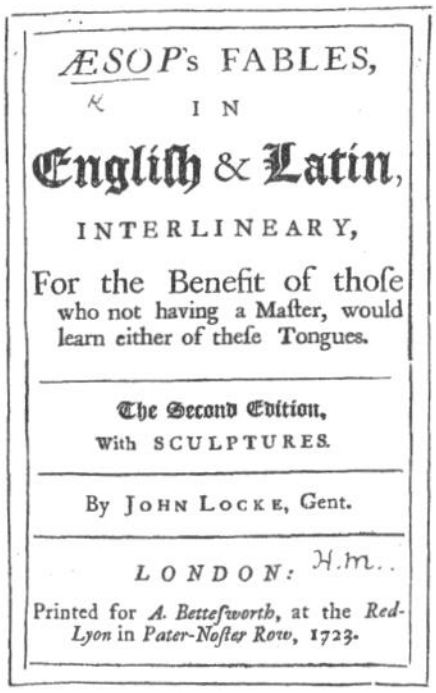
ÆSOP's FABLES,
IN
English & Latin,
INTERLINEARY,
For the Benefit of those who not having a Master, would learn either of these Tongues.
The Second Edition,
With SCULPTURES.
By JOHN LOCKE, Gent.
LONDON:
Printed for A. Bettesworth, at the Red-Lyon in Pater-Noster Row, 1723.

図2　ロックのラテン語学習本『イソップ物語』の扉頁

う概念はなかった。それが世の親たちの関心事となるのは、エラスムス（Desiderius Erasmus, 1466?-1536）の時代以降で、市民社会の商業的成功とその政治経済的支配権が確立されると、以前の人格教育に代わって、子どものしつけと読み書きの初歩を教える実学志向へと大きくシフトした。

ラテン語学校の子ども

現代のラテン語学校は、アカデミックな教育を提供する中等教育機関としてイギリスでのみ存続している。かつてのラテン語学校は、ヨーロッパ史全体でみられた教育の選択肢の多様性を網羅しており、ドイツ語圏とスカンジナヴィア諸国では近代的なギムナジウム（Gymnasium）に、またフランスではリセー（Lycée）に発展し、あるいは一九世紀に他の中等教育の形態と置きかわった。しかし、ラテン語を学ぶ伝統は、今日でもパリのカルチェ・ラタン（Quartier Latin: ラテン語を話す教養のある学生が集まる地区＝学生街）という表現に残っているように、欧米の学問文化の中軸をなしている。

一五〇〇年頃には、ラテン語学校あるいは文法学校（グラマー・スクール）は、スコラ学者と呼ばれた聖職者や世俗の校長の下に、ヨーロッパ各地に存在し、生徒の大半は六歳から一八歳までの男子で、この年齢は入学年齢と学業成績に依存していた。この時期のラテン語学校は、基本的にエリートの再生産に貢献したが、同時に、才能のある貧しい子どもが学問のある専門職に就くのを可能にしていた。ラテン語学校は、近世には識字能力の広まりと教授組織の差異化という二つの大きな発展を経験しつつも、ラテン語がヨーロッパの学問世界の国際共通語《リングア・フランカ》であったため、富裕なエリートに、大学への第一段階としてラテン語の基礎教育を提供していた。エラ

図4　ヨゼフ・ライト・オブ・ダービー画「クリケット遊び」（1789年）

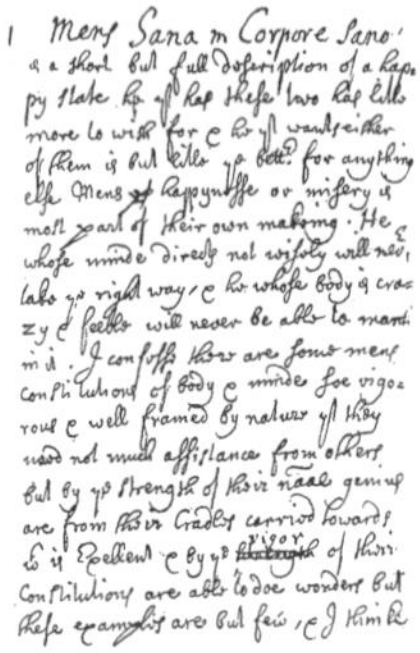

1 Mens Sana in Corpore Sano
is a short but full description of a hap-
py state. he yt has these two has little
more to wish for & he yt wants either
of them is but little ye better for anything
else. Mens happynesse or misery is
most part of their own makeing. He
whose minde directs not wisely will never
take ye right way, & he whose body is cra-
zy & feeble will never be able to march
in it. I confesse there are some mens
constitutions of body & minde soe vigo-
rous & well framed by nature yt they
need not much assistance from others
but by ye strength of their natural genius
are from their cradles carried towards
wt is excellent & by ye vigor of their
constitutions are able to doe wonders but
these examples are but few, & I think

図3　ロック『子どもの教育』の冒頭部分の手稿

スムスの『少年礼儀作法論』(*De Civilitate Moreum Puerilium*) は、子どもの上品な礼儀作法について見事なラテン語の文体で書かれていたため、一五三〇年にその初版のラテン語版が出版されて以来、ヨーロッパ各国で教科書として多数の版を重ね、永続性のある子どもの礼儀作法書として注目された。ラテン語学習については、広く読まれた『子どもの教育』（一六九三年。『教育に関する考察』の最新訳）によって啓蒙期の教育に大きな影響を及ぼしたジョン・ロックも、独自なテキストを考案していた。

ラテン語学校が次第に多くの学生を受け入れ、多数の生徒が遠くから来るようになると、学校の外に下宿屋を建てたり、ラテン語学校を寄宿学校に変えるようになった。こうした建物は、フランスでは学寮《コレージュ》とか寄宿学校《パショナ》と呼ばれ、一五世紀末にパリのモンテギュー学寮に導入された後、「パリ・スタイル」として知られた。この寄宿制の学寮は、一四世紀頃からイギリスのラテン語学校にも広まり、ここから有力な学校は名門の私立のエリート教育機関として「偉大な九校《グレート・ナイン》」とか「ザ・ナイン」などと呼ばれるようになった。ウインチェスター校（一三八二年創立）、イートン校（一四四〇年）、セント・ポールズ校（一五〇九年）、シュルーズベリー校（一五五二年）、ウェストミンスター校（一一七九年に計画、一五六〇年再建）、マーチャント・テイラーズ校（一五六一年）、ラグビー校（一五六七年）、ハロー校（一五七二年）、そしてチャーターハウス校（一六一一年）がその九校である。これらに進学することは、上層階級の地位に就く少年たちの通過儀礼となったが、一八世紀後半を通じて、ラテン語学校の改革は国家的な課題になってきた。その結果、近代以前の青年期の少数のエリートの若者たちが学んでいた伝統的なラテン語学校は、至るところ

図5　ヨゼフ・ライト・オブ・ダービー画「哲学者の天体実験授業」（部分，1766年）

でジェンダー的平等主義と大衆化の波に洗われ、次第に、わたしたちが今日知っているような近代語や数学カリキュラムを持つ、新人文主義的なドイツのギムナジウムや中等学校に取って代わられた。イギリスでは、その後発展する公教育体制の中で、伝統的なラテン語学校はグラマー・スクールとして、テクニカル・スクールとモダン・スクールと並んで、いわゆる三分岐過程を持つ公立の中等教育機関に再編されるが、その一部は私立の有力なパブリック・スクールとして独自の伝統と文化を維持し続ける。

一八世紀と一九世紀初めにかけては、これら名門九校も含めて、パブリック・スクールの粗暴な学生文化がその頻度と激しさを増し、残虐と非能率がはびこり、財政的にも道徳的にも破綻して非難の的になった。学寮での生徒の規律に対して過剰に厳格なことで学生から恐れられ、嫌われていたキート博士（John Keate, 1773-1852）が三六歳から二五年間イートン校の校長の時期、下級生いじめとこき使いが蔓延し、いじめの犠牲者が増大した。一八二八年から一八四二年までラグビー校の校長であったトマス・アーノルド（Thomas Arnold, 1795-1842）の改革期には、キリスト教的ジェントルマンの育成が支持を受け、生徒の監督制度《ピューピル・プリフェクチュア》、学寮制度《ハウス・システム》、アマチュア精神の礼賛、そして古典の学習に取り組む重要性の再認識が進められた。パブリック・スクールから政治と専門職の高い地位につながる道は、二〇世紀以降も依然として堅く踏み固められたままであり、そこを歩く若者たちは伝統という長い影を引きずっている。

（北本正章）

図1　ディケンズ『オリバー・ツイスト』の原書表紙

9

保育園・幼稚園——二元化から一元化への歴史

児童労働から子どもを救え

イギリスの幼児教育の歴史は、過酷な児童労働から子どもを救うことから始まった。産業革命時は、労働者階級の子ども達にとってはしあわせな時代とはいえなかった。『オリバー・ツイスト』（一八三八年）では救貧院で暮らすオリバーが、空腹のあまり「おかわりをください」と茶碗をさしだす場面が印象的だ。ディケンズは、当時の救貧院の悲惨な子どもの状態を抉り出し、社会問題化した。七、八歳からの一日一〇時間にも及ぶ紡績工場での過酷な児童労働に法的規制はなかった。産業革命と農業革命に伴う経済、社会の大きな変動の犠牲となったのは、間違いなくこうした貧しい子ども達であった。不衛生なスラム街で四六時中放置されており、早死にする子どもも多かった。

当然、子どもへの教育や養育は遅れており、一部の世間の良心ある人々に頼らざるを得なかった。一八一九年にはデーム・スクールと呼ばれた互助機関が三〇〇〇以上あったが、これは正規の教育を受けていない女性が開いた私塾であった。また、教会の慈善家によって、多くの慈善学校が出現し、一八世紀後半になると、日曜学校がこれに代わるものとして子どもに読み書きを教えるようになった。両親とも働かざるを得ないこの階級では、安価な学校に、ごく幼い子も通わせていたため、「赤ん坊クラス」を設置する学校も出現した。このように産業革命の発祥の地イギリスは、母親の家庭外就労に伴う子どもの親によらない養育の必要性が叫ばれた地

図２　ルソー『エミール』の原書表紙

であった。
子どもの養育の場をいち早くイギリスに根づかせたのは、ロバート・オーウェン（Robert Owen, 1771-1858）であった。オーウェンは義父から譲り受けた紡績工場とともに、五歳から一〇歳の五〇〇人の子どもと一三〇〇人の家族を抱え込むことになった。彼は、一八一六年、スイスのペスタロッチ（Johann Heinrich Pestalozzi, 1746-1827）の学校訪問を行った後、ニュー・ラナークの紡績工場にイギリス初の「性格形成院」（The Institute for the Formation of Character）を開校した。「タブラ・ラサ」（白紙説）を唱え、一七世紀にイギリス経験論を根づかせたジョン・ロックの影響を受け、オーウェンは、一〇歳未満の子どもの雇用を止め、学校へ通わせたのである。彼の教育理念は、「人間の性格は環境によって幼少時から形成される」という信念に基づいていた。

階級でしあわせが決まった幼年時代

こうして労働者階級では、児童労働の弊害から子どもを守ろうとする一方で、もうひとつの富裕層の階級では、ルソーの『エミール』（一七六二年）が大きな影響を与えていた。この頃から子どもは救済される罪人としてではなく、生まれながらに純粋で無垢な存在とするロマン主義が広まり、ワーズワスやコールリッジ（Samuel Taylor Coleridge, 1772-1834）によって子どもは感傷的に理想化されていった。同時代にドイツで広まったフレーベル教育思想は、ルソーやペスタロッチの児童中心的な論理をさらにロマン主義や神秘主義へと発展させていった。一八三七年、フリードリッヒ・フレーベル（Friedrich Fröbel, 1782-1852）は、世界初の幼稚園を開設した。彼は子どもの本質を神的なものと考え、教育者は園丁が植物を剪定するように、

図3　クリアリー『ラモーナは豆台風』の原書表紙

子どもの本質に従って保護、援助すべきと考え、幼稚園をKindergarten（子どもの庭）と命名した。彼は、遊びや作業を中心に据え、遊具（六種類の「恩物」）を考案し、園庭の設置を主張した。フレーベルの幼稚園教育思想は、イギリスの中産階級からも多くの支持を得た。このことが結果的に、各地の幼稚園建設を促す運動に拍車をかけることになった。その後、この指導者たちは、幼稚園を全国に普及させると同時に、労働者階級の居住区間にも三歳から六歳を対象とした無償の保育所を供給していった。こうした施設は常に財政難と直面せざるを得ず、その多くは寄付に依存していた。

教育と養育は就学前の子どもにとって不可欠であるが、イギリスの幼児学校は、貧民救済に始まり、オーウェンの保育所的役割をもった「性格形成院」を経て、後に中産階級を対象としたフレーベルの幼稚園と併合して独自の発展を遂げていった。フレーベルを、幼稚園の父とするならば、オーウェンは、家族支援の父といえるであろう。

英米における幼児教育の二元化

アメリカでは、連邦政府による保育事業は、もっぱら低所得者層を対象とするものに限られ、幼児教育は民間組織のサービスに委ねられてきた。この要因のひとつに、私的領域への公的介入を嫌うアメリカ社会の自助主義があげられる。現在にいたるまで、アメリカには、イギリス同様二元的な制度――デイケア的な保育所とナーサリー（プレスクール）と呼ばれる幼稚園――において、基礎的な読み書きを中心とする就学準備教育が各州で行われている。

ビバリー・クリアリーが生み出した自由奔放なラモーナは、この読み書きで苦労する女の子である。共働きの両親のもとで、保育園に通ったり、近所の家でベビーシッターをされたりと、様々な「お預かり」も体験する。しかし、『ラモーナは豆台風』（一九六八年）では、アメリカの幼稚園の様子が垣間見えて興味深い。

幼児教育は家庭の責任？

第二次世界大戦後、女性の社会進出が進み、ヨーロッパ共同体／連合は、一九八六年に保育ネットワーク・プロジェクトを立ち上げ、幼児期のサービス向上を目指すこととなった。しかし、イギリスでは大英帝国以来の「母子重視」の伝統と一九四二年のベバリッジ・レポートを背景とした「子どものケアは家庭の責任である」という考え方が一般化していた。

しかし、ついに一九九〇年代、サッチャー首相の経済改革が最終段階をむかえた頃、教育と養育が一気に拡大し、「保育革命」ともいえる状況が進行した。さらに、ブレア政権で、経済の好転に後押しされながら女性労働が増加していき、その結果、家庭外での保育が必要不可欠となり、大きな財源が就学前教育に充てられた[1]。また、それまで二元化していた教育と保育が統合され、質の高いチャイルドケアと早期学習経験を伴った幼保一元化が注目を集めている[2]。また、貧困対策として、アメリカではヘッドスタート、イギリスではシュアスタートが低所得層への支援対策の要とされている。アメリカの作家V・E・ウルフ（Virginia Euwer Wolff, 1937-）による『レモネードを作ろう』（一九九三年）は、二児を抱えて貧民アパートに暮らす一七歳のジョリーと、大学資金を稼ぐためにジョリーの赤ちゃんのベビーシッターをする高校生ラヴォーンとの関わりを通して、貧困にあえぐ若いシングルマザーに応援メッセージを伝えている。

（浅木尚実）

図４　『レモネードを作ろう』の原書表紙

⑴　主な政策に出産育児休暇，チャイルドケア課税控除，チャイルドケア国家戦略，幼児期発達およびチャイルドケア・パートナーシップス（EYDCP）等があり，幼児期のケアと教育に期待がかかっている。

⑵　一元化の例として，コンバインドセンター（Combined Center）やジョイントセンター（Joint Center）がある。

10

学校／教師／生徒――多様な価値観のせめぎ合い

イギリスの学校

伝統的に階級社会といわれるイギリスでは、子どもたちにとって学校（ここでは初・中等教育機関をさす）は学問と遊びとスポーツの場であると同時に、生得的な格差あるいは上下関係を意識させられる場という一面もある。彼らが入学すべき独立校《インディペンデント・スクール》（私立）と公立校《ステート・スクール》の差違が、それを若い心に否応なしに刻みつけるのである。

独立校は国や地方自治体の財政援助なしに運営され、独自に人事やカリキュラムを決定する権利を持つ。もとは一四世紀末から大学進学の準備をする中等教育学校として始まった私立グラマー・スクール（当時の学問の基礎となるラテン語の文法《グラマー》を教えた）である。特に名門大学進学に備える伝統的な全寮制私立男子校は、生徒の出身地にかかわらず広く門戸を開いたことからパブリック・スクールと呼ばれ、豊かな教養、礼儀、強健な身心、リーダーシップなどを身に付ける、エリートジェントルマンの養成機関として発展してきた。主に上・中流階級向けで、入学（一一～一三歳時）する生徒の家庭は相当の地位と経済力を要する。現在は、伝統的な名門独立校は労働者階級からの入学者を増やしたり、通学生の受け入れや男女共学化なども進めることで、教育における階級格差是正に努めている。

一方、初・中等教育機関としての公立校は主に労働者・中流階級の子どもの人権擁護と国力向上のための義務教育を施す場として一九世紀から整備され始めた。現

図1　19世紀のパブリック・スクールの授業風景

図２　セコンダリーモダン生たちに訪れる小さな希望を描く，W・メインの『砂』の原書表紙

在は五～一六歳までの教育をカバーし、学費は無料で、全国統一教育課程《ナショナルカリキュラム》に沿って運営される。一九七〇年代までは一一歳時にイレヴンプラス試験が実施され、中等教育の進路は生徒のレヴェルに応じてグラマー・スクール（大学進学準備校）、テクニカル・スクール（就職準備用技術教育特化校）、セコンダリーモダン（就職準備用一般教育校）に振り分けられていた。しかし早い段階で子どもの将来を決定し、かえって階級の固定化を助長するという批判があり、現在はイレヴンプラス試験が廃止され、中等教育は総合中等学校《コンプリヘンシヴ・スクール》に統合されている。近年は社会のグローバル化・多民族化に伴い、人種による教育格差の是正が新たな課題となっているが、イギリスの価値観と一定の教育水準を提供するための教育の均質化と、移民子女の個別の文化的アイデンティティを尊重する多文化教育の間で生じるジレンマに悩まされている。

アメリカの学校

一九世紀に始まったアメリカの義務教育は、基本的人権、自由、平等などの建国理念と共通価値観を世界各国からの移民からなる国民全体に伝えることを目指す、「万人のための教育」として発展してきた。小学校から高校まで、毎朝「国旗に対する忠誠の誓い」の唱和をもって始業することが示しているように、学校はすべての生徒にアメリカ市民としての自覚を促す場という多民族国家ならではの役割を担っている。

現在は五歳から一七歳の学校教育が義務化され、通うべき学校は原則的に学区内と決められている。学費は無料で、国の統一教育課程は存在せず、州や郡などの教育委員会が独自のカリキュラムを実施している。多くの場合、公立の初・中等教育は幼稚園《キンダガーテン》（一学年）、小学校《エレメンタリスクール》（五学年）、中学校《ミドルスクール》（三学年）、高等学校《ハイスクール》（四学年）

図3　1935年のアラバマ州のワンルーム学校

で構成されている。高等学校は無試験で入学でき、学級担任教師はおらず、授業はすべて選択科目の単位制である。卒業が義務ではないので中途退学《ドロップアウト》する生徒が少なくない。一方、高額の学費を要する私立校は、いずれの段階の学校も宗教系が多く、概して教育水準が高い。エリート教育を施す全寮制の大学進学予備校《ユニヴァーシティ・プレパラトリ・スクール》も少数ながら存在する。

州や学校によって基準は様々だが、私立校・公立校ともに初等教育から大学までの各段階で「飛び級」が認められている。アメリカの平等主義は結果ではなく機会の均等を旨としているので、優秀な生徒を当人の実力に合わない低い水準の教育に甘んじさせることは、その生徒の正当な学習機会を奪うと解釈される。

そもそもの成り立ちが移民国家であるアメリカの学校教育は、複合文化主義の観点から、人種や所得格差などによる教育機会の不平等の是正に力を入れてきた。その一環として、一九六八年以降、公立校では非英語話者に対する英語と母語でのバイリンガル教育が実施されてきた。しかし皮肉にもそれが国家の「分断」や全国的な学力低下の一因になったという批判もある。今日のアメリカの学校は、教育格差の是正と国際競争力向上との折り合いに加え、国民の共通価値観の保持と多文化教育との折り合い、教育の場を荒廃させている暴力や麻薬への対処など、多くの難題に直面している。

英米の教師と生徒

一九～二〇世紀中頃の英米児童文学や作家たちの学校時代の回想から読みとれる典型的な教師像は、学業と学校生活上の諸規則に厳格で、しばしば逸脱者に体罰（鞭やベルトや木の板《パドル》などを使った）を与える、良くも悪くも権威の象徴――ときに看守や暴君にたとえられる存在——である。しかし二〇世紀中頃以降は人権意識の高まりにより、教師はかつてほどの権威を生徒に示せなくなりつつある。看過・隠蔽されることもあった教師による生徒に対する各種差別、性的いたずら、行き過ぎた体罰や暴力行為は躊躇なく暴露され、社会的・法的に厳しく裁かれるようになった。体罰に関しては、イギリスでは一九九〇年代に法的に禁止され、教師が生徒の身体に触れること自体がタブー視されている。素行不良生徒への実際の対処法としては、程度の軽い順に居残り《ディテンション》、停学《サスペンション》、放校《イクスパルション》が行われている。しかし体罰禁止により学校が荒れたと感じている保護者や生徒からは、特に素行の悪い生徒に対する体罰の復活を望む声が上がり始めている。一方、アメリカには二〇一二年現在でも「最後の手段」として体罰を法的に認めている州が一九ある。ただし保護者の同意を要し、執行の権限者、使う道具、生徒の年齢、打つ数と身体の部位、執行される場所などに厳格な規則が適用される。保守的なアメリカ南部には自由と規律の両立のために体罰を必要と考える州が多く、北部と西部には非民主的・非人道的として体罰に反対する州が多い。英米ともに、行き過ぎた教師の権威主義も生徒の放縦も許さない民主的な師弟関係の実現に向けて、体罰の是非を巡る活発な議論と様々な模索（例えば一九九〇年代からアメリカはゼロ・トレランス方式を導入[1]）が続いている。

　生徒との上下関係の問題から離れて現代の一般的な英米の教師像を点描すると、待遇の悪さから慢性的な人手不足であること、生徒の個性を重視し、褒めて伸ばす教育に熱心であること、基本的には学科を教えることに専念し、授業時間外には生徒と関わらないこと、そして学期末やクリスマスに生徒や保護者から感謝のプレゼントをもらう習慣があることなどがあげられるだろう。

（成瀬俊一）

⑴　あらゆる規則違反を文字通り「容赦なく」処罰する教育方式で，主に暴力と薬物濫用に対処するために導入された。重大な違反を犯した者は放校処分やオルタナティブ・スクール（非従来型特殊学校）への転校処分が科される。学習環境の改善に一定の成果を上げる一方，規則至上主義が様々な弊害を生みだしているという批判もある。

11

イニシエーション――扉を開く子どもたち

大人へのパスポート

子どもは成長する、成長しつつ変化する。幼い子どもはやがて少年少女時代や思春期を経て青年になり、大人、社会人となる。人間を年齢別に区分すると、乳幼児、子ども、青年、大人、老人となるが、小学生であっても立派な体格の子どももいる。そこで考え出されたのが、ある一定の年齢に達した子どもが社会の構成メンバーとして正式に認知されるためのイニシエーションの儀式（rites of initiation）である。子どもの世界の住人であった少年少女が社会の構成員として正式に認知される儀式、それがイニシエーション、通過儀礼の儀式である。つまりこの儀礼は、子どもを社会人として認知するパスポートを授ける儀式、子どもが大人となるために不可欠な成長のステップなのである。

伝承社会における儀礼に注目して『通過儀礼』（一九〇九年）を書いたのは民俗学の創始者A・ヘネップ（Arnold van Gennep, 1873-1957）だが、ミルチャ・エリアーデ（Mircea Eliade, 1907-86）は宗教学の観点から『生と再生』（一九五八年）においてイニシエーション体験、通過儀礼に注目し、世俗の世界から聖なる世界に子どもが足を踏み入れるとき、「実存的条件の根本的変革」をもたらす秘儀として捉えた。つまり、俗なる世界の存在である子どもが聖なる世界に入るために不可欠な神聖な体験、それがイニシエーション、入門の儀式だとする。数カ月から数年の間、子どもは母や日常の世界から隔離され、眠ることを禁じられ、時には歯を折られるなど

図1　ユダヤ教の成人式，バトミツヴァの式

の試練を経た後、別人となって元の世界へ復帰する。つまり、通過儀礼とは、象徴的な死と再生の儀式だとする。彼はさらに、そのような重要な意義のある儀式は、近代の西欧世界ではほぼ消滅したという。しかしながらその痕跡は、選挙権や運転免許取得年齢のように法律化された形で日常生活の随所に見出すことができるだろう。

日常生活と旅立ち

イニシエーション儀式のほぼすべてが消滅した現代、子どもが大人の仲間入りを許される権利を獲得するための世俗的なイニシエーション儀式と言うべき制度が定着することになった。子どもたちの多くは、保育園、幼稚園から小学校、中学校から高校、大学へと成長の階段を昇っていく。それに応じて身体的、生理的変化も顕著となる。年齢的変化に応じて、社会的通過儀礼、すなわち成長の節目を視覚化する儀式が執り行われる。入園式、卒園式、小中高から大学にいたる入学式や卒業式等である。年齢を目安に成長の節目を明確にするこれらの儀式は、子どもらに自らの成長と変化を自覚させる場として機能する。社会人となる節目の成人式は、その集大成と呼ぶことができるだろう。現代の英米社会では、法的な成人年齢が州によって異なり、日本のような成人式はないが、アメリカでは一六歳の誕生日を親戚や友人を呼んで盛大に祝う若者も多く、これが一種の成人式になっている。一方、英米社会に住むユダヤ人の間では一三歳で成人式を祝う伝統が守られていて、E・L・カニグズバーグ（Elaine Lobl Konigsburg, 1930-2013）の『ベーグル・チームの作戦』（一九六九年）にも登場する。

これらの儀式は、新しい世界への旅立ちを自覚させる機能を果たすという意味では、現代的イニシエーションの儀式と呼ぶことが可能ではないだろうか。人間の生

図2　ピーター・パンは永遠の少年の代名詞

が直線的に連続するものではなく、階段を上がる、あるいは新しい扉を開くように、連続しているように見えながら断絶した次元に入り込み、新しい自己を形成していく果てしない旅だとすれば、その節目、節目となるのがこれらの儀式である。伝統的な通過儀礼に際しては日常の生活空間から離れた場所に移動し、そこで秘儀を授けられるのが通例だが、空間的にも不可視の境界が想定されたのである。

永遠の子どもと死

親に護られ、家族の輪の中で暮らしてきた子どもが、家庭の外には社会があり、しかもその社会や初めて出会う他人が親切とは限らない、場合によっては自分を傷つけるかもしれないと知るとき、子どもはもはや子どもではない。社会の一員となるのである。他者との出会い、現実との出会いという経験は誰にとっても、子どもの世界から大人の世界への移行の過程で必ず遭遇せざるをえない最初の試練である。優しい母、親密な家族に守られた空間では他者が侵入することはあり得ない。このような試練は生じないだろう。父母と家族の輪はいわば蚕が蛾となる前にサナギとなりしばしまどろむ繭《まゆ》だからだ。微熱的温もりの空間なのである。蚕は繭の中のサナギから蛾へと脱皮し、大空へと飛び立つ。同じく子どもは、イニシエーションの体験を経て社会の一員となる。だが、不幸にも大人の空間に自分の居場所を見つけられないとき、大人でもなく子どもでもない「永遠の子ども」が誕生する。ピーター・パンや星の王子さま、ドイツの作家ギュンター・グラス（Günter Grass, 1927-）の映画版『ブリキの太鼓』（一九七九年）のオスカル少年等、大人になることを自ら断念した子どもたちである。神により創造され、神の命ずるままにエデンの園で暮らしていたアダムとイヴは、いわば永遠の子どもの元祖である。だが、二

図3　ヘミングウェイ『われらの時代に』の原書表紙

人が禁断の木の実を食べ、楽園から追放されたとき、永遠の子どもは死に、有限な存在としての時間が始まる。日常から隔離された内部空間は聖なる世界であるのに対して、外の世界は俗なる空間となる。

イニシエーション物語

児童文学を含め文学作品には、親の庇護から離れた子どもが未知の世界、未知の経験と出会うという物語が多くある。そこで描かれるのは、未知との出会いの体験が子どもを根本的に変革させる契機となる瞬間である。儀礼としてのイニシエーションが社会人になるための知恵を学び取る体験であるのに対して、文学においては子どもが恐怖や幻滅を初めて体験する姿が描かれることが多い。アメリカの代表的作品は、マーク・トウェイン（Mark Twain, 1835-1910）の『ハックルベリー・フィンの冒険』（一八八四年）である。主人公ハックが逃亡奴隷ジムと大河を筏で下る旅は、人間の心と社会の暗部を続けざまに目撃する旅となる。アンダソン（Sherwood Anderson, 1876-1941）の性の世界を覗き見る短編「ぼくはわけが知りたい」、ヘミングウェイ（Ernest (Miller) Hemingway, 1899-1961）の『われらの時代に』（一九二五年）も同じ系譜に属する物語であり、暴力や性が色濃く漂う大人の世界を覗き見る少年の困惑と幻滅を鮮やかに描き出す。暴力、不条理、ノンセンスに満ちたルイス・キャロルの『不思議の国のアリス』（一八六五年）も同じく少女の非論理的な世界での探検物語だろう。イニシエーション物語の多くは、成長が喜びではなく悲しみであるかのような印象を色濃く漂わせている。詩人ワーズワスは「子どもは大人の父である」と書いたが、まさに子ども時代の体験は一生を左右するほどの重みがあると言えるだろう。

（髙田賢一）

12 不登校——罰金・刑罰の対象？

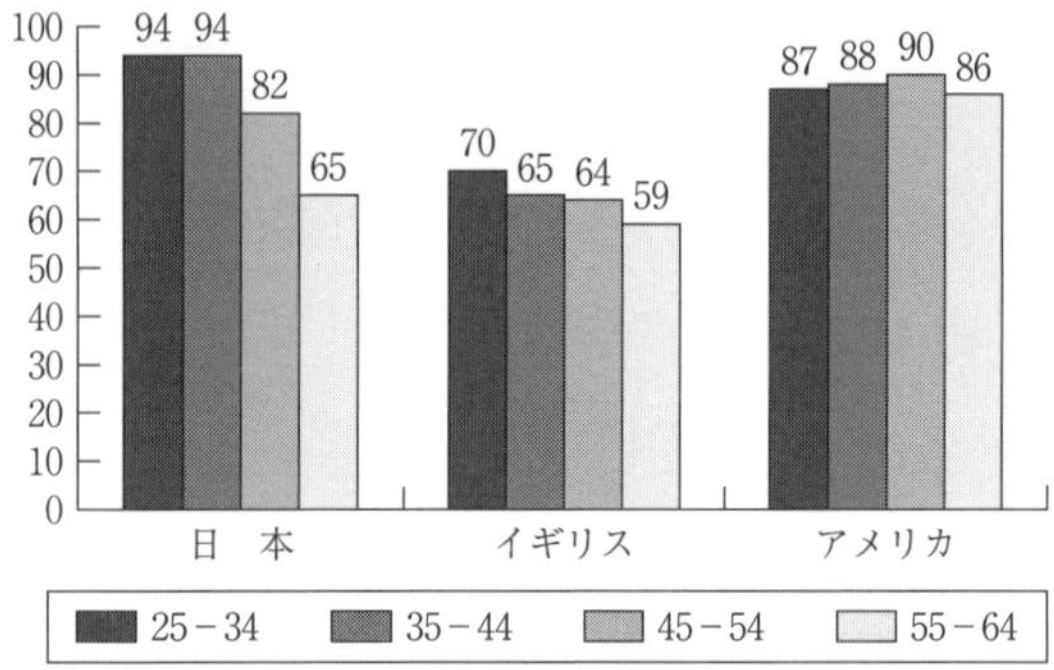

図１　1999年時点での年齢別国別高等教育修了者数

英米の「不登校」事情

不登校を表す言葉として、しばしば登校拒否、ドロップアウト（中退や退学）、怠学（いわゆるサボり）などが使われる。日本では、一九七〇年代後半から八〇年代にかけて学校ぎらいが増加し始め、九〇年に文部科学省が「登校拒否」という語を初めて使用した。しかし必ずしもすべての事例が登校を「拒否」しているわけではないことから、一九九八年から「不登校」と表現するようになった。二〇〇七年度には小学生の〇・三四パーセント、中学生の二・九一パーセントが不登校であり、全国の小学校の約四割、中学校の約九割に不登校児が在籍していた。一九九一年度からの一六年間で不登校の小中学生の割合が二倍以上増加したので、二〇〇八年度からは「不登校」の定義が「どの子どもにも起こるもの」に変わった。

英米では「怠学」が一九三〇年代から研究対象になり、六〇年には、特別な理由がないのに学校に行かないという症状が、「不登校」と命名された。四一年には母子関係が原因の情緒障害である「学校恐怖症」が、また四〇年代後半には、「学校ぎらい」や「登校拒否」の語も使われるようになる。英米のマスコミは不登校を意味する言葉として一般的に「無断欠席傾向」（truancy）を使う。

不登校の急増に悩む英米

アメリカでは一九四〇年代半ば頃から不登校が急増した。その約一〇年後にはイギリスが似た道を辿る。不登校の主な理由に、いじめ、転校、転居、家庭崩壊がある。現在、英米では「無断欠席」に厳しく迅速に対応する。長期無断欠席者がドロップアウトとなったり、薬物乱用や犯罪などにかかわることが多いからだ。一九八〇から九〇年代、英米では、特定の授業を欠席する生徒の増加が問題になった。

ドロップアウトの現状と原因について興味深い情報がある。ドロップアウトは、アメリカの全生徒の約二五パーセントであり、その約半分が都心部在住である。日本で、都心部に不登校児が多いのとよく似ている。背景に家族形態の変化があるようだ。一九九七年において、カリフォルニア州の子どもの三三パーセントが婚姻関係にない夫婦から生まれ、このうち七〇〇〇人は、一〇代の母親による出生児であり、アメリカ全土では、片親や再婚した家庭が半数以上であった。また、アメリカでは離婚には裁判がつきものなので、離婚手続きは経済的に相当な負担となる。子どもは腹立たしさと喪失感と精神的苦痛を経験し、学校ではドロップアウトとなる。一九九三年にドロップアウトした子どもの家庭の二四パーセントが貧困層であった。一九九〇年代イギリスでも五世帯に一つは一人親世帯というデータがあった。

無断欠席への英米の対応を見てみよう。アメリカのワシントン州では、一カ月に七回、一学年で一〇回無断欠席をすると、親は子どもを就学させる義務、子どもは就学する義務を怠ったとみなされ、両方が罰を受ける。子どもを登校させるのを怠った親は罰金を科せられるか、学校でのボランティア活動をさせられる。学校に戻るのを拒絶する子どもは法廷を侮辱したとみなされ、地域社会への奉仕活動や一週間の少年院送致となる。一方イギリスでは、親は、子どもの規則正しい出席を確保する第一の責任を持つ。故に、学校在籍の児童生徒が定期的に出席しないと、親が訴追される。一般的には親に罰金を科すが、逮捕もあり得る。二〇〇二年には、子ど

図２　不登校児への詳細なアンケートを基にした本

も の長期無断欠席で、母親が二八日間、刑務所に拘禁されるケースがあった。無断欠席者の犯罪関与を予防するため、地方教育当局の教育福祉担当官と警察官が、私服で町の中心部をパトロールする「無断欠席一掃」（truancy sweeps）を実施している。親と一緒にいるところを検挙される無断欠席者が多いので、親の監督ミスが問題となっている。一日に無断欠席する者の総数は全英で約五万人と見積もられる。

不登校児への多様な教育手段

日本では、親が特別な理由もなく在宅教育を選択すると違法だが、英米では、在宅教育が正規の義務教育に含まれ、不登校児の教育手段のひとつとなっている。イギリスではホームエジュケーション、アメリカではホームスクーリングである。在宅教育を受ける子どもの数はイギリスでは、二〇〇三年の時点で三万五〇〇〇から五万人に上った。また、アメリカでは一九八〇年代初頭からの約二〇年で、数千が一六〇から二〇〇万人に増加した。これは全米の児童生徒の約一パーセントに当る。

イギリスでは、在宅教育を親や個人教師が行うことが認められており、内容は国のカリキュラムに準拠する必要はない。ただし、適切な教育をしている証明が必要となる。親による適切な教育が実施されていない場合、地方教育当局は親に子どもを学校に登録するように求める。通学は登録制なのである。一定期間内に親の回答がないと、子どもは地方当局が選択した学校に登録される。

アメリカに目を移すと、例えば、ワシントン州法では、在宅教育を認める条件を以下のように定めている。在宅での教育は、計画され、監督を受けた教育活動であり、指導すべき科目は職業教育や音楽の鑑賞能力を含む一一科目である。年間の総授業時間は、法律で認可を受けた私立学校の学年レベル相当と規定されている。ま

図３　サリンジャー『ライ麦畑でつかまえて』の原書表紙

図４　サリンジャー『フラニーとズーイ』の原書表紙

た、子どもを教える親自身の資格基準もある。

一般的な学校以外の教育機関の総称であるオルタナティブ・スクール（一八三〇年代、イリノイ州で初）も、不登校児の有用な教育の手段であり、非行、学力不振、精神的な事情などでの不登校児の受け皿となっている。最近のオルタナティブ・スクールの例としては以下のものがある。教室がなくパソコンを使ったサイバー・スクールは、在宅教育を行う児童生徒と保護者のための学習支援リソース・センターとなっている。さらに、一九九一年にミネソタ州で初めて開校されたチャーター・スクールは、特定の教授方針に則っており、教師、地域団体や企業が認可を受けて運営される。イギリスでは、フリー・スクールが一九六七年からの一〇年間で六校から二三九校に増加した。

不登校を扱う作品

アメリカの作家、Ｊ・Ｄ・サリンジャーは、不登校になってしまった若者を描いた。『ライ麦畑でつかまえて』（一九五一年）では、作品の冒頭で、一七歳のホールデンが継続的な学業不振で四度目の退学となる。学業再開を促す助言を受けても復学しない。学校は「いやでいやでたまらない所」なのだ。学校に限らず周囲の状況すべてを煩わしく感じる彼は、いわゆるニートである。また、年齢がやや上になるが、『フラニーとズーイ』（一九六一年）のフラニーは、あと一年で卒業なのに大学に行かなくなってしまう。今は、寮を出て家族と暮らすが、彼女の拒食症と神経の衰弱は家族を悩ます。家族、特に母はフラニーの復学を切に願い、精神分析医への相談も考えるが、実行に移せないまま問題の解決なく作品は終わる。これらの若者から、不登校問題の複雑さがわかる。

（鵜沢文子）

13

児童虐待——闇のトンネルを抜けて

図1　暗くてせまいトンネルの中で働かされる少年たち

児童労働の悪しき道

イギリスの児童虐待の背景には、伝統的に行われてきた児童労働があると思われる。哲学者ジョン・ロックが、三歳児からの職業訓練校を提唱したように、職業訓練は教育上、重要な体験と捉えられていた。しかし、産業革命を中心とする、急速な資本主義経済の発展期を迎えると様相は一転する。家族の一員として季節に応じた農作業や家業の手伝いをしていた子どもたちは、家族から引き離され、通年の工場労働者へと押しやられるようになった。貧困家庭の子どもたちは、家計を助けるために、六歳頃から、日に一二時間から一六時間も工場での労働を強いられたのである。

中には、地下の採掘作業や煙突掃除などの危険な仕事に携わった子どもたちもいる。闇を恐れる子どもたちは、火や棘をかざす雇い主に脅されながら、二三センチメートル四方のきゅうくつな煙突を登らなければならなかった。煙突掃除の少年トムを主人公にした、チャールズ・キングズリーの『水の子』（一八六三年）は、暗闇に閉じ込められた子どもたちを日の当たる場所に導いた作品といえよう。一八世紀の終わりには危険な児童労働を疑問視する声が上がり始めていたが、実質的な規制が始まったのは『水の子』出版の翌年からであった。その後、段階的に規制が強化され、子どもによる煙突掃除の仕事は姿を消すことになったのである。

また、イギリスの児童虐待の歴史をたどる時、孤児や捨て子を置き去りにはでき

図３　織物工場で働くリディはやがて旅立つ

図２　水中に飛び込み，不思議な世界を発見する煙突掃除の少年トム

ないだろう。一八世紀に公費による養育院が開設されると、貧困家庭は公費での養育に期待して子どもを託したが、施設の実情は悲惨であり、栄養失調や虐待、過剰な労働により幼い命や若い命が奪われることも多かった。政府は、孤児に職業を与えることで怠惰と非行を防ぎ、経済発展にも活用しようと考え、工場の雇い主たちは安い労働力を渇望していたので、ここでも子どもたちは、苛酷な労働の場へと駆り立てられたのである。

苦役か、学びか

子どもの怠惰をよしとしないイギリスでは、子どもたちは仕事場か学校のどちらかに居場所を見つけるよう強いられてきた。一八八〇年に義務教育が開始されると、学校が子どもたちの拠点と認められ、法のもとに、暗黒の児童労働の歴史は幕を閉じることになった。しかし、欧州各国で児童労働が規制、禁止されていく中、アメリカでは二〇世紀初頭まで国家による規制がなされなかった。安い労働力を求める南部の織物業界や季節労働者を求める農場経営者からの反対が根強く、政府の介入を許さなかったのである。双方の自由と権利の保障に重きが置かれるアメリカでは、搾取との戦いも個人の力に委ねられるところが大きいのだろう。戦いの武器となるのは、教育である。

キャサリン・パターソンは一八四〇年代のアメリカ、マサチューセッツ州の織物工場を舞台とした『ワーキング・ガール　リディの旅立ち』（一九九一年）を発表する。一三歳の長女リディは、借金のために故郷を追われた家族が再び共に暮らせることを夢見て、宿舎に住み込みながら織物工場で懸命に働くが、労働力の搾取や性的嫌がらせを目の当たりにし、ついには夢までも崩壊し、自分自身を見失う。リデ

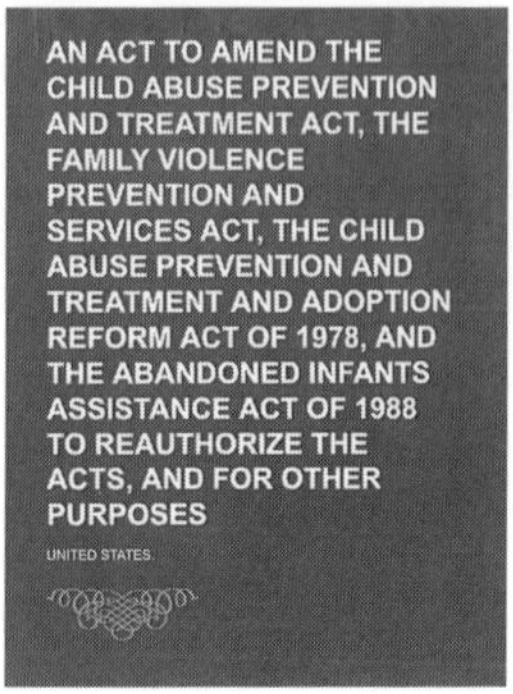

図４　虐待の多様化や対処法の進歩を受けて修正される条項

ィに道を拓いたのは、学びへの希望である。リディは、宿舎の同僚が読み聞かせてくれたチャールズ・ディケンズの孤児物語『オリバー・ツイスト』（一八三八年）をきっかけに文字を学ぶ。やがて不当解雇を強いられるが、読み書きを習得したリディは、手に入れた辞書と自筆の手紙で決着をつけ、貯金を握りしめて大学進学への道を踏み出していくのである。

子どもたちの就学と識字率向上は、地球規模で児童虐待防止に奮闘するユニセフによって現在も取り組まれている課題である。世界に目を向ければ、二一世紀を迎えてなお、二億人以上の子どもたちが労働を課せられ、中には危険な労働や売春行為、徴兵を強いられて奴隷状態にある者たちもいる。読み書きを習得することによって、子どもたちは自分の置かれた状況を理解し、自分の訴えをつづり、身を守ることができるようになるのである。

暴き出された傷跡

一九六二年は、児童の身体的虐待の再発見の年と認識されている。アメリカの医師ヘンリー・ケンプがX線診断によって被虐待児症候群を発見したからである。自助自立の家庭建設を理想とするアメリカでは、政府が家庭問題に介入することは難しかったが、科学的、医学的証拠をもとに、家庭での児童虐待に踏み込むことが可能になった。またイギリスでは、クリーヴランド事件（一九八七年）をきっかけに児童に対する性的虐待が再発見された。医師が、身体テストによって大規模な肛門性交による虐待を発見したのである。それまで性的虐待は直視されることなく、比較的関心の低い問題であった。この二つの発見以降、児童虐待に対する取り組みは大きく前進し、身体的、性的虐待の発生要因や被虐待児の保護に関する取り組みが

図５　ネット上で少年になりすまして少女を狙う大人

様々な角度から検討されるようになった。

二〇世紀は、家庭内で秘密裏に行われてきた児童虐待を暴き出し、社会の関心を集めた点で、児童虐待防止に活路を拓いたといえるだろう。一九八九年には、国連総会によって、あらゆる形態の暴力、傷害、性的虐待を含む身体的、社会的、精神的な虐待から子どもを守ることを約束する「子どもの権利条約」が採択された。イギリスは一九九一年に「子どもの権利条約」を批准し、アメリカは一九九五年に署名している。

闇のトンネルを抜けて

子どもは未来の象徴と認識されるようになり、子どもの教育や発達に関する課題が国家の政策として取り上げられるようになった。「子どもの世紀」として幕を開けた二〇世紀は、闇のトンネルの出口となるかに思われた。しかし、そこで子どもたちを待ちうけていたのは、けばけばしい商業主義とマスメディアの世界であった。子どもたちはいつも、時代の影響を強く受ける。モノと映像にあふれる生活の中で、虐待の形態と影響は複雑化していく。子どもたちは、離婚、再婚などにより多様化する家庭様式の中で、増加する大人のストレスにおびやかされている。そして子どもたちは、いとも簡単に、もっとも身近な媒体手段の一つとなったインターネットに手を伸ばし、性的、身体的暴力にあふれる大人の世界にアクセスし始めた。目が眩むような画像のフラッシュは、ようやく与えられたはずの「子ども部屋」から抜け出すようにと子どもを誘う。二一世紀、「子ども」をめぐる暗中模索の道はまだ続くようである。

（川谷弘子）

14

多文化社会と子ども――他者と向き合う

図1　ローラン・カンテ監督，映画『パリ20区，僕たちのクラス』のパンフレット

多文化社会と支配する言葉

グローバリゼーションによって国境の壁は低くなり、国民の同一性を支える枠組みが崩れ始めたのは確かだが、それは国民がなくなり世界が「フラット」になったことを意味するものではない。人々は移動する自由と権利をもち、地球上にかくも多くの多文化社会構造が拡がる中、差異と対立が深刻な課題になっているのは明らかである。南北アメリカ、アジア、ヨーロッパ大陸の各都市では、多文化共生を抜きにして、その社会構造を語ることはできなくなっている。またいずれの都市にせよ、多文化社会でサバイバルを余議なくされる子どもたちは、多文化社会の包括する「言語・文化・エスニシティ」の多様性を一瞬たりと忘れることは許されない。抑圧の痛みを伝承され、新しく構築されるシステムに希望をつなぐ一方、貧困、格差は無視されることのない現実である。

「君たちのことをもっと知りたい」

こうした多文化社会の子どもたちの現在を、世界中の大人と子どもに発信したのがローラン・カンテ監督『パリ二〇区、僕たちのクラス』で、この映画（原案『教室へ』）は二〇〇九年、カンヌ・国際映画祭パルムドール（最優秀賞）ほか数々の賞を受賞した。舞台となったのは、フランスの多文化社会の街パリ北東の端にある二〇区で、ここは労働者や移民の多い地域として知られ、「僕たちのクラス」は低所得者層の多い社会層を反映した公立中学校である。「この学校のどこがフランスなのか？」「この学校の存在こそがフランスなのだ」という多文化社会のもっとも熾烈な二面性をめぐって、理想と現実、言語とアイデンティティが、学校の「壁の外」の社会と、教室という「壁の内（原題）」で渦巻いている。

ここでは言語や教育の原点として、自由・平等を聖典とする「教室」に焦点が絞られ、言語の授業に参加する一人ひとりの生徒に密着する形で進行する。フランスに暮らし、フランス語で話し、フランスの教育を受けながら、「フランス語を愛するフランス人にはなれない」移民の二世たちを前に、そういう君たちのことがもっと知りたいとフランス人の国語教師は訴え、授業中に使う言葉と授業外の時間に使う言葉を隔す「線」に無関心を装う生徒と、連日格闘する。「美しい言葉、正しい言葉」対「スラング、家族が毎日話す言葉」の闘いは、小さくとも文化のゲリラ的衝突を思わせる。混沌とする中、コミュニケーションこそが唯一最大の命題であるはずの「教室」での問いかけに「沈黙」が返るとき、皮肉な現実に愕然とするのは教師ばかりではない。

不本意な現実が暗闇を覆う中、わずかだが明るい光が提示されている。それは第一世代の悔しさを目の当りにした第二、三世代に、現実的で冷静な批評眼が蓄積され、挫折と屈辱の沈黙を内包した多文化社会の中、現在を生き抜く強さを身につけた若者の存在がみられることである。正も負も叩き込まれた多文化社会の一員が今日も世界のいたるところで、自身のヴォイスを呻きとともに発している。発信されるヴォイスを裏切らない映画の力が重い。

アメリカで自分を知り、他者を知る

子どもの文学で多文化社会の考察を深めるものを追うと、移民の第二世代として

図2　カニグズバーグ『ティーパーティの謎』の原書表紙

多文化社会の一員となった作家に目がとまる。東欧やロシアから、アメリカへの移民として渡ったユダヤ人の第二世代の児童文学の作家たちは、個人史に加え、歴史・文化面の複合された柔軟さを秘め、多文化社会を生き抜いた自信に溢れている。

ハンガリーから移民としてアメリカに渡った両親のもと、E・L・カニグズバーグにとってもっとも重要なものは「英語」だった。第一世代が受け入れがたい言葉＝英語を操れない限り、アメリカでは生き延びることができないことを賢い少女は知っていた。英語で話し、英語の教育を受け、書物を漁り、アメリカの大学での勉学を修め、トップクラスに躍り出たカニグズバーグは、アメリカの文化状況を言語とともに取り入れながら、移民の子どもから知性をまとったアメリカのユダヤ人になってゆく。

カニグズバーグは、「教室」内の多文化言語や文化状況と同時に、多文化家族について綴ることのできる作家である。『魔女ジェニファーと私』（一九六七年）では、転校生の私と、アフロ・アメリカンの少女が紡ぐ魔女ごっこの物語に、異なる文化の織り糸をめぐらせて成功した。同年『クローディアの秘密』では、美術愛好家のユダヤ人富豪と、世界中の文化財・美術品を蒐集する美術館を中心に物語を展開し、歴史・美術史リサーチの成果を披露する。

この作家の知性と感性の閃きが物語で燃焼する発火点は、他者を「もっと知りたい」という欲望である。多文化社会アメリカ、その巨大なシステム、そこに暮らす人間と文化や歴史のオリジンを手繰ろうとする渇望は、実は作家自身に向けられたものである。アメリカのすべてを学びながら、英語で書く仕事をえて、本当のアメリカ人になることのできた「アメリカ」を作家は根底から見届けなければならない。

図３　タン『アライバル』の原書表紙

ユダヤ人社会の生活習慣や歴史的背景、パワーと個性の物語構築することに余念がなかったカニグズバーグだが、『ティーパーティの謎』（一九九八年）を境に、自らがその一員である「多文化社会アメリカ」を意識し投影する作品を描き始める。ここでは多文化社会の多様化した家族が描かれ、言語と教育の原点である教室にテーマが絞られる。登場するのは、個の確認、他者への積極的関心、知識獲得力の強調で、エスニシティ、カルチャーの異なりについては、前向きに明るく述べられ、そのトーンは一貫して変らない。

沈黙の意味

「わたくしは自分のアイデンティティにはほぼ無関心で、むしろ他者への興味にひかれてストーリーを構築している。」この言葉は『アライバル』（二〇〇六年）をはじめ、絵本の世界で独自の世界観を展開するオーストラリアのショーン・タン（Shaun Tan, 1972-）によるものである。この絵本からは、未知の世界へ移民として足を踏み入れた「わたくしたち」が、必ずや味わったであろう不思議さとおそれ、解読不能な文字や言葉、それらが写真の一コマ一コマの連結した声なき呟きのように伝えられる。ここには、自分および帰属する共同体についてのみ語ることから、多様性をもちあわせた文化的差異を認め、他者である共同体を受け入れる兆しが視える。グローバリゼーションの枠を超え、SF的飛翔を視野に入れながら、多文化社会を単なる寄せ集めモザイクの平和に仕立てあげようとする危うさを告発する声が潜んでいる。つぶやきより大きな響きをもつ沈黙（文字をおかない絵本）が、多文化社会の小都市に生まれたアーティストから発信された。彼はアジア系の父親のもと、差別も身体的特徴の差異も身体で知る一人の地球人である。

（島　式子）

第3章

子どもの生活／空間

夜もナニーに連れられて子ども部屋へ

子どもだけの悦び

人生で最初に意識する子どもだけの生活空間は、近代以降では子ども部屋であろう。一九世紀までは、子どもだけの空間という考えはまだ存在しなかった。産業革命を機に誕生した子ども部屋は、母親あるいは乳母や家庭教師などの女性が取り仕切る場となった。子どもが「小さな大人」とみなされる時代は既に終わり、子どものための衣服や玩具など様々な子どもの文化が発達し始める。階級や家庭環境にもよるが、幼い子どもは、大人と共に食卓に着いても支障ない大きさに育ち食事の作法を身につけるまでは、食事もおやつも子ども部屋で与えられたため、乳幼児向けの食卓や椅子が作られるようになる。学校でのランチタイムも、子ども時代の楽しみであろう。第二次世界大戦を境に、英米ともに、経済状態の悪い家庭に援助の手を差しのべるため、健康管理や衛生面に苦慮しながらも、給食制度が設置されるようになる。

食事に加え、おやつやお菓子は、いつの時代も子どもにとって強い関心の的である。多くの英米名作児童文学作品の中で、登場する多様なお菓子は重要な役割を果たしている。食事が日常だとすれば、おやつやお菓子はいわば非日常であり、誕生日やクリスマスなどの行事にしか出されることのない御馳走と同様、普段とは異なる食の悦びをもたらす。ネズビットが『砂の妖精』で描く、作法を無視した牧師館の屋根の上でのピクニックは、夜中にそっと起き出してつまみ食いをするのと同様、タブー破りの高揚感へとつながる。こうした非日常は、いわば子どもだけの悦びであろう。

想像力と創造性

子どもだけの空間で繰り広げられる遊びには、子どもの想像力と創造性が駆使される。アメリカの幼稚園や小学校では、「お絵かき」から発展した「ぬりえ」を奨励する傾向が見られるようだが、子どもが創意工夫によって生み出す遊びは実に多種多様である。屋内でも戸外でも、子どもの自由な遊びが展開される。その中には、ボードゲームや目隠し鬼のように大人の遊びの模倣から生まれたものも少なくない。ネズビットが描くバスタブル家の子どもたちが、経済的に困窮している家庭を救うため、様々な作戦を実行に移してはお金を手に入れようとする真剣な「宝さがし」も、期待どおりの成果を上げられないことから、つまるところは熟考の末に考え出された遊びの延長であるとみなすことができよう。

また、子どもが遊ぶ場所には、学校の校庭や公園のように自分たちで考案した遊びを展開する場のみならず、現代の遊園地のようにあらかじめ設置された遊具や空間で遊びに興じるための場もある。大人になっても好んで訪れる場所になり得るものの、ディズニーランドに代表される遊園地は、子ども時代の娯楽の一端を担っている。

他者との関わり

成長して子ども部屋を出た子どもたちは、母親や乳母以外の同じ年頃の子どもたちと共に生活する時間をもつようになる。遊びや学びを共有する友だちとの関わりを通して、子どもは他者との関係性を学んでいくのである。しかしながら、常に良好な友情ばかりが育まれるとはかぎらず、日本でも深刻な社会問題へと発展したいじめは、英米の子ども時代にも無縁のものではなく、英米ともに問題点を明白にして対処しようとする傾向にある。例えばファインの小品『ニッツヒル・ロードの天使』に描かれているように、いじめの実態やクラスの問題点を教師に伝え、子ども同士で率直に話し合う場を設ける学校もある。

子どもが接する他者は人間だけとはかぎらない。ペットは英米の子どもにとっても、友だちや兄弟姉妹同様、非常に親密な関係を築くことができる他者である。玩具とは異なる小さな生命は、通常は守られる存在である子どもが初めて守るべき存在として責任感をもって接する相手である。しかも必然的に人間より短い生涯を見届けるようになることから、初めて死別の悲哀や喪失感を乗り越え、命について考えさせる存在でもある。

一人きりの旅立ちと帰還

幼い子どもは通例大人の保護者にしっかりと管理され守られているものだが、時に自分だけの冒険を体験することもある。それは意図せずして迷子になるという場合だけではなく、ランサムの『ツバメ号とアマゾン号』の子どもたちのように遊びを発展させて大人のいない島で冒険を体験する場合もあれば、カニグズバーグの『クローディアの秘密』の主人公のように、特に日常生活に不満がなくとも敢えて家出をするという場合もあり得る。

だが、子どもにとっての一人きりの旅は、トールキンの『ホビットの冒険』でビルボ・バギンズが体験する旅のように、最後には無事に元いた場所へ帰ってこられることが望ましいのは言うまでもない。安全に帰還するものの、様々な困難を体験し乗り越えたことで、以前とは少し異なる自分になっている。かくして子どもは成長を遂げ、幼年時代に別れを告げる。

（笹田裕子）

15 食事／おやつ――人気のある食べ物

図1　ファージョン『ファージョン自伝』の原著表紙

子どもと大人

一九世紀から二〇世紀にかけて、イギリスの中流階級以上の子どもはもっぱら子ども部屋で暮らし、親と過ごす時間は限られていた。エリナー・ファージョン（Eleanor Farjeon, 1881-1965）は『ファージョン自伝――わたしの子供時代』（一九三五年）で、日曜の晩餐にハム、塊のサーロイン、ミックスサラダ、レモンチーズケーキ、チョコレートゼリー、タルトなどが出たと書いている。父は日ごろ子どもの相手をよくしたそうだが、このときは大人のお客とも同席できた特別な時間として、そのメニューまでもが印象に残ったのだろう。

児童文学作品ではイギリスのP・L・トラヴァース（Pamela Lyndon Travers, 1899-1996）の『風にのってきたメアリー・ポピンズ』（一九三四年）に、子どもとナニーのお茶の風景が描かれている。アメリカの作品ではルイーズ・フィッツヒュー（Louise Fitzhugh, 1928-74）の『スパイになりたいハリエットのいじめ解決法』（一九六四年）を一例としてあげておこう。自宅にはコックもいるのにハリエットは小学校の五年間、トマトサンドイッチしか注文せず、コックを嘆かせている。帰宅後には決まっておやつにクッキーとミルクをとるが、このときの話し相手は親ではなく、ナニーである。

親が牧畜業や農業などに従事していれば、農場全体が子どもの生活の場となっただろう。アメリカ、オレゴン州の農場で育った作家ビバリー・クリアリーは五歳の

図2　クリアリー『ヤムヒルから来た少女』の原書表紙

夏、母と祖母がキッチンの薪ストーブで、フライドチキンやマッシュポテト、ベーコンとサヤインゲン煮や、ビスケット、数種類のパイといった食事を作り、収穫の手伝いに来た男たちに出していたと、未訳の自伝『ヤムヒルから来た少女』（一九八八年）に記している。背景には第一次世界大戦後の不況がある。この年は「移動調理場」と調理人を雇うことができず、母と祖母が奮闘した。だが農作物が売れず、結局一家は農場経営を諦め、町へ越している。

学校でのランチタイム

一九世紀、英米の子どもの昼食は、学校と家の距離によって、自宅に戻って昼食をとるか、家から持参してきた弁当を学校で食べるかにわかれていた。後者の弁当箱は一九世紀にはたいていボール紙製の箱を利用していたが、その後は軽いブリキやアルミ製のケースにテレビやマンガ、広告のキャラクターが印刷され、流行の推移と連動するようになる。

ローラ・インガルス・ワイルダーの娘で作家のローズ・ワイルダー・レイン（Rose Wilder Lane, 1886-1968）は、小学校時代の昼食でブリキの入れものに入っていたのはリンゴ一個とベーコンの脂をぬったブラウン・ブレッドだったという。そのほかに生のニンジンやときには小さいパイが入っていることもあったが、バターや砂糖の値段が高いため、パイはめったにないご馳走であったという。このように昼食にアップルパイをはじめ、何かしらごほうびとなる甘いもの（treats）を添えるのは、英米に共通する慣習である。

学校での食事の提供は、英米とも貧困家庭の子どもを空腹状態から救いだし、勉強に集中させる趣旨から始まった。イギリスの場合は一九世紀末の二度にわたる

図3　ダール『少年』の原書表紙

図4　移動販売車のアイスクリームを買う親子

ボーア戦争以降、子どもの健康管理が関心を引くようになった。そして第二次世界大戦を転機として、それ以降学校での昼食を介して子どもの栄養を管理する動きが活発となった。だが国民が浴していた福利厚生行政をつぎつぎに廃止したマーガレット・サッチャー政権が、各自治体による無料の給食を廃止させている。

一九八〇年代以降、生徒数が増加すると、各学校では昼食を外部に委託するようになった。また学内に飲料の自動販売機を設置させた結果、ジュースや清涼飲料水類、高カロリーのピザが生徒に人気のメニューとなっている。家庭から持参する昼食も高カロリー・高脂質の「ジャンク・フード」が満載だった。二〇〇四年にはくず肉に酸化防止剤などを混ぜ成形した加工食品ターキー・トゥィズラー（Turkey Twizzler）の排斥運動が起こる。また二〇〇九年には有名なシェフ、ジェイミー・オリバーが旗手となって健康的な食事を子どもに提供するキャンペーンが開始されている。とはいえ子どもは生野菜が苦手で、油で揚げたチップス（フライドポテト）を好むため、給食改善の試みは苦戦が続いているようである。

アメリカでは、第一次世界大戦やその後の大恐慌を契機として、子どもの学習能力を向上させるために無料または安い値段で昼食などを提供し始めた。これには子どもを介して各家庭に、バランスのとれたメニューや調理方法や衛生観念を伝達する狙いもあった。資料によると、当初はシチューなどにパンを添え、デザート（二品から選択）と牛乳かココアとあり、甘いデザート類も含まれていた。アメリカでも、イギリスと同様に栄養の偏りと子どもの肥満は深刻な問題となっている。

おやつをめぐって

全寮制の寄宿学校では、自宅から子どもに送られてくる差し入れや、たまに店で

図５　『子ども版シルバースプーン』原書表紙

買いもとめる菓子は、このうえない楽しみとなったであろう。イギリスの作家ロアルド・ダール（Roald Dahl, 1916-90）は、自伝的な作品『少年』（一九八四年）で、寄宿学校時代にキャドベリ社のチョコレートの新製品を試食してはレポートした思い出を記しているが、後年チョコレートへの愛着を『チョコレート工場の秘密』（一九六四年）に発展させている。近年では、J・K・ローリング（Joanne Kathleen Rowling, 1965-）の〈ハリー・ポッター〉シリーズ（一九九七〜二〇〇七年）に、かずかずのチョコ菓子が登場していたことも記憶に新しい。

チョコレートと並んで人気があるのがアイスクリームだろう。一九世紀アメリカのルイザ・メイ・オルコットは『若草物語』（一八六八年）で、アイスクリームが隣家からクリスマスに贈られた贅沢品であったことを描いている。その後二〇世紀に冷蔵庫が普及すると、家庭でふつうに味わえるものとなっていくが、子どもにとって屋外で食べるのはまた異なった楽しみである。イギリスではアイスクリームの移動販売車が一九五〇年代以降、夏の風物詩となっていた。ところが最近は都会でも地方の住宅団地でも、車両立ち入り規制や販売許可取得にかかる高額な費用に加え、EUの厳しい排気ガス規制などが影響して、販売車の生き残りが厳しくなりそうだという。

なお子どもが料理することを前提とした、入門書が多数出ている。例えばイギリスのあるフードライターは自著から選んだ四〇のレシピを『子ども版シルバースプーン』（二〇〇九年）として出版している。こうした子ども向けの本では、手軽に作れるおやつやパーティ・メニューが中心となっている。

（西村醇子）

16

子ども部屋——こぢんまりした王国

図１　19世紀の子ども部屋

子ども部屋の誕生

一九世紀以前は、家庭内に子ども部屋と呼べる子どもだけの部屋はなく、子どもは居間で家族や使用人などの大人に囲まれて育つのが通例であった。居間で子どもを養育したのは、大人が監視することができるという利点があることに加え、子どものための部屋を設置するという発想がなかったためである。

子ども部屋、すなわち子どもだけの場所は、近代になって普及したものである。産業革命は、社会における労働領域と居住領域を分けることを促進し、その結果男女の役割分担という考え方がより強固となった。外で働く男性に対し、女性の仕事の場は家庭に限られるようになった。かくして、母親が手腕を振るう場の一つとして、細やかに世話をする対象である子どものための空間、「子ども部屋」が確立されたのである。この時代の子どもは、もはやかつての「小さな大人」ではなく、服装や玩具を含む様々な子どものための文化が注目と関心の的となっていく。

子ども部屋の必需品——寝室から生活の場へ

近代以降の家屋の中に子ども部屋が存在するかどうかは、主に家計や住宅事情次第である。だが、たとえ子ども部屋が存在するとしても、誕生から幼児期までの子どもは兄弟姉妹と一つの部屋に同居するのが通例である。思春期以降は一人一人の子どもに個室があてがわれることもあるが、それぞれの家庭の事情で異なる。

階級や経済状況にもよるが、子ども部屋には主に五つの役割がある。就寝、食事、

図2　身の丈にあった子どもだけのお茶会

遊び、勉強、収納である。この五つの役割に沿って、必要な家具が設置される。

一九世紀までの子どもに与えられていた独自の空間は、寝台がある寝るための場所だけであった。子どもだけの日常生活の場が確立されてからも、子ども部屋は子どもの寝室を兼ねていた。複数の子どもの共同寝室である場合が少なくないことから、限りある空間を有効活用するための収納式ベッドや二段ベッドが生まれる。初期の収納式ベッドは組み立て式で、日中は不要な寝台は解体して片づけておくことができるという利点があったが、どれほど精巧に造られていても、連結されたベッドの中央部が夜中に突然分離してしまい、就寝中の子どもを脅かすこともあった。

幼年期には食事もおやつも子ども部屋で与えられるので、乳幼児向けの食卓あるいはそれに類する家具は必須である。幼児にとって大人向けの食卓で共に食事をするのは困難でもあり、乳幼児専用の椅子が造られるまで、大人用の椅子やテーブルは背が高すぎて不便だということが主な要因である。食卓や椅子のサイズが子ども用であること以外にも、子ども部屋で子どもだけで食事をさせることには大きな利点がある。子どもが十分に成長して大人と同じ食卓に着くようになるまでに、子ども部屋の身の丈にあった食卓で、食事の作法を身につけさせることもできる。

子どもへの関心は、多種多様なおもちゃを生み出した。ある年齢以上になると、十分な空間がある場合には、男女別の子ども部屋が設置されることも珍しくなかった。性差による発育の違いのみならず、興味の対象が分かれるからである。女の子の部屋を象徴するのが人形の家であるのに対し、男の子の部屋では、木馬やおもちゃの兵隊が代表的なおもちゃであった。

子ども部屋は遊び場所であると同時に、子どもが勉強をする場所でもある。就学

図３　お人形と一緒にお祈り

前の子どもや一九世紀までは学校へ通わなかった女の子は子ども部屋で勉強し、中上流家庭ではガヴァネスと呼ばれる住み込みの女家庭教師に勉強を教わった。やがて二〇世紀の教育改革によって子どもの公教育が行きわたり義務教育制度が確立すると、すべての子どもが学校へ通うようになる。

おもちゃや子どもの衣類の収納も子ども部屋の役割の一つであり、衣装だんすや戸棚など収納用の家具も設置されている。収納を習慣づけるために、養育係を担う大人が子どもを監督し指導した。

子ども部屋は子どもだけの場所であると同時に、乳幼児期には子どもの教育と世話を受け持つ守護者としての乳母が主導権をもつ場所でもあった。P・L・トラヴァースの『風にのってきたメアリー・ポピンズ』（一九三四年）では、子ども部屋はジェイン、マイケル、それに双子の乳児ジョンとバーバラの共有空間として描かれているが、この場をとり仕切るメアリー・ポピンズは乳母の好例である。乳母は、子どもの遊び相手になるだけではなく、食事の作法や勉強それに整理整頓の仕方なども教え、子ども部屋における世話と躾、すなわち教育全般を担っていた。乳母と母親が役割分担する場合もあったし、階級や家計によって乳母がいない家庭では、母親がすべての役割をこなした。二〇世紀半ばには、乳母の役割はすべて母親へと移行する。

子ども部屋の床――想像力と創造性が広がる場

子どもが顧みられなかった時代、子どもは犬や猫などの動物と共に床の上で放置されていた。だが、子どものための空間が家屋の中に設けられるようになって以来、子ども部屋の床は、絵本や物語本あるいはおもちゃが広げられる場となる。

ジェイン・ペティグリューは、子どもが顧みられるようになったばかりのヴィク

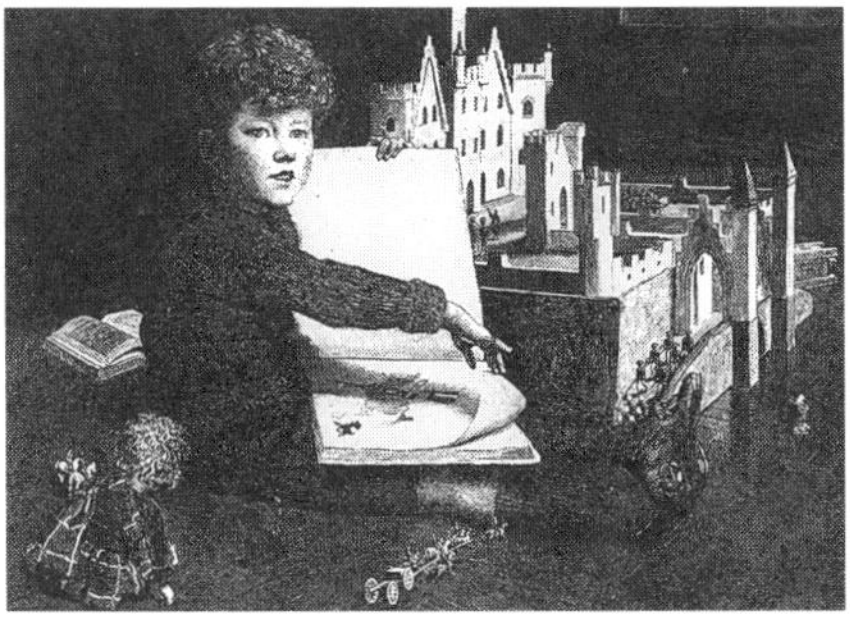

図4　床いっぱいに広がる別世界

トリア朝よりも、エドワード朝こそが子どもにとっての「黄金期」であるとし、典型的な子ども部屋の床について、長持ちする絨毯か分厚いマットレスが敷かれたり、簡単に掃除できるように実用的かつ衛生的なリノリウムが使われることが多かったと記している。イーディス・ネズビット（Edith Nesbit, 1858-1924）の魔法ファンタジー三部作にも当時の子ども部屋の描写が見られるが、『火の鳥と魔法のじゅうたん』（一九〇四年）によると、子ども部屋に敷く絨毯は、子どもが何かこぼしたり汚したりしてもよいように、敢えて古くて安いものを購入していたことがわかる。

積み木や、工夫を凝らして多様なものを組み立てるレゴは、まさに子ども部屋の床という広い空間を使って展開される遊びである。ネズビットの『魔法都市』（一九一〇年）やH・G・ウェルズ（Herbert George Wells, 1866-1946）の『床上の遊び《フロアゲーム》』（一九一一年）には、実際に子どもと楽しんだ「床上の遊び《フロアゲーム》」について詳述されている。たとえ手に入るおもちゃに限りがあったとしても、子どもは、手持ちのおもちゃや身の回りのガラクタ、それに限りない想像力を駆使して、床いっぱいに別世界を構築して楽しむ。ネズビットの『子どもと翼』（一九一三年）には、『魔法都市』にちなんだチャリティー展示用に造られたミニチュア都市の写真が掲載されている。

電動や手動のおもちゃの汽車や列車が走るための線路も、床いっぱいに組み立てられる。市販のセットを使うか寄せ集めのもので工夫を凝らすかは、家庭の財政状況次第である。ウェルズの『小さな戦争』（一九一三年）にあるおもちゃの兵隊を対戦させるための陣地や戦場作りにも、広い床は欠かせない。子ども部屋が誕生して以来床の上では常に、想像力と創造性を反映した別世界が展開されてきたのである。

（笹田裕子）

図1　公園はナニーの重要な社交場だった

17

乳母――イギリス式育児の最終兵器

乳母制度のなりたちと展開

イギリスでは伝統的に、子どもの養育を他人の手にゆだねる慣習があることは「子育て」の項でも述べた。乳母（ナース／ナニー）という制度はそのひとつの頂点といえよう。

上流階級や富裕層の女性が、わが子に授乳せず、乳を飲ませるための乳母（ウェット・ナース）を雇うことは、かつてはごくあたりまえのことだった。そうすることで体型の崩れを防ぎ、より重要なことには多産を保っていたのである。ウィリアム・シェイクスピア（William Shakespeare, 1564-1616）の『ロミオとジュリエット』（一五九四～九五年頃）に登場する乳母はこのタイプである。

一八世紀に入ると、ルソーのような思想家や、母乳の免疫効果を経験的に知っている医師たちによって、母親自身による授乳を推奨する声が高まり、ウェット・ナースの慣習はしだいにすたれていった。かわって一九世紀にかけて発達してきたのが、育児専門の住み込み使用人としての乳母（ドライ・ナース）の制度である。

その背景となったのは、医学の発展によって乳児死亡率が下がり、大幅な人口増加が起こったこと、および、産業革命に後押しされて国家の富が増大し、一部の人々の手に集中したことであった。家事領域は細分化され、使用人の専門化が進んだ。こうした中で、子ども部屋は独立した領域となり、そこを取り仕切るドライ・ナースは、子どもの養育について絶大な権限をふるうようになったのである。

図2　ヴィクトリア朝の典型的な子ども部屋

ナニーの黄金時代

ぴしっとのりのきいた白いカラー、地味なドレスに身を包み、大きな車輪のついた乳母車を押して公園を闊歩する乳母（ナニー）。小説や映画でおなじみのこうしたイメージは、一八五〇～八〇年頃に確立したものらしい。ナースがナニーと呼ばれるようになった理由は明らかではないが、この呼び名は一九二〇年には広く使われるようになっていた。ナニーの黄金時代は、一九世紀半ばから第二次世界大戦の始まる頃までだといわれる。

保母頭（ヘッド・ナース）といわれるナニーの他に、保母見習い（アンダー・ナース）や子守女中（ナース・メイド）のいるような上流階級はもとより、「世間体のいい《リスペクタブル》」生活を志向する中産階級の間でも、ナニーの需要は大きかった。J・M・バリの『ピーター・パン』（一九〇四年初演、小説版は一九一一年）では、ナニーを雇う余裕のないダーリング夫妻が犬のナナにその役目をさせるという形で、中産階級の見栄をユーモアたっぷりに描いている。

子ども部屋の日課は判で押したようにきっちりと決まっており、ナニーがそのすべてを取り仕切っていた。子どもたちは夜も昼もナニーと過ごし、両親と会うのは午後のティータイム前後のせいぜい一時間だけ。それ以外の時に子ども部屋に顔を出せば、母親といえどもナニーにいい顔はされなかった。

幼い子にとってはまさに母親以上の存在であるナニーだが、けっして甘いばかりの母親代わりではなく、厳格で規則にうるさいのが普通だった。当時の子ども観はまだピューリタンの伝統を引きずっており、子どもに自由や楽しみを許すことは即、彼らを「だめにする《スポイル》」ことだと考える大人が多かったのである。体罰も辞さないし

図３　理想のナニー，メアリー・ポピンズ

つけの伝統と、両親の目の届かない子ども部屋のあり方は、時には残酷なナニーによる児童虐待の温床となった。とはいえ大多数のナニーの厳しさは善意と愛情に裏打ちされており、ナニーの手ですべてがきっちり運ばれていくことは、守られているという安心感を子どもに与えてくれた。

児童文学の中のナニーたち

Ｐ・Ｌ・トラヴァースの〈メアリー・ポピンズ〉シリーズ（一九三四〜八九年）に登場するメアリー・ポピンズは、まさに黄金時代のナニーの姿を体現している。無愛想で不機嫌、子どもを甘やかさず、生意気な口をきけばぴしゃりとたしなめる。もちろん、このシリーズの魅力は自由奔放なファンタジーの楽しさにあるが、メアリー・ポピンズの規律正しいナニーぶりが与える安心感もそれにおとらず大きい。クリスティアナ・ブランド（Christianna Brand, 1907-88）の『マチルダばあやといたずらきょうだい』（一九六四年）も同じように古典的なナニーに魔法を使わせているが、発表が六〇年代だけあって、ノスタルジックな趣が強まっている。

子どもが学校に行くか、家庭教師がつく年齢になるとナニーの役目は終わり、紹介状をもらって次の勤め先を探すことになった。ほとんどの子どもたちにとってナニーは、母親同然でありながら、いずれ別れなければならない存在だったのである。メアリー・ポピンズもマチルダばあやも、子どもたちを置いて去っていくところで物語が終わるのは、必然だといえよう。

現代ナニー事情

二〇世紀の初頭になると、一世帯あたりの子ども数の減少、住宅環境の変化、家事省力機器の登場など様々な要因によって、家事使用人の数は減っていった。二度

図4　ノーランド・カレッジ監修の近年の育児書

の大戦とそれによる女性の職場の拡大がその傾向に拍車をかけ、第二次大戦の終わり頃には、古典的なナニーはほぼ姿を消していた。

しかし、ナニーという職業が消えてなくなったわけではない。一八九二年に創設されたノーランド保母養成学校（現ノーランド・カレッジ）をはじめ、ナニーを養成する専門の学校は現在でも人気が高く、修了生は引く手あまたである。アメリカでは特にオー・ペア（外国の家庭に住み込み、子守・家事手伝いをする見返りに言語の勉強をさせてもらう女性）の制度が盛んで、E・L・カニグズバーグの『一二歳の沈黙』（二〇〇〇年）にもオー・ペアが登場するが、これも現代版ナニーの一形態といえるかもしれない。ある調査によればイギリスでは一〇万人、アメリカでは三〇万人を超すナニーがいるという。

現代においてナニーの需要を押し上げているのは、中産階級の共働き家庭の増加である。当然ながら、就業形態もかつてのものとは様変わりした。通いのナニーが増え、何年も同じ家庭にとどまることはなく、二軒以上が共同でナニーを雇う「シェア・ナニー」まで登場した。乳母という制度は、社会の変化に合わせて姿を変えながら、イギリスのみならず世界中にその活躍の場を広げ、しぶとく生きのびているのである。

（伊達桃子）

18

遊び――想像力と創造力の源

図1　完成するとオリジナルの絵本になる（原作 Eric Carle）

遊びとは何か――生活の中の遊び

子どもにとって、遊びは彼らの生活時間のほとんどを占めるといっても過言ではない。彼らは、遊びを通じ様々な経験をしながら、少しずつ自分の世界をひろげていく。他者とのコミュニケーション、集団生活のルールやマナー、想像力や身体的能力の向上など、遊びが子どもに及ぼす影響は計り知れない。遊びの中には、教育的要素が含まれているものも少なくないが、当事者である子どもにとっては、「面白いか」「楽しいか」ということこそが重要であり、大人の思惑を超えて、自由に遊びを堪能していることは世界共通だ。

そもそも、人間にとって「遊び」とはどういうものだろうか。人類の歴史に照らし合わせ、「遊び」の概念を研究したものに、文化人類学者ヨハン・ホイジンガ（Johan Huyzinga, 1872-1945）の『ホモ・ルーデンス』（一九三八年）がある。遊びのもつ文化的側面、生活の中から自然とうまれてきた遊び、太古から続く儀式、祝祭との結びつきなど、様々な角度からの人間と遊びについての考察の中に、遊びの魅力として、日常生活における自分とは「別の存在になり」、日常生活での掟（規則）や習慣とはまったく「別のやり方」で物事を進めていけるという指摘がある。それこそがまさに子どもの遊びそのものなのだ。

ぬりえ――教育的背景と国による特徴

手に色鉛筆を握らせ目の前に紙を置くだけで、多くの子どもたちは、文字とも抽

図2　典型的な Activity Book の表紙

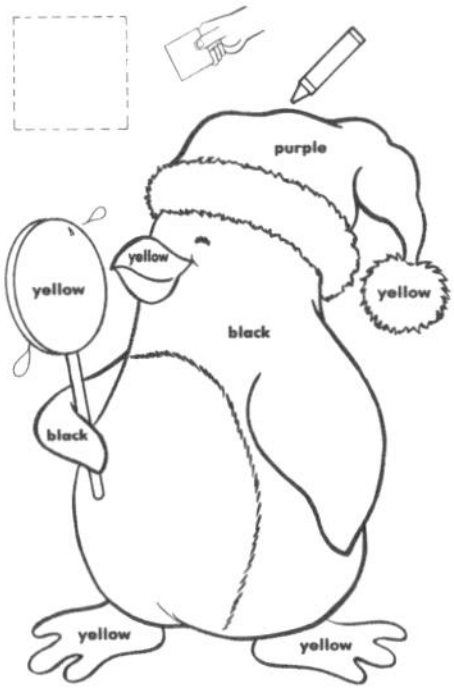

図3　色と形を学ぶ

象画ともいえぬ何かを書き始める。好き嫌いは別として、少なくとも「お絵描き」には、子どもたちを夢中にさせる何かが潜んでいるのは間違いない。

「ぬりえ」については、教育的観点から、否定的な意見をとなえる専門家も多い。すでに用意された輪郭線にそって好きな色を塗るという選択のみが子どもに委ねられていると考えれば、確かにその説にも一理ある。しかし「ぬりえ」を遊びというジャンルに組み込めば、子どもたちが夢中になり楽しむ姿から、それが彼らにとっていかに魅力あるものかがわかるだろう。さらに、浮世絵やアニメという、少なからず「ぬりえ」に影響を及ぼしている文化が存在する日本だけではなく、実は海外の子どもたちにも「ぬりえ」は浸透しており、各国特有の「ぬりえ」があることもわかっている。

アメリカでは、「ぬりえ」(coloring)を、「自分で描いた線の中に(色を)塗る」と考え、小学校や幼稚園など教育現場では子ども自身が描いた線の中に色づける作業をさせ、家で既成のぬりえ本を楽しむという使い分けがされている。「アクティヴィティ・ブック」(Activity Book)と呼ばれるものが一般的だが、色を塗りながら「形(丸・三角・四角など)」を覚えたり、波模様、縞模様、格子などの線をなぞることで、アルファベットの学習に効果をあげている。このように、子どもの生活の中に遊び道具のひとつとして浸透し、そこに隠された教育的要素にかかわらず、彼らはぬりえを完成させることを楽しんでいる。さらに、完成すると一冊の「絵本」になるものもあり、「ぬりえ」が絵本との架け橋という重要な役割を果たしていることからも、彼らの世界を拡げる重要な遊びのひとつといえるだろう。

図4　トウェイン『トム・ソーヤーの冒険』の原書表紙

年中行事と子どもの遊びとの関わり

欧米にはキリスト教に関連した祝祭が多いことから、子どもたちが心待ちにする年中行事も日本以上に多い。イースター、ハロウィーン、感謝祭、クリスマスなど、誰もがすぐに思い浮かべることのできるものだ。特別な食事や、華やかなパレード、プレゼントなど、どの行事にもそれぞれ特有の楽しみがあるが、遊びの要素が最も多く含まれているのはハロウィーンだろう。仮装した子どもたちが、近所の家をまわり、大人たちからお菓子をせしめて歩くことは、彼らの変身願望を満たすだけでなく、大人たちを怖がらせることで、大人と子どもの立場が逆転し、子どもの優越感が満たされるという点で、それは遊びとして特別なものであったはずだ。しかし、近年では、治安の問題（変質者による子どもへのいたずらや、銃による悲惨な事件など）が、この楽しみを半減させてしまっている現実も忘れてはならない。また、時代の変化とともに、クリスマス同様、商業ベースにのった祭日のひとつになりつつあることも、改めて大人が考え直さなければいけないだろう。ただ幸いなことに、仮装する習慣は現在も存続しており、子どもたちの変身願望を満たす役割は十分に果たされている。

ごっこ遊び

このように、古くから年中行事の中に組み込まれていた仮装と変身の「ごっこ遊び」は、現代の子どもたちにとっても魅力あふれる遊びである。

児童文学の中にも、古くは、マーク・トウェインの『トム・ソーヤーの冒険』（一八七六年）では、主人公のトム・ソーヤーと、ハックルベリー・フィンが、ミシシッピ川のほとりの小さな町を舞台に、仲間たちと共に海賊ごっこを楽しむ姿が描かれているし、ルイザ・メイ・オルコットの『若草物語』（一八六八年）の中では、信仰の一環ではあるが、『天路歴程』の登場人物になりきり四人の姉妹たちがその行程をなぞる様子も、ごっこ遊びのひとつと考えていいだろう。

やがて、アニメや映画が数多く作られるようになるにつれ、そこに登場するヒーローやヒロインになりきることは、衣装や小物を取り入れることによってよりリアルなものとなる。アメリカンコミックスが原作の映画『スーパーマン』『スパイダーマン』など、アメリカの子どもたちにとって身近なヒーローだけでなく、日本のアニメーションや漫画（ＭＡＮＧＡ）が世界中の子どもたちに普及している現代では、その人気に付随して、それらの登場人物の真似をして遊ぶことは想像に難くない。日本で見られる鳥山明の『ドラゴンボール』（一九八四〜九五年）の必殺技を練習する少年や、武内直子の『美少女戦士セーラー・ムーン』（一九九一〜九七年）になりきる少女たちが、ごっこ遊びに興じるのと同じような光景が、欧米のみならず世界のいたるところで繰り広げられているのだ。

子どもの遊び場の減少に加え、コンピューターゲームの発達が追い風となり、身体や道具を使うごっこ遊びから、ＰＣやゲーム機の中でのごっこ遊び、すなわち、ＲＰＧが子どもたちの心を捉えていったのは、当然の成り行きといえよう。

（上原里佳）

19 遊び場／遊園地——危険と安全のはざま

子どもが遊ぶところ

子どもにとっての遊び場所は大きく二つに分けられるだろう。一つは、国や町、企業が人々の健康や町の環境作りのために安全と娯楽のバランスを配慮して建造した施設で、公園や遊園地などがそれにあたる。もう一つは、原っぱや空地、茂みや階段の踊り場といった、本来は遊び場ではない空間を子どもたちが魅力的な遊び場所として見出したところだ。

しかし現在のイギリスやアメリカでは、子どもを一人で外出させることや、家に一人残して留守番させることはほとんどない。誘拐や交通事故といった危険回避や、ネグレクト（育児放棄）の疑いで社会福祉団体に通報される恐れがあるからだ。学校の往復はもちろん、友だちの家に行くにも、公園で遊ぶにも必ず大人が付き添わなくてはならない。親が仕事で家を空けている家庭では、放課後に習い事をして一人にならないよう配慮したり、シッターを雇って親が帰宅するまで付き添うなどしているので、子どもだけで行動することは、ほぼありえないのだ。ビバリー・クリアリーの作品に登場するラモーナとビーザスのように、子どもたちが外で生き生きと遊ぶ姿は、発表された当時はリアリスティックな子どもの姿として捉えられたが、現在では意外に映るかもしれない。逆に、イギリスではかつて、中産階級以上の家庭では子育てはナースに任せるのが当然とされていた。P・L・トラヴァースが描いた優秀なナース、メアリー・ポピンズはその好例だが、朝から晩までナースにつ

図1　大人に付き添われて公園で遊ぶ子どもたち

図2　現代的で活発な少女ラモーナ

きっきりでお守りをされているバンクス家の子どもたちの方が、現代の状況に近く感じられるのではないだろうか。

作られた遊び場

アメリカにはディズニー・ランドやユニバーサル・スタジオといったテーマ・パークやキングズ・アイランドという絶叫マシンが充実した大きな遊園地などがある。イギリスにもトーマス・ランドやレゴ・ランドといったテーマ・パークや遊園地もあるが、アメリカに比べると、残念ながら印象は薄い。二〇〇二年にロンドンを一望できる観覧車「ロンドン・アイ」もできたが、アトラクションというよりも観光名所である。それよりも人気が高いのは移動遊園地だ。これは「お祭り」などの際に期間限定で突如出現する遊園地であり、メリーゴーランドや回転ブランコ、絶叫マシンなどが広場に設置され、イベントごとに各地を転々としている。その歴史は古く、収穫祭や品評会といったイベントにサーカスや見世物小屋などとともに娯楽として花を添えてきた。ヒュー・ウォルポール（Hugh Walpole, 1884-1941）の『ジェレミー』（一九一九年）には、年に一度町で催される「貧者の祭り」（Pauper's Fair）でジェレミーが移動遊園地のメリーゴーランドに乗る姿が描かれている。イギリスに限らず欧米各地で見られる移動遊園地は、乗物の規模やスリルこそ大規模な遊園地とは比べ物にはならないものの、今日では子どもの誕生日会で自宅に移動遊園地を呼ぶ家庭もあるそうなので、乗物よりも、期間限定というその特別な感じが人気の理由といえるだろう。

イギリスでは、産業革命による都市の工業化で環境破壊も進んだため、一八三六年に共有地を保護し、環境の改善と市民の健康増進に役立てようと公園が作られ始めた。公園を散歩し、よい空気を吸い、健康維持をはかろうというわけだ。しかし、ひとくちに「公園」（park）といっても、アメリカのセントラル・パークのように、家族連れでお弁当を持って、バドミントンやサイクリングを楽しむ大きな公園もあれば、イギリスのトラファルガー広場（Trafalgar Square）のようなスクウェアと呼ばれる、石畳や芝生の広場や、ケンジントン公園（Kensington Gardens）のように「ガーデン」と名のつく公園もあるので、ひとくくりにはできない。

また、砂場やすべり台といった遊具が備え付けてある公園は「児童公園」（Children's Park, Playground）と呼ばれて区別されることが多い。イギリスでは第二次世界大戦後、「冒険遊び場」（Adventure Playground）という、子どもたち自身が遊びを作り出すことのできる遊び場所が設けられた。これは一九四三年にデンマークで生まれた、廃材置場を利用して作られた「廃材遊び場」がイギリスに紹介されたもので、子どもが遊ぶことの意義や子どもにふさわしい遊び場を考えるきっかけとなった。当時は爆撃を受けた跡地が多くあったので、そこを利用して「冒険遊び場」がたくさん作られた。プレイワーカーもしくはプレイリーダーと呼ばれる、子どもを安全に自由な遊びへと導く人材を配置し、一九七〇年代までに約二五〇カ所も作られ人気を博したのだが、時が経つにつれ危険性の排除が徹底され、その魅力が失われ衰退していった。アメリカでは一八八五年、ボストンに砂場が作られてから、子どもの遊び場を作る「プレイグラウンド運動」が全国的に広まり、公園の数も増えていったのだが、遊具による事故で訴訟が増え、安全性の追求の結果、画一的でつまらない公園ばかりになりがちだという。

図3　ヨットで遊ぶツバメ号の船員たちとアマゾン号の海賊たち

子どもだけの秘密の場所

アーサー・ランサム（Arthur Ransome, 1884-1967）の『ツバメ号とアマゾン号』（一九三〇年）に始まるシリーズに登場するウォーカーきょうだいとブラケット姉妹は、避暑地先の湖に浮かぶ「ヤマネコ島」にて子どもたちだけでキャンプをし、ヨットを操る。湖を渡った「本土」で母親がその姿を見守っているとはいえ、そこには子どもだけに見つけられる遊びの世界があるのだ。また、キャサリン・パターソンの『テラビシアにかける橋』（一九七七年）には主人公の二人が森の中に自分たちだけの秘密の城「テラビシア」を築く様子が描かれる。これらに通じるのは、子どもが自分だけの特別な場所をもち、そこで心身を育んでいく姿だ。A・A・ミルン（Alan Alexander Milne, 1882-1956）の詩集『クリストファー・ロビンのうた』（一九二四年）には、いすを船に見立てて大海原へ航海に出る子どもの姿（「子どもべやのいす」）や、階段の上でもなく下でもない、真ん中が特別な場所だという歌（「はんぶんおりたところ」）があるように、子どもたちが日々の生活で利用している場所に特別な意味を見出し、遊びの場として楽しんでいる姿は、いつの時代においても変わらないだろう。

現代では、ゲームやインターネットなどの室内遊戯の隆盛に伴い、子どもたちが戸外でのびのびと遊ぶ機会が減っていることに危機感をもち、民間や政府が充実した遊び場所の増設やプレイワーカーの育成に力を入れ、子どもが安全に楽しく遊べる環境作りを模索している。一方、当の子どもたち自身はそんな大人たちの心配をよそに、その場に応じてたくましく遊んでいることも事実である。（佐々木裕里子）

20

友だち／いじめ――ともに育つ仲間

中世の友だち関係

ブリューゲル（Pieter Brueghel, 1525?-69）の「子供の遊戯」（一五六〇年）では、「子ども」を「小さい大人」とみなしていた中世の人間観を基盤に、大人の顔をした小さい人間たちが一種の乱痴気騒ぎのように遊びに興じている。この時代の子どもは、多産多死の背景もあり、七歳ごろまでは男女の別なく育てられ、無事に死ぬことなく育ったのちは、半人前ながら大人と同じ働き手として期待された。人形ごっこやお手玉で遊ぶ小さな女性たち。輪回しに熱狂する青年たち。大人の風貌と子どもっぽい遊びがかもしだすアンバランスは、どこか狂気じみているが、いずれも集団で何かをしているという点で、労働だけでなく遊びの場にも友だち関係があったことがうかがえる。堅牢な城内での生活と、周辺の農家の生活とでは暮らし方は異なっていたが、単調な日々の仕事の合間の休息や、年に何日かのハレの祝祭を楽しみに日々を過ごしていた。小さい大人が「友だち」と一緒に馬乗りや目かくし鬼ごっこ、宗教行列ごっこ、豚の膀胱の風船遊びに興じる一方、金銭に関してより自由度の高い大人は、仲間と賭け事やチェスなどに興じていた。

図１　ブリューゲル画「子供の遊戯」

脱皮する少年たち

欧米に近代市民社会が出現し、教育によって子ども時代が引き伸ばされるようになると、友だちの意味が大きくなっていく。長くなった少年時代の中で、発達心理学的には、男の子は一〇歳ごろに「ギャングエイジ」を迎え、排他的な仲間関係を

図2　映画『スタンド・バイ・ミー』（日本版）のパンフレット（1986年）

つくりはじめる。トウェイン『トム・ソーヤーの冒険』（一八七六年）では、トム・ソーヤーがハックルベリー・フィンやジョー・ハーパーと徒党を組み、様々な騒動を起こして村人の耳目を集める。現代作品では、キング（Stephen Edwin King, 1947-）の映画『スタンド・バイ・ミー』（原作は『恐怖の四季　秋冬編』所収の短編「死体」、一九八二年）で、ゴーディやクリスらの毛色の異なる四人組が、親に内緒で泊りがけの死体探しに出かけ、その過程で互いにぐっと接近する。集団の中で遊び、計画を立て、冒険する中で、友人どうしの絆はより強固になり、泣き虫、卑怯、男らしい、正義漢などの評価も定まるようになる。

だが、ギャングエイジを過ぎた少年たちは、より内省的に成長を目指すようになる。トムは、最後の洞窟の冒険ののちは、少年時代に幕を引き、法曹界での立身出世を宣言し、『スタンド・バイ・ミー』の少年たちはばらばらになっていく。その後の思春期の少年にとって、友だちは新たに重要な意味を持つようになる。一九世紀のパブリック・スクールの少年群像を描いたヒューズ（Thomas Hughes, 1822-96）の『トム・ブラウンの学校生活』（一八五七年）では、主人公のトムが友人のイーストやアーサーと心身の両面で一緒に育っていき、学業と精神的成長の両面で友だちが欠かせないという近代の教育観が分かる。特に、エリート教育の場合、学生期に培われた人間関係が社会に出たときにビジネスや人脈の点で役に立つという実用性もあっただろう。疾風怒濤の青春期の少年たちは、表の面ではスポーツや学校教育を通じて仲間意識をはぐくみ、裏の面では、社会規範からの逸脱や、異性の目を気にしたふるまいで徒党をくむ。いずれも、社会に出る寸前の少年たちに必要な友だち関係である。

図３　モンゴメリ『赤毛のアン』の原書表紙

社交の中の少女たち

欧米の少女は、近代以後の社会においても、家庭の主婦となる前の修業期間として娘時代を過ごしてきた。アメリカでは、一九世紀中期から後期にかけていくつかの女子大学が設立され、一八三三年には初の共学大学のオベリン大学も誕生したが、女子教育は、良妻賢母となるために必要な教養や知識を深めることを基盤にし、二〇世紀半ばになっても、ロマンティックなプロポーズと大学卒業と同時の結婚は、憧れをもって受け止められていた。

女の子の遊びや友だちづきあいは、将来的な主婦の社交をミニチュア化したもので、男の子ほど年齢ごとの変化が大きくない。幼児であっても、ままごと遊びの中で主婦の社交が繰り広げられ、おしゃべりをしながらネットワークを築いていく。モンゴメリ（Lucy Maud Montgomery, 1874-1942）の『赤毛のアン』（一九〇八年）で、アンとダイアナは、輪回しやかけっこのような外遊びよりも、物語クラブ、エレイン姫になりきった文学遊び、アイスクリームをふるまわれるピクニック、お茶会、湖水への散歩など、大人の女性の社交のひな形としての遊びを楽しんでいる。女の子の友だちづきあいは地縁・血縁の上に成り立ち、娘時代という修業を経て、主婦時代になってからも同様に続いていくことが示唆される。特に欧米では、教会の婦人会やボランティアグループの伝統があり、手仕事や奉仕活動をしながらおしゃべりし、愚痴を言い合ったり助け合ったりするコミュニティがある。年若い女友だちもまた、そのような「輪」の内側の仲間なのである。

複雑化するいじめ問題

いじめは、力関係に差が生まれる場ならどこでも起こり得るが、現代の子どもを

図４　イギリスの反いじめプログラムのポスター

めぐる状況においては、陰湿化、卑劣化、サイバー化、暴力化など、より複雑である。現場は学校が多いが、サッカーやバレエなどの習い事でもいじめは起こる可能性があり、特に、スクールバス、トイレ、ロッカールームなどは、監督者の目が行き届きにくい。

アメリカでは、いじめが教育を受ける基本的人権の侵害とみなされ、四五の州で反いじめ条例が可決されている。条約の大きなきっかけとなったのは、一九九九年にコロラド州のコロンバイン高校で、いやがらせを受けていた二人の男子学生が起こした銃乱射事件である。一二名の生徒と一名の教師が射殺され、いじめで無力化された被害者の負の感情が暴走する危険性が示された。現在、アメリカの小中学校の八割近くがいじめ対策を行っている。例えば、ノルウェーの教育学者が開発したオルヴェウスいじめ防止プログラムを取り入れた学校では、カウンセラーを配置し、教員向けの講座や見回り、交換日記などを行っている。いじめにあわないというのは、学校生活における子どもの基本的人権であり、安心と安全は学校の責任において守られなければならない。反いじめのキャンペーンや、いじめ被害を受けた子どもも向けのキャンプやグループカウンセリングなど社会的なサポート体制も充実しているが、その背景には、それだけこの問題が根深く深刻である事実が存在する。

（鈴木宏枝）

21 冒険・迷子・家出——未知との遭遇

未知への旅立ちと発見

冒険とは読んで字の如く、危険を冒す行為を意味する。ここではない驚異と恐怖の世界への探検、未知の経験へのチャレンジ、それが冒険だと考えられてきた。多くの場合、冒険の旅は単に未知の世界への空間移動に終らず、新奇な何かを発見した後、元の日常世界へ復帰するという展開を見せる。子どもが冒険者となるとき、その日常は禁止事項に満ちている。親はいつも、一人で遠くへ行っては駄目と注意する。その禁止の言葉が、逆に好奇心と冒険心を高めてしまうのだろうか。子どもが安全な世界から未知の世界に足を踏み入れ、困難や危険と遭遇するとき、その体験から何かを学び、やがて元の平穏な世界に戻ってくる。その代償が迷子体験ではないだろうか。自分の意志で、自ら進んで家を後にするのが家出だが、その動機は複雑多様である。しかし、冒険、迷子、家出に共通するのは、親に護られた家を出ること、その結果として未知の世界と遭遇することに他ならない。

冒険小説の多くはこのように設定され、その多くは少年の成長物語として語られる。なぜ少年なのか。その根底には、少年は外、少女は内という伝統的な子ども観が息づいていると考えられる。腕白で元気な子といえば男の子を思い浮かべ、おとなしい子どもというと女の子の姿を連想する。社会的な少年少女に関する性差はこのようなイメージを形成してきたが、しかしながら数は少ないけれど少女が冒険のリーダー、あるいは冒険の一員になることもある。スウェーデン作家リンドグレー

図1　冒険少女，長靴下のピッピ

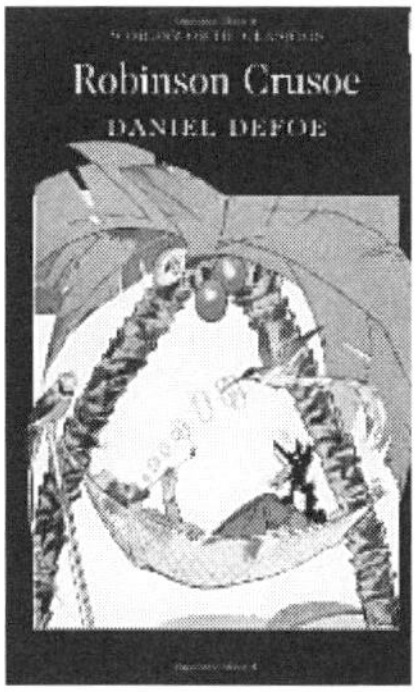

図２　元祖冒険もの。デフォー『ロビンソン・クルーソー』の原書表紙

ン（Astrid Lindgren, 1907-2002）が描くヒロイン長靴下のピッピは、そのような数少ない少女の一人だ。母は亡くなり、船長の父は不在のため、一人一軒家に住むピッピは孤独で寂しいのかというとその逆で、いつも自由気ままに生きている。子どもは無力、親の庇護を必要とするという常識を覆してしまう事態である。

植民地主義、冒険、サバイバル

一五世紀以降、西欧列強の仲間入りをしたイギリスで高まりを見せた植民地主義と不可分と考えられるのが、ダニエル・デフォー（Daniel Defoe, 1660-1731）の『ロビンソン・クルーソー』（一七一九年）とジョナサン・スウィフト（Jonathan Swift, 1667-1745）の『ガリバー旅行記』（一七二六年）といった冒険小説の登場である。これら二作品は、英米における冒険小説ジャンルの元祖と考えられてきた。クルーソーはアフリカに行く途中、船が難破して南洋の島に漂着し、やがて原住民の若者フライデーを奴隷として暮らした後、無事本国に帰り着く。今でいうサバイバル物語だが、植民地支配のミニチュア版としても読めるだろう。『ガリバー旅行記』は誇張された異文化との出会いの物語であると同時に、奇想天外な世界を旅するガリバーの冒険物語でもある。

西欧での植民地主義が高まりを見せた一八世紀、一九世紀は、まさに冒険物語の最盛期であった。その時代、未知、未開の土地といえばアフリカでありアジアであった。西欧の列強は進んでこれら未知未開の土地へ進出し、その富を持ち帰ろうとした。象牙、毛皮、紅茶、金銀宝石などである。珍しい植物や生物を持ち帰ったのが、植物園や動物園の始まりとなった。探検と冒険が、知の世界を拡大したのである。

図3　少女主人公ドロシーはリーダー的な存在

主人公は少年と少女

冒険物語の主人公の多くは好奇心が強く、アウトロー的な悪童少年たちだ。マーク・トウェインの『トム・ソーヤーの冒険』のトム、『ハックルベリー・フィンの冒険』のハックを代表格として、財宝探しをモチーフとするスティーヴンソン（Robert Louis Stevenson, 1850-94）の『宝島』（一八八三年）のジム少年、あるいはウィリアム・ゴールディング（William Golding, 1911-93）の『蝿の王』（一九五四年）の野性化する少年群像、中沢啓治（1939-2012）のマンガ『はだしのゲン』（雑誌連載　一九七三～八五年）は原爆投下後の荒廃をたくましく生き延びる少年の姿を描き、子どもが秘めているエネルギーを教えてくれる。これら冒険物語の主人公はすべて少年であるが、基本的にこの物語ジャンルは、男性至上主義的、あるいは子どもの心をもつ大人にもアピールする物語群として認識されてきた。

少女が冒険の主人公となる物語は極端に少ない。もちろん、ピッピや赤毛のアンのような元気な少女はいるが、その数はごく少数にとどまる。それ故、未知の世界に飛び込んで行くルイス・キャロルの『不思議の国のアリス』（一八六五年）と『鏡の国のアリス』（一八七一年）の少女アリスが、読者の目を釘付けにするのは納得がいく。ボーム（Frank Lyman Baum, 1856-1919）の『オズの魔法使い』（一九〇〇年）のドロシーの場合、竜巻で失った家と家族の元に戻ろうとして、知恵がない、心がない、勇気がないと思い込んでいる、かかし、きこり、ライオンという悩める男たちのリーダーとなっている。フィリップ・プルマン（Philip Pullman, 1946-）の〈ライラの冒険〉シリーズの主人公も少女である。特に第一作『黄金の羅針盤』（一九九五年）では、子どもたちを束ねるライラが、知略に長けたリーダー的資質の持ち

図４　「献花」収録のウォーカー短編集

主であることが顕著に示される。日本でもジブリ作品などでは少女の冒険が多く描かれてきたが、少女は冒険と無縁と考えられてきたこれまでの認識に疑問を投げかける物語や映像作品群が、固定化された性差の見直しを要求することになる。

冒険の季節は夏

日本では夏休みになると家出や少年犯罪が増える傾向にあるが、英米でも同様で、特に長い夏休みは、中学や高校への進学を控えた時期でもあるため、子どもから大人に一歩近づく期待と不安に満ちた時でもある。多くの子どもたちにとって、夏は解放的な気分にしてくれるだけでなく、成長と変化の季節と映っているのではないだろうか。アリスの冒険も夏であった。トムやハックの物語の季節も夏である。アリス・ウォーカー（Alice Malsenior Walker, 1944-）の僅か二頁の短編「献花」の黒人少女マイヨップの場合、リンチで殺された同胞の白骨化した死体を発見したとき、無邪気な少女の子ども時代と夏は終わりを告げる。極めつけはスティーヴン・キングの作品集『恐怖の四季』（一九八二年）の一編「死体」と、それを原作とする映画『スタンド・バイ・ミー』である。落ちこぼれ少年たちの死体探しの夏の冒険を回想形式で描くこの物語が、語り手の少年が金属製のゴミ箱めがけてピストルの引き金を引くシーンから始まっているのは印象的である。あの一発の銃声が、冒険の夏の始まりを告げると同時に、少年たちの早すぎる死、夏の終わりを予告することになるのである。

（高田賢一）

22

ペット——生命へのあこがれ

図１　18世紀に描かれた少女と犬の肖像画

子どもと動物

紀元前、イギリスへ侵入してきたローマ人たちは犬についての記述を残しており、アルフレッド大王の法では人に害を与えた犬の飼い主に罰金を科したそうだ。犬はもともと労働に従事していたが、中世の宮廷人や修道会員のもとでいわゆる愛玩犬が登場する。いたるところに労働犬はいたのだが、愛玩犬はもともと上層階級のものだった。チャールズ二世はペットが盗まれたとき、悲嘆にくれており、同じ頃、エリートとつながりのある犬が肖像画に描かれるようになっている。一般にペットの飼育が上品な趣味になるのは一八世紀末で、労働を離れたペットは次第に家庭にも浸透し、一九世紀半ばにはヴィクトリア時代のペット人気へとつながっていく。このようにして身近な存在になったペットだが、現代においては、犬やネコだけでなく、ハムスターやネズミ、リス、ウサギといった小動物、鳥類、熱帯魚やカメやトカゲ、昆虫、その他の希少動物などが幅広く飼育されている。

家庭だけでなく、教育の一環として学校でペットが飼育されることも多い。動物園にしても、娯楽と学びの場であり、子どもたちに人気がある。文明化した社会や家族の中で、子どもたちは社会化されていない野生的な存在として捉えられることが多い。文明と自然という図式が人間と動物、あるいは大人と子どもとの関係性にもあてはまるからだ。このような意味において、子どもと動物は近しい存在である。

現代の子どもたちをとりまく文化は、動物のキャラクター、ぬいぐるみ、動物ご

図2　ヘンリーくんと愛犬アバラー

っこ、動物の物語であふれている。少年と犬が活躍する作品はビバリー・クリアリーの『がんばれヘンリーくん』（一九五〇年）など枚挙にいとまがない。児童文学以外にも、テレビ、映画、その他のメディアなどあらゆるシーンにペットは登場する。クマをテディベアにし、動物を変質させて支配し野性を排除することは、動物たちの「生」を改変して子ども文化へと組み込むことでもある。自然や動物は、人間性を育むための重要な役割を担っているといえるだろう。そして、都市化、工業化した環境にあって、自然に対するロマンティックな理想をペットに見ているともいえる。ペットに対して感じる愛情、信頼感や安心感、動物愛護の精神などは、子どもだけでなく大人の心をもゆさぶるものである。

犬がほしい

アメリカでは子どもがいる家庭の大半がペットを飼っており、子どもたちはペットを家族の一員だと感じている。ペットは家族であり、疑似きょうだいであり、親友ともなる理想的な存在だ。生活する上で人間と密接な関係をもった伴侶となるため、「コンパニオン・アニマル」という言葉もある。ペットには、単なる動物以上の価値が付与されていることになる。さらには、ペットと触れあうことでストレスが軽減する効果があることを実証している小児心理学者もいる。

ペットは、つい何でも話せてしまうような素直な聞き役であり、その関係は家族との絆や友情にも似ているが、批判せずに受け入れてくれるという点で安心感を与えてくれる。ねんねタオルや動物のぬいぐるみとちがって、子どもっぽいものとしてお古にすることはできない。また、ウィルソン・ロールズ（Wilson Rawls, 1913-84）の『ダンとアン』（一九六一年）は、二匹の犬が主人公を助ける形で息絶えてい

図3　『まぼろしの小さい犬』の原書表紙

く物語だが、飼い主への献身や忠実さが描かれたエピソードや作品はたくさんあり、ペットとの絆には特別なものがある。

だからこそ、子どもにとって、ペットがほしいという願いは抑えきれないような感情であり、切実なものだ。マーガレット・マーヒーの『うちのペットはドラゴン』（一九六九年）など、ペットをテーマとした空想的な絵本が創作されるのも、このような願望によるものだろう。イギリスの作家フィリパ・ピアスの『まぼろしの小さい犬』（一九六二年）は、子犬を誕生日にもらえるものだと思い込んでいた少年ベンの落胆と犬への憧れを描いている。ベンが犬を飼えないのは住宅事情もあるのだが、ペットを飼うにあたってはまわりの理解をえたり、場所や食糧などといった物理的、経済的な条件を整えることが必要となる。そもそもイギリスのペットショップにショーケースはなく、飼い主側の諸条件が整わなくては犬を紹介してもらえない。ブリーダーから手に入れる場合も、信頼のおける人にのみ譲られるのだそうだ。動物愛護精神の高まりとともに、法や動物愛護団体を確立してきた国だけあって、日本よりも飼い主の責任感が重要視されており、動物愛護に対する社会全体の意識レベルが高いといえるだろう。

生命を感じる

モーリス・センダック（Maurice Sendak, 1928-2012）とマシュー・マーゴーリス（Matthew Margolis、生没年不明）『子いぬのかいかたしってるかい？』（一九七六年）は、男の子と女の子が子犬をひろって大喜びしてかわいがっていると、子犬が粗相をして家の中をめちゃくちゃにしてしまう。そこへ犬の飼い方を教えてくれる人物が現れる。当然のことながら、ペットを飼うにはそれに伴う責任や飼育方法を学ば

図４　小さな頃から一緒に育ってきた愛犬の死と向き合う

なければならない。つまり、他者をケアする方法を子どもに教える手助けともなる。おままごとは女の子の遊びとして遠ざけることで、何かを世話するような機会を免除、あるいは剝奪されがちな男の子たちに対しても、ペットは他者を養育する経験を与えてくれる。愛情や思いやりをつちかうことは、いずれ親世代となる子どもたちにとって、生きていく上で必要なものである。

動物は概して人間よりも寿命が短い。一緒に育ってきた愛犬が衰え、死んでいく様子を描いたハンス・ウィルヘルム（Hans Wilhelm, 1945-）『ずーっと　ずっと　だいすきだよ』（一九八五年）は胸にせまるものがある。死に立ち会うことでえた深い喪失感は生命の尊さを感じることにつながるだろう。またペットが与えてくれた想い出から慰めをえて、喜びや希望を見出している。

世話すること、分かち合うこと、生きることと死を受け入れること。ペットや物語を通して、動物という「生」を経験することは、人間もまた動物であるという事実を深いところで子どもに意識させることにもなる。あらゆる点から考えて、動物と接することは、人間中心のものの考え方ではなく他の生命ある存在を視野に入れたものの考え方を子どもが学ぶ有益な機会であるといえるようだ。

（高橋尚子）

第4章

子どもの文化

ウォルター・クレインのマザーグース絵本

言葉に馴染む

童謡は幼い子どもが言葉に馴染む契機となるが、世代を越えて伝承されるマザーグースは、英米文化の基盤であると言っても過言ではない。マザーグースを口ずさみ、言葉遊びや手遊びなど様々な遊びとの結びつきを通して、子どもは英語の言葉そのものに馴染んでいく。やがて、単に言葉を発することから、読み書きという次の学習段階へと自然に移行するのである。

読み書きに欠かすことができない文字の習得に大きな役割を果たすのが、アルファベット絵本である。既に馴染んだ唄と共にAからZまでの文字を覚えたり、様々な言葉の頭文字としてアルファベットを認識したり、擬人化した文字で注意を引いたりと、アルファベット絵本は多様な方法を用いて子どもが文字に馴染むよう促す。さらに、文字の組み合わせによって単語が作られ、単語の組み合わせによって文が作られるということまで伝える絵本も存在する。マザーグースとアルファベット絵本は、自由に母国語を使いこなす基礎を築くために、英語圏の子どもが楽しみながら言葉を覚える手助けをするのである。

〈分身〉であり仲間でもある存在

英米の多くの子どもの人生で「はじめての友」となるテディベアから人形に至るまで、幼い子どもにとって、玩具は遊び仲間であると同時に自分の世界を共有する〈分身〉である。フロイトは論文「無気味なもの」の中で、見慣れたものが見慣れぬものに変容することによって生じる恐怖について述べているが、たとえ玩具や人形が命を得たとしても、幼い子どもは、それを驚いたり恐れたりするどころか逆に歓迎するであろうと指摘している。子どもの遊びの中では、よくある設定にすぎないからである。

母親だけと親密に過ごす時期を終え、外界で他者と出遭う前の段階に入った幼児にとって、初めて遊びの世界を分かち合う他者となるのが玩具である。ウィニコットが「過渡的対象」理論で提言するように、お気に入りの玩具との間に結ばれる初めての愛情関係こそが、いずれ出遭う他者と良好な関係を築く基盤となるとも考えられよう。やがて子どもは鏡に映る像から自分の姿を認識し、背格好も年齢も自分とよく似た人間を仲間として求めるという段階へ移行する。それまでの間、就学前のクリストファー・ロビンが片時もクマのプーを傍から離さないように、子どもの世界に共にあるのは〈分身〉としての玩具なのである。

子どものための衣服や書物

産業革命を機に、子ども部屋という子どもだけの空間が確立されると同時に、子ども服や子どもの本などの製造も盛んになる。ケイト・グリーナウェイが描く子どもが身につけている衣服は、まさに当時の上中流階級の親が子どもたちに着せたがったものであり、絵本であると同時にスタイル・ブックのような役割も果たしていたというのは有名である。

子どもの本は、初期段階では装丁も美しく高価であったため、富裕な家庭でしか購入することができず、しかも貴重品として当の子どもが自由に触ることができるような物ではなかった。子どもが安価で気軽に手にとることができる廉価本に惹かれ夢中になったのは、ごく自然な流れである。しかしながら、子どもが扇情的な内容や粗悪な挿し絵に触れるのを危惧する向きもあった。やがて印刷技術の発達によって手頃な価格の児童書も出版されるようになり、児童文学の発達に大いに寄与するようになる。

行事や施設を通して知る異世界

様々な行事は、英米の子どもたちにとっても、日常を離れた大切な楽しみである。年中行事の中でも異世界とのつながりを強く感じさせるハロウィーンは、非常に人気が高い行事である。昨今は安全面への懸念から下火になってしまったが、扮装してお菓子を求めて各家を回る「いたずらかおごり《トリック・オア・トリート》」は、誕生日やクリスマスにしか味わうことができない御馳走と同じく、子どもが愛してやまない非日常的な食文化にも通ずるものである。

また、美術館や博物館にも非日常のおもしろさがある。英米の小学校では、課題を与えて美術館や博物館の中で過ごさせる日帰り遠足《エクスカーション》が組まれることが多い。小グループに分かれた小学生たちが、熱心に説明書きを読んでメモを取ったり、真剣に何かを写生したりしている光景は、英米の美術館や博物館では非常によく目にされるものである。課題をこなすために見て歩くのだとしても、カニグズバーグの『クローディアの秘密』で一時的に博物館に住んだ子どもたちさながら、子どもにとっては未知の世界を探索する絶好の機会となろう。

図書館もまた、子どもを異世界へと誘う施設であるといえよう。子どもが興味を抱くような書物を提供するのみならず、英米の図書館では、頻繁に読み聞かせやストーリーテリングを行っている。優れた読み手や語り手を通して、子どもは物語という異世界に夢中になるのである。

（笹田裕子）

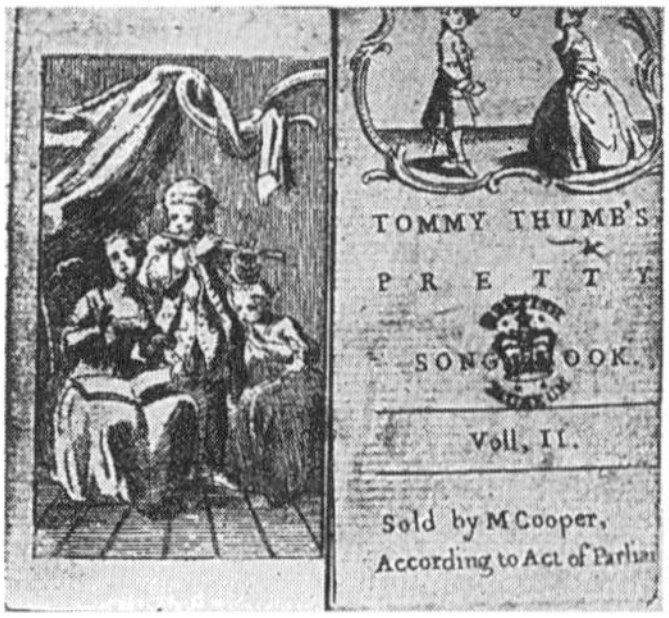

図１　『トミー・サムの可愛い歌の本　第２巻』

23

マザーグース／童謡——早口言葉から集団遊びまで

マザーグースと子どもたち

マザーグースとは、英語圏で、大人から子どもへ、子どもから子どもへと伝えられてきた童謡の総称である。イギリスではNursery Rhymes、アメリカではMother Gooseと呼ばれることが多い。現存する最初の本格的な集成本は『トミー・サムの可愛い歌の本　第二巻』（一七四四年）だが、唄自体は作者不詳のものが多い。唄の種類は、物語唄、輪唱歌、子守唄、鬼決め唄、占い唄、求婚歌、アルファベット唄、数え唄など多様である。なかには、「小さな男がいて、小さな乙女に求婚した」（"There Was a Little Man / And He Wooed a Little Maid"）など、大人の唄だったものがマザーグース集成本に採り入れられたものもある。

今日でも、新聞の見出し、ミステリーや映画のタイトル、広告などにマザーグースの一節が使われることがあり、英語圏の文化に根づいている。また、三世紀以上にわたってマザーグース絵本が数多く出版され、絵本画家たちが競って各々のマザーグースの世界を描いてきた。絵本や遊びを通して英語圏の子どもたちは幼いときからマザーグースと接することになるが、ここでは主に、子どもたちの遊びとマザーグースの関連を見てみよう。

早口言葉・なぞなぞ

まず、言葉遊び唄の例を三つあげる。最初に、早口言葉のマザーグースである。日本の早口言葉と同じように、同じ音を重ねるのが特徴である。「タング・ツイス

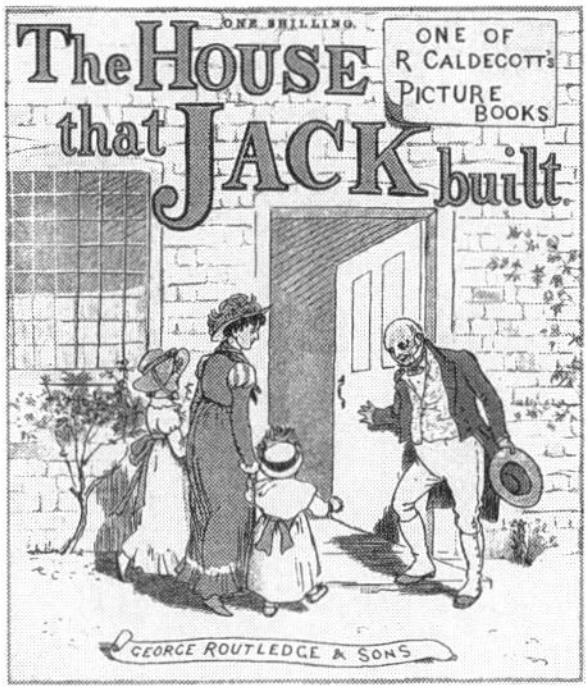

図２　コールデコット『ジャックが建てた家』の原書表紙

図３　トールキン『ホビットの冒険』の原書表紙

ター」（Tongue Twister）と呼ばれる早口言葉には、「ベティ・ボター、バターを買った」（"Betty Botter Bought Some Butter"）などがあり、一行の中に同じ音を持つ単語を重ね、とちらないで早く言えることを競う。意味よりも、音重視の唄である。俳優やアナウンサーの訓練にも使われるという。二つ目の言葉遊び唄は、「積み上げ唄」（Accumulative Rhyme）である。「これはジャックが建てた家」（"This Is the House That Jack Built"）は、thatという関係代名詞でどんどん文を積み重ねていく唄で、理論的にはどこまでも積み上げることが可能である。三つ目はなぞなぞ唄である。「ナンシー・エチコートちゃん、白いペティコートを着て、赤い鼻。足もなければ手もない。長く立っていれば立っているほど、どんどん短くなっていく」（Little Nancy Etticoat, / With a white petticoat, / And a red nose;/ She has no feet or hands / The longer she stands / The shorter she grows.）という「ナンシー・エチコート」（答えは、ろうそく）などがある。トールキン（John Ronald Reuel Tolkien, 1892-1973）の『ホビットの冒険』（一九三七年）の第五章で、ビルボとゴクリがなぞなぞ合戦を繰り広げる場面がある。「三〇頭の白馬が　赤い丘のうえ」（"Thirty White Horses / Upon a Red Hill"）のなぞなぞ（答えは、歯と歯ぐき）などは、マザーグースとして知られているものである。

　これに限らず、ふたつの『アリス』（一八六五、一八七一年）、『クマのプーさん』（一九二六年）、〈メアリー・ポピンズ〉シリーズ（一九三四～八九年）などの児童文学作品には、マザーグースの唄がさりげなく登場することが多い。

手遊び唄と集団遊び唄

マザーグースを歌いながら身体を使う遊びを見てみよう。手遊び唄というのは、

図4　「オレンジとレモン」の遊び方

図5　グリーナウェイ『マザーグース』

例えば、「熱いえんどう豆のおかゆ」（"Pease Porridge Hot"）や、「ぺったん　ぺったん　ケーキ屋さん」（"Pat-a-Cake, Pat-a-Cake"）のように、二人が向かい合って歌いながら、手を合わせるゲーム唄である。日本にも「茶摘み」などがあるが、どんどん速度を上げ、とちった方が負けという遊びである。「この子豚さん市場へおでかけ」（"This Little Pig Went to Market"）のように、子どもを膝のうえに抱いて、足の指を一本一本ひっぱり、最後に足裏をくすぐるという遊びもある。

集団でする遊び唄で有名なのは、「ロンドン橋落ちる」（"London Bridge is Broken Down"）と、「オレンジとレモン」（"Oranges and Lemons"）である。「ロンドン橋」も「オレンジとレモン」も、二人の子どもが向かい合って両腕を挙げて作った橋の下をちょうど通過した子どもを捕まえる遊びである。歌詞を見てみると、ロンドン橋は、何度作っても落ち続けるし、「オレンジとレモン」の最後は、「君の首を切る首切り役人が来るよ」（Here comes a chopper to chop off your head）という物騒な終わり方である。

「ばらの花輪になってまわろうよ」（"Ring-a-Ring o'Roses"）は、この唄を歌いながら手をつないでぐるぐるまわり、「みんなころんじゃう」（We all fall down）のところで、一斉にしりもちをつくという遊びである。普通、マザーグース集成本に収録されているのは一連のみだが、筆者がロンドンの小学校の四、五歳児クラスを見学したときは、これに二番、三番と続き、物語が展開していった。「きらきら星」（"Twinkle, Twinkle, Little Star"）などは特に決まった遊び方はないが、見学した小学校では、唄を歌いながら両手を挙げて、「きらきら」の様子を表現していた（図6）。歌いながら身体表現をする、最も単純な遊び方である。

図７　マイケル・ローゼンの詩集

図６　ロンドンのモス・ホール小学校（４，５歳児クラス）

これらの遊び自体は、どれも単純に楽しめる遊びだが、マザーグースの歌詞を改めて読むと、「落ちた」り、「切った」り、「転んだ」り、「死んだ」りという物騒な内容が多いことに気づく。マザーグースの唄の魅力は、長い伝承期間のうちに余分なものをそぎ落としてきた唄のシンプルさ、音とリズムの面白さ、そして歌詞に、ちょっぴりの残酷さ、または不可解さ、またはノンセンスが加味されていることだろう。

マザーグースのこれから

マザーグースの遊び唄には、以上のように、舌をなめらかにするものや身体を動かすものから、親子のスキンシップをはかるもの、集団で楽しむものがあり、他にも、アルファベットや数など基本的知識を身につけるものまで多様である。オーピー夫妻（Iona Opie, 1923-2017；Peter Opie, 1918-82）は、子どもたちの遊びを実地調査し、『歌う遊び』（一九八五年）などにまとめた。現代詩人マイケル・ローゼン（Michael Rosen, 1946-）は、詩集『もじゃもじゃ話と子ども部屋の犯罪』（一九八五年）（*Hairy Tales and Nursery Crimes* という題名自体が“Fairy Tales and Nursery Rhymes”のパロディになっている）で、「ハンプティ・ダンプティ」（“Humpty Dumpty”）などのマザーグースのパロディ化を行った。「ハンプティ・ダンプティ塀のうえ、ハンプティ・ダンプティ落っこちた。王様の馬全部と王様の兵隊全部は、彼をふんづけた」（Humpty Dumpty sat on the wall, / Humpty Dumpty had a great fall; / All the King’s horses and all the King’s men / Trod on him.）という具合である。詩人でなくとも、子どもたち自身の作った替え歌は無数にあることだろう。怖い唄からノンセンスな唄、楽しい唄まで多様な顔を持つマザーグースは、今後も子どもたちの発想から生まれる、様々な楽しみ方の可能性を秘めている。

（夏目康子）

24

おもちゃ——はじめての遊び仲間

おもちゃと子ども

子どもの遊び道具は古代から存在したが、その歴史が文献に残されているのは中世以降のもので、当時おもちゃは宗教的な儀式などに用いられた。その後も長い間おもちゃは精巧に造られた高価なものであり、大人のための装飾品あるいは美術品であった。子どものためのおもちゃという認識が生まれるのは、一八世紀以降のことである。市場で比較的安価なおもちゃが販売されるようになり、子どもにおもちゃを買い与えるという習慣が生まれ、一九世紀にはおもちゃ産業が確立される。

おもちゃは、子どもにとって誕生の瞬間から身近な存在である。通例乳児がはじめて出会うおもちゃは、ふると音が出るガラガラである。やがて手と指先を使うことを覚えると、手でつかみやすい柔らかく暖かい素材のおもちゃへと関心が移る。

何かを組み立てる遊びは子どもが惹かれるものだが、積み木は幼児期には格好のおもちゃである。素材は主に乳児向けの布製の他に、木製やプラスチック製などもあり、アルファベットや美しい絵が描かれたものから、着色されただけのものまである。一九三〇年代、デンマークのパパ・クリスチャンセンが生み出したレゴは、積み木よりもさらに創意工夫が必要とされ、様々なものを組み立てることができる。時代を経て初期の木製からプラスチック製へと素材が変化するが、レゴはいまだに子どもを夢中にさせるおもちゃである。パズルも、大きなピースを木枠にはめ込む乳幼児向けの簡単なインセットパズルからジグソーパズルまで、子どもの成長に沿

図１　様々なものが組み立てられるレゴ

図２　1906年に造られたシュタイフ・ベア

った難易度で楽しめる組み立ておもちゃである。

「はじめての友だち」テディベア

組み立ておもちゃ以外に指先の感覚を養うためのおもちゃとしては、「この子豚さん市場へおでかけ」などの指遊びと同様に指を使うので、てぶくろ型の指人形も有効である。また、触れた際に心地よい素材で出来たぬいぐるみは、乳幼児期の子どもには欠かせないおもちゃである。イギリスの発達心理学者Ｄ・Ｗ・ウィニコット（Donald Wood Winnicott, 1896-1971）は、母親から離れ外界へ向かう前の段階の幼児にとって、暖かい手触りのおもちゃや毛布が重要な役割を果たすという「過渡的対象」理論を提唱したが、動物を模したぬいぐるみは、まさにこの「過渡的対象」の特性をそなえたおもちゃである。

ぬいぐるみ動物の中でもテディベアは特に有名である。一九〇二年、ミシシッピ州で狩りの催しに招待されたアメリカ第二六代大統領シオドア・ルーズベルトは、子熊を撃つことをスポーツマンらしくない行為として断固拒否し、この出来事は美談として報道された。『ワシントン・ポスト』紙に掲載されたクリフォード・ベリマンの戯画に着想を得たニューヨーク在住のモリスとローズのミヒトム夫妻によって、クマのぬいぐるみが製造され、大統領の許可を得て、愛称にちなみ「テディのクマ」（Teddy's Bear）と名づけられる。テディベアの誕生である。名称は、子どもの本やコミックに登場するうち縮められ、現在のものとなる。この影響で、ドイツのマルガレーテ・シュタイフが一八七七年から製造販売していたシュタイフ・ベアが注目を集め、テディベアと並ぶ人気のぬいぐるみ動物となった。

テディベアは瞬く間に普及し、やがて「はじめての友だち」として子どもに与え

図3　手作りカートで広い世界へ

られる特別なおもちゃとなる。前述のウィニコット理論の発想の源ともなったA・A・ミルンの『クマのプーさん』(一九二六年)のプーは、作者の息子が一歳の誕生日に贈られた実在のテディベアが基になっている。プーに加え、メアリー・テュールテル(Mary Tourtel, 1897-1940)のコミック『ルーパート』(一九二〇年)やマイケル・ボンド(Michael Bond, 1926-2017)の『クマのパディントン』(一九五八年)など、子どもに人気が高い架空のクマもぬいぐるみとなり、幼年時代の象徴と化す。

アールバーグ夫妻(Janet & Allan Ahlberg, 1944-94, 1938-)の『だれもほしがらなかったテディベア』(一九九二年)には、テディベアの製造過程と「おもちゃの病院」について詳述されている。「おもちゃの病院」とは、膨大な種類のおもちゃ造りの材料に人形の家の調度品まで揃った実在の玩具修理店で、看板には「おもちゃの病院」または「人形の病院」と記されている。どのようなおもちゃも、修復不可能なほど破損していないかぎり、入院してから退院するまでの間に元通りに修復される。家庭での修繕に加え「おもちゃの病院」のおかげで、成人後も「はじめての友だち」が手元に存在している例は少なくない。

〈動く〉おもちゃへの憧憬

子どもにとって遊びの中では当然おもちゃが〈生きて〉いるように、〈動く〉おもちゃは娯楽性を増すものである。前述の動物おもちゃには、連れて歩けるように車輪が付いているものもある。車輪付おもちゃは、紀元前のギリシャから既に存在していた。びっくり箱、糸であやつる人形、車輪付おもちゃ、機械仕掛けのおもちゃ(ぜんまい仕掛けのおもちゃで、手動でねじを巻くものと自動巻きの二種類)まで、〈動く〉おもちゃは次第に手動から自動へと変化していく。ラッセル・ホーバン

図4　19世紀のまわし燈籠《ゾエトロープ》

（Russell Hoban, 1925-）の『親子ネズミの冒険』（一九六七年）では、ある日不運にも窓の外へ放り出されたおもちゃの親子ネズミが、手動のねじ巻きから自動巻きになる旅に出るが、〈動く〉おもちゃの変遷と重なる。自動的に動くおもちゃへの憧憬は、やがて電動式のおもちゃやラジコンの普及へとつながっていく。

乗り物おもちゃには本物を模した精巧なものが多く、大きさはミニチュアから幼児が乗って遊ぶことができるものまである。おもちゃの車《トイカー》は、まだ三輪車にも乗れない幼児にとっては、自由に冒険を求めて出発《たびだ》つ手段として不可欠である。経済的な事情から、古くなった乳母車などを利用して乗り物おもちゃを作る場合もあった。

汽車のおもちゃは、蒸気機関車が出現した一九世紀に製造が開始された。初期の汽車は、手動で動かすための技術が必要とされ、それ自体が楽しみを増す要素となった。やがて電動式のものがこれにとって代わる。おもちゃの汽車や列車は走らせるための線路と共に販売され、駅や信号機や鉄道員なども造られたが、すべてを購入できない場合、子どもは寄せ集めのものを用いて工夫を凝らした。レゴやパズルあるいはおもちゃの兵隊同様、子ども部屋の床を使って組み立てるおもちゃである。

一九世紀にイギリスで誕生したソーマトロープ（回転図盤）やゾエトロープ（まわし灯籠）といったおもちゃ、および同時代に人気のあった紙芝居などは、〈動く〉絵として子どもを魅了した。現代隆盛を極める仮想現実空間で遊ぶゲームは、すべてこの〈動く〉絵からの派生であるといえよう。クリスマスプレゼント用おもちゃリストによると、テレビゲームやコンピューターゲームが子どもに人気を博し始めたのは、一九七〇年代から八〇年代にかけてであることが分かる。

（笹田裕子）

25

人形——もうひとりの私

人形の起源と歴史

人形の歴史は、おそらく人間の歴史と同じくらい古い。人間を模した「ヒトガタ」は、古代においては呪術や信仰の道具として重要な役割を果たしていた。役目を終えた「ヒトガタ」が、宗教教育の一環として子どもに与えられ、おもちゃとしての命を得たことは驚くに当たらない。日本の雛流しの風習などに名残をとどめる「ヒトガタ」信仰は、古代の人々と子どもに共通する素朴な想像力のたまものであり、人形の起源だといわれている。そのような信仰が社会の表層から失われていくにつれ、人形はもっぱら子どもの愛玩物か高価な装飾品へと二極化していったのだった。

中世以前は、子どものおもちゃとしての人形の記録はあまり残っていない。一六世紀の肖像画の中で上流階級の少女が抱えている人形は、持ち主同様、大人と同じ衣装を着せられた小型の貴婦人である。

もちろん、庶民の子どもが人形で遊ばなかったわけではない。素朴な木製や布製の人形はいつの時代でも作られ、売られてきた。一七世紀ごろから、ドイツやオランダが木工おもちゃの産地として有名になり、イギリスにも広く輸出していたので、手足の動く木製人形は「オランダ人形」と呼ばれるようになった。フローレンス・アプトン（Florence K. Upton, 1873-1922）の『二つのオランダ人形の冒険』（一八九五年）や、ルーマー・ゴッデン（Rumer Godden, 1907-98）の『人形の家』（一九四七

図1　16世紀のイギリス王女の人形

図2　ペグ・ドールとも言われたオランダ人形

年）には、このオランダ人形が登場している。

市販の人形が手に入らなくても、子どもたちには手作りという手段があった。開拓時代のアメリカでは、父親が木を彫ったり母親が布で作ったりしてくれた人形に、少女たちは自分で服を縫い、着せたものだった（これは縫い物の練習としても奨励された）。自然の中にも、花、木の実、トウモロコシの芯など、人形の素材はたくさんあった。レイチェル・フィールド（Rachel Field, 1894-1942）の『人形ヒティの冒険』（一九二九年）や、キャロリン・ベイリー（Carolyn Sherwin Bailey, 1875-1961）の『ミス・ヒッコリーと森の仲間たち』（一九四六年）は、こうした人形のもつ自然の力をファンタジーの裏づけにしている。

一八世紀以降、人形の素材は紙張子、ロウ、陶器など様々に工夫され、家内工業から工場での量産へと形を変えることで、世界中に広まっていった。

子どもの代弁者、歴史の証人

いつの時代のどんな人形でも、子どもと深い絆で結ばれた人形は、持ち主にとってはかけがえのないものだった。それは、小さくて無力な人形が、同じ立場の子どもにとってぴったり自分を重ね合わせられる存在だからかもしれない。人形は、声なき子どもの代弁者として、空想の世界で冒険を繰り広げ、また大人の世界の予行演習をさせてくれる。

同時に、長い時間を経ても変わらない人形の特質は、人知を超えた神秘性をも感じさせる。ヒティは一世紀にわたるアメリカの変貌を見つめ、エリナー・ファージョンの『ムギと王さま』（一九五五年）に登場する人形サン・フェアリー・アンは、二度の大戦をまたいで二人の持ち主をつなぐ。人形は、移り変わる人の世を見守る

図3　イギリス最古のドールハウス

図4　おもちゃの兵隊は男子教育の一部だった

証人の役目をも果たしているのである。

ドールハウスとおもちゃの兵隊

子どもにとって人形は、自分の身代わりというだけでなく、自分より弱く小さい者に対する庇護の念をかきたてる存在でもある。これは容易に母親教育と結びつけられ、先にふれた針仕事や家事全般の練習という意味合いも含めて、人形遊びはもっぱら女の子のものとされてきた。一七世紀にオランダやドイツで作られはじめたドールハウスやドールキッチンは、贅を尽くした装飾品であると同時に、上流階級の女子教育の道具でもあった。

逆に、男子教育の一端を担ったのは、おもちゃの兵隊である。ウィンストン・チャーチルは兵隊遊びを通じて軍人を志したという。現実の軍隊指揮者となる王侯貴族にとって、兵隊遊びは必要不可欠な教育だった。安価なスズや鉛の兵隊は庶民の男の子にも広まり、特に実際の戦争が行われた時代には、おもちゃの兵隊の人気は高まった。第一次大戦以降、こうしたおもちゃは攻撃性の誘発につながるとして平和主義者の批判も呼んだが、おもちゃの兵隊はGIジョーなどのアクション・フィギュアに姿を変え、今でも男の子のおもちゃとして受け継がれている。顕然とにせよ隠然とにせよ、おもちゃにはジェンダー役割の教育という社会の期待がこめられているのである。

そんな中で、男の子が兵隊以外の人形で遊んでもいいではないかと語るのが、ゴッデンの『ポケットのジェーン』（一九五四年）である。ちっとも「女らしく」ない当の人形ジェーンの造形を含め、ジェンダーの壁を飛び越えて、さわやかな後味を残す。

バービーとキャラクター人形

二〇世紀に入ると、ビニール、セルロイド、プラスティックなどの新素材とともに、大量生産の波が押し寄せ、人形はいつでもどこでも手に入るものとなった。同時に、テレビをはじめとするマスメディアの影響が、人形とのつきあい方をも変えつつある。

そのひとつは、先に見たようなジェンダー役割の区別が、それほど確固たるものではなくなってきたことだ。一例が、一九五九年にアメリカで登場したバービーである。一七世紀以来のファッション人形の流れを汲み、おもちゃの世界に着せ替えというファッション性を持ち込んだバービーは、それまで人形と遊んでいた低年齢層の少女とは違い、ティーンエイジャーの心をわしづかみにした。近年のバービーは「女の子だって何でもできる」をスローガンに、宇宙飛行士、獣医師、兵士などの職業にも進出している。

さらにディズニーなどのアニメやゲームと連動したキャラクター人形の隆盛は、人形をそれ自体ではなく、背景の物語ごと楽しむ存在に変化させてきた。子どもと人形の一対一の親密な関係は薄れ、子どもも大人も人形を手がかりに共通の物語を消費する時代になったのである。フィギュアや食玩（菓子のおまけ）、ネット上のアバター（仮想人格）にいたるまで、人形の範囲はぼやけながらかぎりなく広がっている。この時代に、どんな新しい人形の物語が生まれてくるのだろうか。

（伊達桃子）

26

子ども服――「着せられる」から「着る」へ

スワドリングという習慣

子ども服と大人の服の大きな違いは、子どもは常に服を選ぶ権利がなく、大人に着せられるものを着なければならなかった――少なくとも二〇世紀の終わりになるまでは――という点にある。とすれば、子ども服の変遷とは、とりもなおさず大人の持つ「子ども観」の変遷に他ならない。事実、子どもという概念が発生した時期を証明したフィリップ・アリエスは、まさに子どもが大人とは違う「子ども服」を着ているという絵で、そのことを説明したではないか。

ともあれ、子どもという概念が現れるまで、つまり一八世紀以前は、子どもたちは大人服のミニチュアを着せられていた。この時代の服については資料があまりない。とりわけ庶民の子どもについてはほとんどないので、はっきりしたことはわからない。しかし、この時期の特徴は、子どもたちは乳幼児の間はスワドリングと呼ばれる、布で身体をぐるぐる巻きにして固定する衣服でしっかりと拘束されていた。まだ首の据わらない赤ん坊に怪我がないようにという配慮であるが、これは世話をする大人にとって都合のいいやり方であり、この拘束衣が乳幼児の死亡率の高さの一因であるという説もある。

スワドリングをなんとか生き延びた幼児は大人と同じ「ドレス」を着せられたわけであるが、この時期の特徴は、男の子も女の子も等しく六歳くらいまでは「女の」大人のドレスのミニチュアを着せられていたということである。男の子に女の

図１　子どもの墓碑から

服を着せるという習慣はこの後も比較的長い間存続した習慣であった。

子ども服の誕生

子ども服が子どもという概念の具現であるとすれば、子どもたちを窮屈で動きにくい大人向けのドレスから解放し、自由で動きやすい子ども服を着せることを提唱したのが、教育学者のジョン・ロックであるということは偶然でもなんでもないだろう。なぜなら、ロックは初めて子ども時代という時期を重要視し、子どもとはあらゆる可能性が書き込める「白紙《タブラ・ラサ》」であると考えた人だったからである。やがてフランスから伝わったルソーの思想もその後押しをした。おかげで一八世紀の子どもたちははじめて自分たち自身の服を持つことができるようになったのだ。やわらかなコットンの布地の、手足が自由に動くようなチュニックタイプのドレスが両性の幼児のために作られ、そしてズボンをはく年頃になれば男の子はスケルトン・スーツと呼ばれるつなぎの、前をボタンで留めた動きやすい服を、女の子はゆったりとしたドレスを着るようになる。大人の女性のドレスより短いため、スカートのすそからはパンタレットと呼ばれるレースやひだ飾りのついた下着が見えるのだが、これは足を見せないための「見せる」下着であった。幼児期の男の子もこのパンタレットを着用している。

子ども服と児童文学

一九世紀になると、やわらかく軽かった子ども服が、贅沢で重いサテンやベルベットで作られるようになる。幼児でさえも刺繍やレースで飾り立てた長いドレスを着せられるようになる。ヴィクトリア朝の上・中流社会では、子ども服も大人の富の顕示として、着心地よりも華美さ、豪華さを競うように飾り立てられるようにな

図2　ヴィンターハルターの描いたセーラー服姿のアルバート・エドワード皇太子

ってくるのである。しかし、その中でも一八四六年、当時五歳の皇太子エドワード・アルバート公が水夫の制服であったセーラー服を着用した肖像画がきっかけとなったセーラー服の流行は、初めは男の子の間で、続いて女の子の服にも取り込まれ、スマートで活動的な子ども服として今に至り、日本では学校の制服に取り入れられているほどである。

この時代のもうひとつの特徴は、誕生したばかりの絵本・児童文学の挿絵というメディアが、子ども服の流行を左右したという現象である。ニッカーボッカーズとノーフォークジャケットという比較的動きやすい服装をしていた男の子に、フランシス・ホジソン・バーネット（Frances Hodgson Burnett, 1849-1924）の『小公子』（一八八六年）の挿絵でセドリックが着ていたレースの襟のついたベルベットのスーツが与えた影響は多大で深刻ですらあった。この児童文学の大ヒットのおかげで大西洋両岸の母親たちはこぞってこの「フォントルロイスーツ」を息子に着せ、髪を伸ばしてカールさせ、小説の中の美しい少年を演じさせようと夢中になった。子ども服の歴史の中で、これほど着る側に嫌われたファッションは他にない。アメリカではこのスーツを着るのを嫌うあまり納屋に放火した少年もいたという。

その点、女の子の方は比較的幸せであった。大人の女性と同じ重い生地を重ねたスカート、ウェストを締めるコルセットは女の子にとって心地よいドレスではなかった。だが、少女たちの服装に児童文学が与えた影響は、大人のファッションに先んじて、より軽く動きやすく進歩的なドレスをもたらした――ジョン・テニエル（John Tenniel, 1820-1914）の描いた『不思議の国のアリス』（一八六五年）である。背が伸びたときにも対応できるようにタックが取ってあるスカートは、軽そうで短

図3　ウォルター・クレインがデザインした子ども服

図4　グリーナウェイ・ドレスの少女たち

めで、これならば白兎のあとを追って走ることもできる。続編の『鏡の国のアリス』（一八七一年）では、アリスは袖つきのエプロン《ピナフォア》、横縞模様の靴下を着用しているが、いずれものびのびと遊ぶのに適した服装であった。

一方、絵本の黄金時代と呼ばれるこの時期に活躍したウォルター・クレイン（Walter Crane, 1845-1915）は、子ども服のデザインも手がけており、ケイト・グリーナウェイの描いたハイウェストでゆったりとしたドレスは、グリーナウェイ・ドレスと呼ばれ、イギリスはもちろん、フランスでも大人気となった。

現代の子ども服事情

二〇世紀は「児童の世紀」と呼ばれる。この世紀になってから、子ども服は大人の服に先んじて、身体の自由を獲得する方向へ進んでいった。男の子はジャージのスーツ、女の子はより短いスカートのワンピースである。

やがて、英米だけでなく全世界的に、子どもたちはTシャツとブルージーンズという活動的でカジュアルな服装を獲得するに至る。ユニセックスで、労働者の大人の服から発生したこのスタイルは、再び大人服と子ども服の違いを無化したともいえるだろう。その他にもありとあらゆる大人の服が、そのままの形で縮小されて子ども服として売られるようになってくる。

そして現在、少なくとも自分の意志を持つような年齢になった子どもたちは、大人の都合や趣味で束縛されることは少なく、ありとあらゆる大人服のミニチュアとして販売されている服の中から、自分の好みで服を選ぶことができるようになった。

（川端有子）

27

アルファベット絵本——文字を知る・文字と遊ぶ

教育と楽しみ

子どもに文字を教えるという最初の試みは、一六世紀の祈祷を教えることを目的としたアルファベット表付の初等読本に見られる。同時代には、楽しみを提供することに重点を置いた、アルファベット一文字につき一つの単語とその語が表わすものを描いた絵入りの積み木や、同様の構造で木版画の挿し絵が添えられたアルファベット練習帳なども作られるようになった。ジョン・ロックは著書『教育に関する考察』（一六九三年）で、子どもが楽しみながら字を覚えるために、これらのおもちゃや絵のついた本が役に立つと指摘した。一七世紀に出版された『子どものためのやさしい本』（一六九四年）は、子どもを楽しませると同時に識字教育を施すことも目的として出版された最初の英語の本だとされているが、ロックの教育論に影響を受けたものであると考えられる。

文字・ことば・もの

アルファベット絵本は通例、各々のアルファベット文字とその文字から始まる単語（名詞であることが多い）とその単語が表わすものの絵が描かれていて、子どもが文字とことばとものを一目瞭然に認識し記憶することができるよう構成されている。いわば絵入り事典のような造りである。

このような絵本には、タイトルに子どもに人気のあるキャラクターの名前を付したものが少なくない。ディズニーやセサミストリートのキャラクターから、ピー

図１　19世紀末の ABC 積み木

ター・ラビット、メイシー、ミッフィー、キャット・イン・ザ・ハットなど知名度の高い絵本の主人公に至るまで多様なキャラクターのアルファベット絵本があり、絵本の売り上げを伸ばすという商業的な目的のみならず、子どもたちが親近感を抱いてこれらの絵本を手にとることから、学習上の効果も意図したものであると考えられる。

また、中には、絵本のページをめくるまでアルファベットが示す物が何か分からないというような工夫を施し、読者に推測させる遊びへと誘うものもある。イギリスでデビューした日本人絵本作家きたむらさとし（Satoshi Kitamura / 喜多村恵, 1956-）の初めての自作絵本『なぞなぞアルファベット』（一九八五年）では、読者は見開き一ページごとにどこかに隠されている二つの文字を探し、何が出てくるのか当てるという遊びを楽しむことができる。例えば、ａとｂの文字と共にリンゴ（apple）とバナナ（banana）が描かれている同じ絵の中に隠れているｃとｄの文字を見つけ、その背景から何ということばが出てくるのか推測しながらページをめくるのである。答えは常に次の見開きページで明らかにされる。

図２　きたむら『なぞなぞアルファベット』の原書表紙

さらに、アルファベット文字がそれぞれ立ち上がる仕かけが施されたマリオン・バタイユ（Marion Bataille, 1963-）の『ＡＢＣ３Ｄ絵本』（二〇〇八年）のようなポップアップ絵本や、日本で活躍中のいしかわしほ作『アルファペット』（二〇〇八年）のように、読者が各ページに隠されているアルファベット文字を見つけて抜き出し折り紙をすることができる絵本など、提供される遊びも多様である。

歌や物語に合わせて

ナーサリーライムに挿し絵を付けたアルファベット絵本も多く、「Ａアップルパ

図3　レオーニ『あいうえおのき』の原書表紙

イ」は最もよく知られているものの一つであり、一八八六年出版のケイト・グリーナウェイの絵本は長年にわたり人気がある。このアルファベット唄では、それぞれの文字で始まる単語（動詞）が提示されるが、中には「詳しく調べる」（inspect）とか「嘆く」（mourn）など子どもにとっては比較的難易度の高い語も含まれている。

歌と共にアルファベット文字を示す絵本は、ナーサリーライムに限らない。ワンダ・ガァグ（Wanda Gág, 1893-1946）の『ＡＢＣうさぎ』（一九三三年）では、作者が作ったうさぎの冒険物語の韻文（実際に歌えるように楽譜も付いている）に沿って、アルファベット二六文字とことばが順に示されているものもある。

レオ・レオーニ（Leo Lionni, 1910-99）の『あいうえおのき』（一九六八年）のように、一つ一つの葉にアルファベットが一文字ずつ書かれた木の物語を通して、文字の組み合わせによって単語が作り出され、さらに、単語が組み合わされて文を作るということを読者に認識させていく絵本もある。

文字の図案化・文字の擬人化

子どもが楽しみながら学ぶことができるアルファベット絵本には芸術性の高いものも少なくなく、単にことばやものを認識させるのみならず、アルファベット文字を図案化して絵の一部とする手法を用いている絵本も見られる。ロベルト・デ・ヴィク・デ・カムティッチ（Roberto de Vicq de Cumptich、生没年不明）の『ベンボの動物園』（二〇〇〇年）では、それぞれのアルファベット文字から始まる名前をもつ動物の絵が、すべてその動物の名前の綴りに用いられる文字によって描かれている。例えば、「羚羊《れいよう》」（antelope）であれば、a・n・t・e・l・o・pの七文字を使って、羚羊の姿を描き出している。この絵本ではアルファベットが絵の構成要素なのである。

図4　水槽と化したXの文字

図5　アルファベット文字26幕の悲劇

同様に、バート・キッチン（Bert Kitchen, 1940-）の『動物アルファベット』（一九八四年）では、各々のアルファベット文字は、そこに描かれている動物の名称の頭文字を与えて単語を推測する遊びを提示する（答えは最後のページにまとめられている）のみならず、絵の一部となっている。Eの文字に鼻をからませるゾウ（elephant）、Tの文字の横棒の上で寛ぐカメ（turtle）、水槽になったXの文字の上部の中で泳ぐグラスフィッシュ（x-ray fish）など、この絵本の中ではそれぞれの動物がそこに描かれる文字と相互作用し合う。いわば各々の文字は鉄柵や囲いの役割を果たしており、作品全体が動物園のようなアルファベット絵本なのである。

上記の例のように文字が図案化されて絵本の一部となる場合もあれば、文字が擬人化され絵本の登場人物となる場合もある。絵本に用いられるアルファベットの唱《とな》え唄には、一八世紀初頭にアルファベット絵本となった「Aは射手だった」や「大きなAはBのひどい振る舞いに驚かされた」など、アルファベット文字を擬人化した内容のものが少なくない。謎に満ちた絵本の創り手として知られるクリス・ヴァン・オールズバーグ（Chris Van Allsburg, 1949-）の絵本『Zは破壊された——二六幕の芝居』（一九八四年）もそれに類するものだが、独特な例であるといえよう。擬人化された主体として登場するアルファベット文字は、毎ページ一文字ずつ順に舞台に登場するやいなや、ある行為によって影響を受け変容する。例えば、「Aは雨あられと降る落石に見舞われ、Bはこっぴどく噛みちぎられ、Cはリボン状に切り刻まれ、Dは溺れそうになる」。この絵本においては、舞台に登場する文字はすべて、その悲劇を観客に提示してみせるいわば演じ手なのである。

（笹田裕子）

28

ハロウィーン——甘い香りにつつまれた真実

甘い香りにつつまれて

多くの子どもたちが楽しみに待つ祭りは、お菓子の幸せな香りにつつまれている。お菓子が容易に手に入る今日でも、特別な日のお菓子は特別な意味を持ち、その香りは別格のものとして記憶される。そして、その香りは物語の世界にも入り込み、J・K・ローリングの作品『ハリー・ポッターと賢者の石』（一九九七年）の中でハロウィーンの朝に子どもたちを目覚めさせるのは、パンプキンパイの香りである。

そして、こうした香りの記憶は、たとえ暗い夜の中でも子どもたちを導く。ハロウィーンの夜、カボチャをくりぬいて目や口の形に穴をあけた提灯（jack-o'-lantern）が飾られる町を、子どもたちは魔女、お化け、骸骨などに変装して歩き、家々の戸口で「お菓子をくれないと、いたずらするぞ」（"Trick or treat!"）と言う習慣がある。このときに戸口の向こうにいると期待されているのは、お菓子をくれる優しい人である。

図１　"Trick or treat!"

甘い香りに埋もれた祭りの本質

しかし、この夜には同時にかすかな怪しい予感も常に漂っており、それが意識的に描かれている物語もある。レイ・ブラッドベリ（Ray Bradbury, 1920-2012）の『ハロウィーンがやってきた』（一九七二年）は、その予感を頼りに少年たちがハロウィーンの影の部分に吸い込まれていく作品だ。祭りの夜に少年たちは、お菓子の香りにつつまれた町の雰囲気に満足しきれずに、時空を超えた旅をする。時間を遡

図2　カボチャ型の菓子入れと菓子

ってハロウィーンの起源をたどる旅の中で、彼らはこの祭りの中核にあるものを知る。それは、死や死者を想う人間の気持ちの積み重なりで、それが自然崇拝における太陽の死と重ねられて祭りのテーマとして見えてくる。旅を終え、甘い香りに満ちた町に戻るときには、少年たちの心は満たされている。このように、この作品全体がハロウィーンの本質の部分を糖衣でくるむような構造を持ち、子どもが体験するハロウィーンの光と影を併せ持った全体像を見せる。

このようにハロウィーンの起源に思いを馳せる際、直接的な起源として一般的にあげられるのは、古代ケルトの大みそかにあたるサウィン祭（Samhain）だ。一〇月三一日の夜から始まるこの祭りは、収穫を終え、新しい年と冬の始まりを迎える重要な祭りだったという。そのときには、生者と死者との領域の境目がゆるみ、死者の霊や悪霊が生きている人々の所にやって来るとされていた。魔法の力が最も強まるとされたこの夜には、今のように仮装した子どもたちではなく、こうした悪霊が叫び歩き来年の予報を告げたという。五世紀にアイルランドのキリスト教化が急速に進むと、ケルトの祭りもその影響下に置かれ、サウィン祭には諸聖人の祝日（All Hallows や All Saints' Day といわれる。hallow は「聖人」という意味）の前夜祭（All Hallow Even, 短縮して Halloween）が重ねられた。そして一六世紀の宗教改革により、諸聖人の祝日自体がイングランドで下火になるなどの経過をたどりながらも、死者を想い、祈る気持ちは人々の心に残り続けた。とりわけケルト文化とキリスト教が密接に結びついたアイルランドやスコットランドではハロウィーンの習慣が強く残り、多くのアイルランド人が移民としてアメリカに移ったときにこの祭りも一緒に渡り、一九世紀にはアメリカに定着した。

図３　「学校のハロウィーンパーティーにどんな変装をしていこうかな…」イギリスのアニメーションも作品中のハロウィーンはアメリカ式

アメリカ式のハロウィーンに変化して

アイルランドの学校のようにハロウィーン休みの週を持たないまでも、この祭りはアメリカに根づき、今の日本の子どもたちも知るようなハロウィーンの姿に変化していった。民話の中で天国にも地獄にも入れてもらえず永遠にさまようジャックが持つカブの提灯が、よく収穫できるオレンジ色のカボチャの提灯に変わり、また黒ネコやコウモリなどの怪奇小説的なモチーフが加わるなどしながら独自の様式が作られていった。このオレンジ色と夜を連想させる黒の組み合わせは、今ではハロウィーンの象徴だ。さらにお菓子や衣装などが商業化の波の中で大量生産されて世界に出回るにつれ、アメリカ式のハロウィーンはキャンディーの強い香りを漂わせながら、世界に広く伝わっていった。イギリスにもこの様式は逆輸入され、今ではこの時季になるとオレンジ色の大きなカボチャが店に山積みにされ、市場は賑わう。

またそのように大衆に受け入れられたいわば明るいハロウィーンには、怖い話が語られたり、ホラー映画が公開されたりする。この祭りは、怖がらせられることや気味悪さを存分に楽しむ時となったのだ。この祭りの中核には死や死者への想いがあるので、明るさと同時に怖さ（影の部分）が不可欠な要素として何らかの形で残っている。例えば、エリナー・エスティス（Eleanor Estes, 1906-88）の書いた『魔女ファミリー』（一九六〇年）の中で、少女たちが意地悪な魔女を排除したいと思う。しかし同時に、ハロウィーンにはやはり「本物の魔女」がいるべきで、そうでなければそれは「サンタクロースなしのクリスマス」や「ウサギなしのイースター」のようなものになる、とも彼女たちは考えており、印象的だ。

図４　イースターに突然届いたお菓子。筆者が留学時代に体験した嬉しいサプライズ

祭りの本質の再生

同じく子どもたちが楽しみに待つ祭りにクリスマスがある。キリスト教の救い主イエスの誕生を祝う祭りであるクリスマスは、一二月という冬のさなかに存在する、太陽の誕生のような希望だ。お互いに心を温めあうときでもあるこの祭りには、長く暗い冬の中で身も心も温めてくれるシナモンの香りなど、家族が集まるときの温かみのある香りにつつまれて、子どもたちはプレゼントを待つ。

そして、イースターは、人々の罪を背負い、身代わりとして死んだ救い主イエス・キリストの復活を祝う、春の祭りだ。子どもたちは新しい生命を象徴する卵をウサギから贈られることになっている。卵は美しく色づけされたり、チョコレートであることも多く、これも甘い思い出となりそうな祭りだ。また、このときには、チョコレートの卵を持って病院にいる子どもたちのもとにウサギとなって駆けつけるバイク集団もあるという。こんなふうに心に春をもたらすような思いがけない出来事も起こりうる。

このような順序で子どもたちが待つ祭りを見ると、「冬の到来→冬のさなかの希望（冬から春に向かう分岐点）→春の到来」という流れが、死と再生という祭りの本質とともに見えてくる。この流れを意識することが、商業化の波の中で見え隠れしている祭りの本質を再生させる助けとなりそうだ。そしてこの流れは甘い香りの中に潜み、子どもたちを待つ。

（堀いづみ）

図1　教師向けプログラムによってMoMA内で授業を行う教師

29 子どもと博物館／美術館――知の迷宮

博物館・美術館と公教育

フランス革命、アメリカ独立戦争などの市民革命が起こった一八世紀末以来、博物館や美術館は、公教育の中で大きな役割を果たしてきた。学校教育が学位習得や卒業資格をとるという目的で観念的に行われるのと対照的に、博物館や美術館では一人ひとりの世代、教育年数などの条件にかかわらず、学びたいことが学べる。イギリスでは大英博物館、ナショナル・ギャラリー、テート・ギャラリーなどのように個人のコレクションの寄贈をもとに設立されることが多かったのに対し、アメリカでは（スミソニアン協会などを除けば）、市民たちの手によって設立されたものが大半である。

市民への教育プログラムは英米両国とも一九世紀後半にさかのぼり、学校から集団で訪問する生徒たちに対応する学芸員がすでにいたようである。また、ローン・サービスといって、展示コレクションを学校に貸し出すサービスも行われていたようである。

博物館、美術館で行われている教育は、レクチャーやイベント、図書館やAV施設で利用できるプログラムを除けば、次のようなものがある。(1)学校向け（大学、高校、中学校、小学校、幼稚園からの団体訪問）、(2)家族向け、成人向け及びアウトリーチ（高齢者および障害者向け）、(3)教師向けワークショップ、(4)児童、ティーン向け、その他夏季、期間限定プログラムやイベント、または学校からオンラインで

図2　ロンドンのナショナル・ギャラリーの案内パンフレット

学べる講座などがある。

子ども向けのプログラム――美術館と博物館

メトロポリタン、ニューヨーク近代（MoMA）、ボストンの各美術館、ロンドンのナショナル・ギャラリーなどでは、時代、流派（フランス印象派作家など）、作家別のレクチャーのものと、レッスンを受けて制作する実技系のものの二つに分けられる。中でも、ナショナル・ギャラリーやMoMAでは、子どもたちによる作品展を行っており、メトロポリタン美術館では中学生のために、土曜の午前中、デッサンの無料講座を開いている。

モダン・アート系の美術館では、地域や訪問者との共同作業に力を入れているところもある。テート・ギャラリーでは、アーティストたちがスタジオで若者や地元の住民たちとの共同制作や絵画、デザインなどの実技指導を行っている。また、ピッツバーグにあるアンディ・ウォーホール美術館では、シルクスクリーンの体験講座や、LGBT（性的少数者たち）についての理解教育講座が開かれている。

一方子ども博物館では、科学、社会、芸術、人種問題など幅広いテーマについてわかりやすく説明するために、工夫をこらしたコーナーや体験ツアー、イベントを設けている。

また、教える内容に対する教員の理解度やヴィジョン、あるいは教室での教育方針が生徒に大きな影響を与えることがある。中でも歴史、人種問題、進化論など、教える側の事情や政治、法律、歴史・倫理観、宗教などが複雑に絡んでくると、正しい事実が伝わらない危険がある。学校の外で事実に触れるということは、正確な知識を身につけるよい機会なのである。

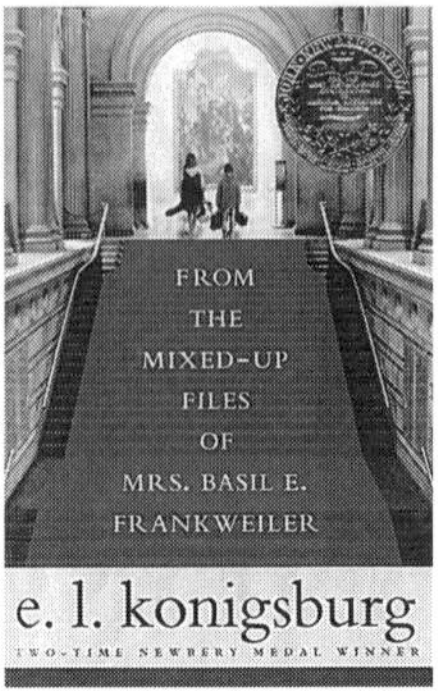

図3　カニグズバーグ『クローディアの秘密』の原書表紙

アメリカ自然史博物館では動物や植物、天文など幅広い分野を扱っているだけではなく、病気の発生が伝えられてから感染をいかに抑えるかという危機管理を、参加者がシミュレーションによって学べる。また、カナダのアルバータ州にあるロイヤル・ティレル恐竜博物館では、動物や植物の化石を掘り起こすツアーが用意されている。

少々扱いの難しいテーマをもった、ワシントン特別区のホロコースト博物館では、世界中のあらゆるマイノリティの紛争、虐殺の歴史を学ぶことができる。訪問前に成人一般、教師、生徒向けに予習用の教材がオンラインで用意されており、入館は一二歳以上と指定されている。これは各州の法律によって、義務教育機関でこのような歴史の「負の遺産」を教えることについて教育指導方針が異なるためである。

ヒロイン・ヒーローたちにとっての博物館・美術館

J・D・サリンジャーの代表作『ライ麦畑でつかまえて』（一九五一年）の主人公ホールデンは、家出中に妹のフィービーを探そうとする場面で、彼女と小学生のころに一緒に博物館に行ったことを回想する。高校を三校も退学した彼にとって学校に楽しい思い出は少ないが、小学校時代の担任の先生が土曜日ごとに生徒の自分たちを、ニューヨーク市内の自然史博物館に連れて行ってくれたことはホールデンにとって、とても幸福な記憶になっている。学ぶ楽しさというのが教室ではなく、他人と比較されない博物館にあったことがうかがえる場面である。

また、E・L・カニグズバーグの『クローディアの秘密』（一九六七年）の主人公クローディアは、ニューヨーク・メトロポリタン美術館でミケランジェロ作「天使の像」とされている作品をめぐって弟のジェイミーと冒険を繰り広げる。早熟で好奇心旺盛なクローディアは、教室の中で「よい生徒」を、家の中で家事の手伝いや弟たちの世話にあけくれて「よい娘」を演じ続けることに我慢がならない。家出先に、そしてジェイミーと二人だけで出かける冒険の目的地として選んだ美術館は、窮屈で単調な日常から抜け出して彼女の旺盛な好奇心を満たすのに十分な場所なのだった。

学校が大人たちの作り上げた枠組みによる教育を「与える」場であるのに対して、美術館や博物館は子どもたちが新しい世界を「発見する」場であり、来訪者を国境や時空を超えた美や知の迷宮へと誘う。人間の歴史が残した膨大な遺産がつくりあげたこの迷宮は、教師によって評価にさらされることも、カリキュラムによって活動を制限されることもなく、子どもたちが人類の示してきた大いなる可能性を発見する貴重な場所であると言えよう。

（加藤麻衣子）

30

児童書——子どもの本のはじまり

児童書出版以前

子どもの読者を意識した児童書の出版が始まる前、子どもたちは大人向けの作品の中から自分たちが面白いと思う本を見つけ出していた。主人公クリスチャンが怪物と戦うなど数々の苦難を乗り越えながら旅をするジョン・バニヤン（John Bunyan, 1628-88）の『天路歴程』（一六七八年）、無人島に流れ着いた主人公が知恵と勇気で生きのびていくデフォーの『ロビンソン・クルーソー』（一七一九年）、小人の国リリパット・巨人の国ブロブディングナグ・飛び島ラピュタなど、奇想天外な架空の土地を旅するスウィフトの『ガリバー旅行記』（一七二六年）などである。これらの作品は多くは簡略版という形をとって子どもたちに愛され続け、例えば、シャーロット・ブロンテ（Charlotte Brontë, 1816-55）の『ジェーン・エア』（一八四七年）の中に、幼いヒロインがおとぎ話よりも不気味な『ガリバー旅行記』のほうに魅了されるという描写が見られるし、オルコットの『若草物語』（一八六八年）では、マーチ家の四姉妹が『天路歴程』ごっこを楽しんでいる場面がある。

ニューベリーの功績

イギリスで児童書の出版を始めたのはジョン・ニューベリー（John Newbery, 1713-67）であるといわれている。それ以前にも子ども向けの出版物はあったが、書籍・新聞・雑誌の出版、雑貨・特許医薬品販売など幅広く事業を手がけていたニューベリーは、児童書出版の分野に新たな市場価値を見出し、初めて本格的なビジ

図２　『ニューイングランド初等読本』のイラスト

図１　ニューベリー『くつ二つさんの物語』（ジョンの継子トマス・カーバンによる初期の再版）

ネスの対象として捉えたのである。『小さなかわいいポケットブック』（一七四四年頃）は、「子どもの教育は楽しみと結びつくのがよい」とする思想家ジョン・ロックの説にしたがって、子どもを楽しませることを主たる目的として出版された最初の本として知られている。ボールまたは針刺しのおまけつきなら八ペンス、おまけなしなら六ペンスで販売された。両親を失った少女マージェリーが苦労して読み書きを覚え、教師になり、やがて裕福な紳士と結婚してレディになるまでを描いた『くつ二つさんの物語』（一七六五年）とならんで、ニューベリーのもっともよく読まれた出版物である。「シンデレラ」「眠れる森の美女」などを収めたシャルル・ペロー（Charles Perrault, 1628-1703）による昔話集の英訳版『過ぎし日の物語または昔話集――マザーグースの話』（一七二九年）、「ジャックとジル」「ヘイ、ディドル・ディドル」などのわらべ唄を収めた『マザーグースのメロディ』（一七六五年頃）もニューベリーの出版社から刊行されている。

アメリカでも、ニューベリーの児童書の海賊版が出版されるようになった。児童書出版に本格的に取り組んだ初期の業者では、アイザイア・トマス（Isaiah Thomas, 1749-1831）が有名で、『マザーグースのメロディ』や『くつ二つさんの物語』のほか、一七世紀から一八世紀にかけてアメリカでもっとも広く普及していた『ニューイングランド初等読本』（一六八六年頃）など、一〇〇点以上の児童書を出版した。児童書出版におけるニューベリーの功績を称え、その名を冠してアメリカ図書館協会が一九二二年に創設したニューベリー賞は、今もアメリカでもっとも権威ある児童文学賞である。

チャップブックの隆盛

ニューベリーの児童書が歓迎される一方で、高価な本を入手できるのは限られた富裕層のみであった。大人にも子どもにも人気のある『ロビンソン・クルーソー』『ガリバー旅行記』などの簡略版、「シンデレラ」「赤ずきん」のような昔話は、呼び売りの行商人チャップマンが売り歩く安価な冊子（一六世紀に現れはじめ、後にチャップブックと称されるようになった薄い印刷本）に収録されて庶民の手に渡った。一八世紀末までは子どもの読者を意識したチャップブックはまだ多くなかったが、しだいにきれいなカラーの表紙がついた小さいサイズのものが子ども向けに大量に出版されるようになった。作りが粗悪で文章が稚拙ということで軽んじられるきらいもあったが、庶民の子どもに楽しくわかりやすい読み物を提供したという点で、チャップブックの果たした役割は大きい。

楽しみのための読書へ

フランスの哲学者ルソーは、物語形式の教育論『エミール』（一七六二年）の中で、教師が子どもに知識を教え込むより、子ども自らが物事に関心を持ち問題を解決できるよう導くのがよいと説いた。自然のままに子どもを伸ばしていくべきだとするルソーの教育観に影響を受けて、イギリスでは『サンドフォードとマートンの物語』（一七八三～八九年）のトマス・デイ（Thomas Day, 1748-89）、『コマドリ物語』（一七八六年）のセアラ・トリマー（Sarah Trimmer, 1741-1810）、「紫色のこびん」（一七九六年）のマライア・エッジワース（Maria Edgeworth, 1767-1849）などが子どものための教訓的な本を出版した。

ルソーは子どもに与えるに値するのは『ロビンソン・クルーソー』のみであると

図3　『不思議の国のアリス』
（テニエルによるイラスト）

主張し、おとぎ話の価値を認めなかった。ルソーと同じく、おとぎ話を否定的に断ずる批評家もいたが、女の子向けに道徳と読書の楽しみを説いた物語『女教師』（一七四九年）を書いたセアラ・フィールディング（Sarah Fielding, 1710-68）のように、おとぎ話を高く評価する作家も現れた。教訓物語全盛の頃にもおとぎ話がすたれることはなく、グリム兄弟（Jacob Grimm, 1785-1863; Wilhelm Grimm, 1786-1859）の昔話集の英訳が初めてイギリスで出版されたのが一八二三年、デンマークの作家アンデルセン（Hans Christian Andersen, 1805-75）の童話集が英訳されて出版されたのが一八四六年であった。アンデルセンの創作童話は、その芸術性の高さと豊かな物語性によって人々の心を深く捉えた。ロマン主義運動の高まりとともに、人々の心の中にファンタジーを受け入れる素地が出来上がっていたということができる。一八六三年に出版されたチャールズ・キングズリーの『水の子』には、まだ教訓性が色濃く残っているが、その二年後、ルイス・キャロルは、教訓から完全に解き放たれたファンタジー『不思議の国のアリス』（一八六五年）を発表することによって、イギリス児童文学に新たな地平を開いた。ヴィクトリア朝は、質量ともに児童文学が華やかに確立していった時代であった。同じ頃、アメリカでも、オルコットの『若草物語』、マーク・トウェインの『トム・ソーヤーの冒険』（一八七六年）が出版され、アメリカ児童文学の最初の黄金期を彩った。

（松本祐子）

31

ストーリーテリング――聴く楽しさ語る楽しさ

図1　1900年代のアメリカの図書館で，ストーリーアワーに殺到する子どもたち

語りを子どもの世界に

日本でも図書館や保育所で子どもたちに人気のストーリーテリング（お話、語りという語もあわせて使っていく）は、一九世紀末に英米の児童図書館で始まった活動が導入されたものだが、語りそのものの起源は古く、神話や民話の発生と同時に始まったと考えてよいだろう。神話の創造や語る行為は人類に特徴的な文化であり、世界中のほとんどの民族が国造り神話や、歴史を語った物語、英雄譚をもっている。宗教的な教えもしばしば辻説法として語られ、道徳、娯楽、不思議体験、生きる知恵などを盛り込んだ昔話や寓話は、専門の語り部、吟遊詩人、あるいは村の年寄りらによって、生活の様々な場で語られた。

本来、これらの口承文芸や語りは大人に向けたものだったが、近代化の過程で本来の語りは衰退し、こんどは子どもの文化として定着するようになった。昔話などが家庭で子どもに語られる一方で、一九世紀末にはドイツの教育学者フレーベルが語りを推奨し、幼稚園などにお話の時間が設けられた。これは、さっそくアメリカの教育現場でも取り入れられ、二〇世紀初期に活発化していた児童図書館活動と結びついて、大きな発展を見ることになる。その立役者となったのが敏腕の児童図書館長アン・キャロル・ムーアであった。お話が子どもたちを文学に引きつけ、それが読書への関心につながるとして、その魅力と可能性を直感した彼女は、お話を図書館活動の要として位置づけた。こうして、ニューヨーク公共図書館を中心に、子

図2　ストーリーテリングのノウハウを伝える本

どもたちへのお話の時間がアメリカ全土、さらにはカナダにも広がったのである。少し遅れてイギリスの公共図書館でも、同様の活動がアイリーン・コルウェルによって積極的に進められた。伝統の語りを現代の子どもに手渡した、お話の第一次ブームである。当時、お話の時間には、子どもたちが殺到したといわれるが、これほどまでに子どもたちを引きつけるお話には、どんな力が潜んでいるのだろう。

お話が人を引きつけるのはなぜ？

『千一夜物語』で、シャハラザードが語る話に魅了された王は、話の続きを聴きたい誘惑に勝てず、ついに彼女の処刑を撤回する。このように、語りの魅力は、文字を介さず物語を耳で聴くことにある。お話を聴くとき、聴き手は語られた話を自分の中にイメージとして再現することで文学的満足感を得るのだが、特に幼い子どもは文字を介さずに文学を味わい楽しむ過程で、韻を踏んだリズム、言葉の繰り返し、面白い言い回しなどに触れることで、言葉への関心を深め、言語習得や文字の習得がスムーズにできるようになるともいわれている。

お話ではしばしば昔話が取り上げられるが、これにもちゃんと意味がある。昔話の単純な構造が聴いて理解するのに適しているだけでなく、聴き手の子どもが、昔話から社会の諸相や人の心理を直感的に感じ取ることで、人生や世界を理解すると考えられるからだろう。こうしたことを、図書館員で語り手のエリン・グリーンは『ストーリーテリング』（二〇一〇年）の中で、お話は「子どもの内側に染み込んでいく」のだと言っている。多くの語り手たちは、子どもが言葉の面白さ、語り手との一体感、文学的な高揚感、昔話の世界観などを総合的に感じ取っていることを、経験と研究から理解してきたに違いない。

図3　ファージョン『年とったばあやのおはなしかご』より。ばあやのお話に，いっしんに耳を傾ける子どもたち

さて、語り手たちはそれぞれのやり方で、一つ一つの物語に命を吹き込んでいくのだが、そのようすが物語を通して味わえるのが、自らも即興の語りの名手であったイギリスの児童文学作家エリナー・ファージョンの作品群である。彼女のほとんどの物語は、語り手が聴き手の子どもや若者に物語を語って聞かせるという設定で、例えば『年とったばあやのおはなしかご』（一九三一年）では、子どもたちの靴下の穴かがりをしながら、ばあやが穴の大きさにあった長さの話を子どもたちに語って聞かせる。ばあやが洗濯籠の中からなるべく大きな穴のあいた靴下を取り出してくれるようにと願って、子どもたちがわくわくして待つようすが物語から伝わってくる。また、ファージョンの作品は実際のストーリーテリングでもよく取り上げられ、妖精から特別な縄とびの術を教わったエルシーが九〇歳になっても、素晴らしい技を披露する「エルシー・ピドック夢でなわとびをする」（『ヒナギク野のマーティン・ピピン』（一九三六年）所収）などを十八番にしている語り手も多いと聞く。語る楽しさ、聴く楽しさを知り尽くしたファージョンの作品を読むと、ストーリーテリングが子どもたちを引きつける秘密がわかる気がする。

デジタル化時代と語り

ところが、世の中の効率主義が進む一九七〇年代に、第二次お話ブームが起こると、お話の様々な効果が拡大解釈され、大人の能力開発に役立つ面が強調されるなど、お話本来の姿が見失われていった。デジタル化が進み、人間性の喪失が憂慮される時代にあって、お話の力が注目されるのは悪いことではない。しかし、子どもとお話の関係を大切にしてきた語り手たちの中にはこれに違和感をもつ者も多く、これを機に二〇世紀末から各地で新たな取り組みが始まった。

図５　幼児向けのストーリーアワーで活躍する話し手

図４　子どもによるストーリーテリングを推奨する本

例えば、パソコンやＤＶＤが目当てで図書館にやってくる子どもも、お話に触れると、その魅力に引きこまれることがわかり、イギリスでは八〇年代から国を挙げて積極的にお話を国語教育に取り入れ始めた。また、子どもたちが、「自分が読んだ本を誰かに話し、ともに楽しむ」ことで、ゲーム機ばかりに興味が向きがちな子どもに、読み・語り・聴く楽しさを味わわせようという試みもある。子どもが語るという試みは以前からあったが、会話が減った現代にあって再び注目されている。

　また、移民の多い地域では、お話を言語習得に導く有効な手段として位置づけ、子どもを年齢別に分けて、歌、詩、お話、絵本の読み聞かせなどを組み合わせて提供するなど、地域の特性にあった活動をしているところもある。北米では、一時期盛んだった乳幼児向けのお話の時間が、単に図書館員が幼児を絵本や歌に親しませるのではなく、親子のコミュニケーションに重きをおく方向にシフトする傾向があるが、逆に、乳幼児に偏ってしまったお話の時間を、文学性が育つ小学校の中・高学年にも振り分け、さらにヤングアダルト向けのお話の時間に力を入れ始めたところもある。いずれの活動も、根底にあるのは、子どもが言葉に親しみ文学を楽しむことが、生きる力につながるという信念である。

　一方で、先住民の豊かな語りの文化は、二〇世紀半ばまで白人文化に押され、衰退していたが、その後、語りを自分たちの手で維持保存する動きが盛んになり、現在では、積極的に学校訪問などを行い、異文化理解の一助にもなっているという。彼らは、語りを通して神話や伝説に込められた世界観や宇宙観を知ることが、自分の存在の理解につながるとしているが、まさに、語りの真髄といえるだろう。

（白井澄子）

第5章

子どもの宇宙

宝さがしに熱中。ネズビットの『宝さがしの子どもたち』より

子どもの心の中をのぞく

『不思議の国のアリス』と『トム・ソーヤーの冒険』はまったく違うタイプの児童文学作品だが、どちらも実にうまく子どもの内面世界を描き出している。アリスは数え切れないほどの不思議体験に戸惑いながらも好奇心をのぞかせて冒険を続け、トムは悪戯の天才だが、時に良心の呵責に苦しみ、時に恋に心をときめかす。では一般の子どもたちはどうだろう？　現代の子どもたちも、好奇心満々で、ナンセンスを好み、替え歌を歌い、未知の世界に憧れ、家出もすれば、人には言えない秘密を胸に悩んだりする。『アリス』や『トム』の著者は、そんな子どもたちの代弁者だ。彼らの描く世界はまさに子どもの宇宙そのものといってもいいだろう。

時代が進み二〇世紀半ばになると、こうした子どもらしい発想や行動への関心だけでなく、子どもが抱える成長の悩みといった、心の内側に関心が向けられるようになり、子ども集団ではなく、一人の子どもをじっくりと描くようになる。少年の成長の痛みと時間の不思議を重ね合わせた『トムは真夜中の庭で』は好例だろう。こうしてみると、根本的な子どもらしさは普遍的だが、子どもらしさをどう表現するかは、時代や社会によって変化しているようだ。この章では、時代における男女観の違いに左右される、男の子と女の子の教育や遊び、服装の変化、子どもにとっての秘密、自立、他者などについて考察し、時代による変化も探っていく。

秘密・ひみつ・ヒミツ

子どもの生活の中で、意外と大きな位置を占めるのが秘密ではないだろうか。誰でも子ども時代に一つや二つの秘密をもっていた経験があるだろう。秘密基地を作るスリルや、友だち間での秘密を守る誓いは連帯を強めるが、時に秘密は心に重たい。キリスト教では罪を告白して懺悔する仕組みがあるが、これは神と人間の信頼関係の証である。

英米社会においては、特に親にたいして子どもが秘密を持つことはよくないこととされてきた。一九世紀半ばのアメリカで育った『若草物語』の著者オルコットとその姉妹たちは、毎日の日記にすべてを正直に書き、夜のうちに父がそれを読んで添削し、意見を記したという。まだピューリタン思想が強く残っていたこの時代に、親子間の秘密が許されなかった一つの例だろう。しかし、現代になると様子は一変し、『クローディアの秘密』のように、子どもが秘密を持つことを成長の一段階として捉えた作品や、リストカットのような秘密めいた「儀式」を仲間内で行うことで連帯感を強め、自分自身の居場所を見つけようとする姿を描いたヤングアダルト小説も登場する。

アイデンティティを求めて

英米で子どもや若者のアイデンティティが話題になりだしたのは二〇世紀の半ば、ちょうど新旧の価値観が入れかわろうとする頃だ。一七世紀の西洋で子ども期が「発見」されたように、一九世紀後半に思春期が発見され、二〇世紀半ばに精神分析学者のE・エリクソンがこの問題を論じたことと連動している。価値観が揺らぐ時代における思春期の若者のアイデンティティ探しは、しばしば現代児童文学の恰好のテーマになっている。

その際に、主人公のアイデンティティ探しに大きく関わるのが、いわゆる自分とは違う「他者」の存在への気づきである。英語圏社会では人間の成長において個の確立が重視されるが、その過程で、自分とは違う価値観をもつ他者の存在を認識することは、自分中心の考えから脱却して自律した人間になるということだろう。和をもって、なんとなく自他が連帯することを良しとする日本と違って、個人主義の西欧社会においては、自己と他者の関係をきっちりと把握することは、大人になる上で大切なことなのだ。

男の子、女の子というジェンダーの違いも、アイデンティティと密接に関わっている。衣服や遊びから子どもの育て方に至るまで、子どもは知らないうちに社会から強い影響を受け続けているのである。

子どもと死

最初期の英米の児童文学は子どもの死と密接につながっていた。近代医療が未発達であった一九世紀以前は、早世する子どもにお祈りを教えて、間違っても地獄に落ちず、安らかに天国に行けるようにとの親心が強く働いていた。英米の児童文学の古典に子どもの死を扱った作品が多いのは、こうした背景と、死後に真の世界があるとするキリスト教信仰が浸透していたためである。

では現代の子どもにとって、死はもはや身近ではないのだろうか？　もちろん、どんな形であれ肉親や友人との死別は、いつの時代でも大きな衝撃である。しかし、宗教心が薄れつつある二〇世紀後半のアメリカでは、子どもに死別の悲しみを乗り越えさせるハウツー本が書かれるなど、その精神性は大きく様変わりしている。また現代では、子どもが自分探しのつまずきや、社会への絶望から自死にいたる例も少なからずある。映画『スタンド・バイ・ミー』は、列車事故現場に残された死体を見に行く四人組の少年を登場させ、彼らが死という人生最大の謎に強く引きつけられる様子や、死と向き合う様子をありありと描き出し、考えさせるところがある。

（白井澄子）

図1　ドレスにリボンは女の子の証？

32

男の子／女の子——子どもとジェンダー

男の子？　女の子？

まずは上の絵をご覧いただきたい。これは、エドワード朝を代表する傑作ファンタジーのひとつ、一九〇二年に出版されたＥ・ネズビットの『砂の妖精』のなかで、冒頭シーンに添えられた挿絵である。ごみごみした都会から田舎家に引っ越してきた五人きょうだい（シリル、アンシア、ロバート、ジェイン、「ひつじちゃん」というあだ名で紹介される末っ子）が、大喜びで新居探検へと駆けだす場面を描いたものなのだが、さてここで問題。きょうだいのうち女の子は何人いるだろう？　名前からそれとわかるアンシアとジェインに、乳母とおぼしき人物に手をひかれて最後尾をよちよち歩いている「ひつじちゃん」を加えると……三人？　いいえ、正解は二人。ドレス姿の可愛らしい「ひつじちゃん」が、じつは男の子なのである。画家が登場人物の性別を勘違いした……わけではない。ネズビットとの名コンビで知られたＨ・Ｒ・ミラー（Harold Robert Millar, 1869-1940）の手になるこの挿絵には、二〇世紀初頭までイギリス中産階級で広く見られた習慣が正しく反映されているのだ。つまり、当時は、幼児期の男の子が、女の子と同様にスカート状の衣服を身に着けていたのである。

『宝島』（一八八三年）の著者Ｒ・Ｌ・スティーヴンソンやボーイスカウトの創始者ロバート・ベイドゥン＝パウエル（Robert Baden-Powell, 1857-1941）など、のちには男らしさの体現者として知られることになる人々も、ドレス姿の愛くるしい幼

図2　幼少期のスティーヴンソン

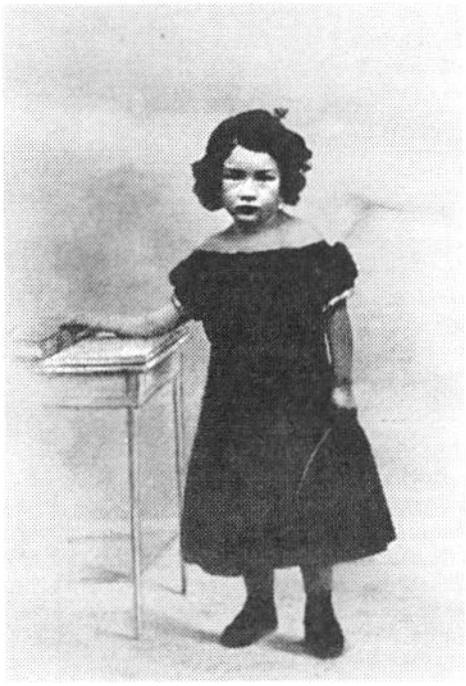

図3　幼少期のベイドゥン=パウエル

児期の写真を今に残している。アメリカでも同様である。フリルつきのドレスを着た幼い日のアーネスト・ヘミングウェイの写真から、のちのマッチョ作家の姿を想像するのは至難の業だろう。このように、服装コードというのは、社会や文化によって規定される性としてのジェンダーの一面を分かりやすく示してくれる。

男の子は世界のために、女の子は客間のために

ところで、服装に男女の区別がなかったからといって、スティーヴンソンやヘミングウェイの時代の幼児がジェンダーと無縁に過ごしていたと考えてはならない。例えば、子ども部屋に用意されるおもちゃが、男の子の場合は木馬や兵隊セット、女の子の場合は人形やドールハウスというように、その扱いには幼少期から厳然たる区別があったからである。それが特に顕著になるのは、少年たちがズボンをはくようになる年、おおよそ六歳ごろからだったと考えられる。こののちブルジョワ家庭の少年たちの教育は、乳母《ナニー》や女性家庭教師《ガヴァネス》の手を離れ、男性家庭教師《テューター》や寄宿学校に委ねられたからである。

この社会階層の少年たちに求められたのは、母親（女性）の膝元を離れ、同性（男性）との交流を通して、のちに広い世界に出ていくための準備を行うことであった。他方、少女たちの多くは家庭内にとどまった。仮に集団での教育を受けることがあったとしても、多くの場合は家庭的な雰囲気を維持できる規模の私塾での短期間の在学が好まれ、習得科目も音楽、フランス語、ダンスなどの社交上のたしなみや裁縫が中心であった。この時代、男子教育の目的が、国家や社会にとって有益な人材を育成することだったのに対して、女子教育のそれは、家政や社交の担い手を育成することだったのである。このようにジェンダー化された教育方針は、二〇

図４　幼少期のヘミングウェイ

図５　『ボーイズ・オウン・マガジン』創刊号（1855年）

世紀になってからも広く長くその影響力を保持した。

子どもの本とジェンダー

服装コードの例でも明らかなように、「男性に帰属する特徴や性質」とされるものに絶対性や普遍性はない。また、ある社会で望ましいとみなされる男性のありよう／女性のありよう、すなわち「男らしさ／女らしさ」と呼ばれるものも時代によって変化する。それらは家庭や学校などの多様な制度の中で子どもたちに刷り込まれていくが、子どもの本というメディアもこの点で重要な役割を演じてきた。

例えば、一九世紀の冒険小説は、海や植民地で活躍する主人公を積極的に描き、少年読者の海外雄飛の夢をかきたてた。いっぽうそのような少年向けの冒険小説で、少女に活躍の場が与えられることはなく、主人公を送りだしたり迎えたりする場面で一瞬登場するか、男性の手で守られたり救出されたりするためだけに登場するのがせいぜいであった。そして少女読者に向けては、自己犠牲と奉仕の精神に満ちた女性を理想化するような家庭物語が数多く出版され、多くの読者を集めた。これらの物語で提示されるヒーロー像やヒロイン像は、子どもたちがその資質をみずから積極的にとりこもうとするロールモデルとなりえた点で、親や教師が説く抽象的な美徳よりも、はるかに直接的な影響力をもっていたといえる。

一九世紀後半になると、男女それぞれの興味や関心にあわせて誌面作りを行った少年雑誌・少女雑誌が相次いで創刊された。値段が安く設定されたこともあって、単行本とは比べ物にならないほど広範な読者を獲得したこの新メディアは、当時の社会で支配的だった「男らしさ／女らしさ」を伝達すると同時に、読者のニーズに対応して対抗的な「男らしさ／女らしさ」をも提示した。

客間を出た女の子たち

ジャン・ジャック・ルソーが、『エミール』（一七六二年）の中で、女性は女性にふさわしい知識だけを学ぶべきだと主張したとき、彼の念頭にあった女子教育とは、妻あるいは母として男性に奉仕する存在の育成であった。一九世紀のイギリスで主張された「女の子は客間のために」という教育方針も同様の女性観に依拠したものだ。当時は科学もこの教育方針を後押しした。医学、生物学、心理学などはこぞって、女性が知的に男性よりも劣っていることや、勉学が母となるべき女性の心身に有害であることを、熱心に証明しようとしたのである。そのような状況ではあったが、フェミニストや教育者たちの不断の努力によって女子教育の整備は進み、アメリカでは一八二〇年代、イギリスでも一八七〇年代から、大学進学を念頭に置いた女子中等教育機関が設立され、高等教育まで受ける女性がしだいに増えていくことになる。知識欲と向上心にあふれる女の子が、男の子と同等の教育を受けるための扉はこのようにして開かれていったのである。

ところで、近年英語圏諸国では、発達や効果的な学習方法には性差があるとの教育学や心理学からの研究報告を受けて、男女別学習を推進する動きが一部に見られる。性を指標とすること自体の正当性を問う声や研究手法に対する批判はもちろんのこと、研究成果に対する疑問も投げかけられるいっぽうで、学習効果を期待して男女別の授業提供に積極姿勢を見せる学校もあり、公立校の中にもこれを導入するところがでている。

（水間千恵）

33

自立とアイデンティティ――自分の居場所を自分で探す

図1　カニグズバーグ『トーク・トーク』の原書表紙

アイデンティティ――不変から変化へ

「アイデンティティ」は、オックスフォード英語辞典（OED）には「自己同一性、人物それ自体」と定義されている。アメリカの精神分析学者E・H・エリクソン（Erik H. Erikson, 1902-94）が青年期の成長段階を理解する用語として七〇年代に活用したアイデンティティは、現在、児童文学の中でどのように定着し、また時代を越えて存在し続けているのだろう。

一般に、アイデンティティの物語は、内なる自己をみつめるために、自分探しからスタートし、自己発見に至ると同時に自立を果たして大人に成長する過程を物語ることが多く、若者文化・文学状況解読の重要なコアと考えられている。特に、七〇年代は、アイデンティティが「固定的な本質」を示す認識論に終始したため、アイデンティティ獲得の方法論が存在するかのように、安直でステレオタイプな物語に終始したきらいがある。また、アイデンティティを確立した後の展望が希薄でダイナミックな展開に欠ける点や、指標設定が狭量に尽きることも含め、物語としての脆弱性が指摘された。

やがて九〇年代に入ると、若者文化論はサブカルチャーと既存の体制文化の境界が薄れ始め、他と差別化する独自性をみつけることが難しくなる。こうした時代思潮を背景に、人間のアイデンティティや主体性は、それまでの固定化した「不変から変化」へと流動性をもつものとして捉えられるようになった。そこでは、内面を

図2　カニグズバーグ『ムーンレディの記憶』の原書表紙

さぐる自分探しだけが問題ではなく、他者との関係性の中で、「私たちは何になれるか」「私をどのように表象することが可能か」など指標の方向に変化が生まれる。また同時にアイデンティティを確立するには、他者の視線に規定、束縛されている自身を、言語文化、歴史を通して確認する道程が問われることにもなった。こうして個および共同体を形成するエスニシティ、グループなど社会的に構築されたアイデンティティは、文化、社会、宗教上の差異、特徴など多様な表象概念を帯びたものになってゆく。同時に個人の内的深さは、外部状況の変化から多大な影響を受け変化するものと考えられるようになり、児童文学の中でも個やグループのアイデンティティは、外部の変動する状況と関わりながら構築されている。

私のテーマはアイデンティティ

一九六九年、ジューイッシュ・アメリカンの作家E・L・カニグズバーグは「それぞれの作家が必ずテーマを持って書いていますが、私の場合、そのテーマは『アイデンティティ』です」と断言し、二つの短編集を含む最新の長編『ムーンレディの記憶』（二〇〇七年）に至るまでアイデンティティに纏わるテーマを一貫して追求している。先人や同時代の作家たちが、アイデンティティのテーマを底流に多様な手法を用いて独自の道を拓いたことを知りながら、彼女は、なぜ、あえて自分こそ、アイデンティティの作家だと主張するのだろう。

カニグズバークは、その大半（二作を除く）の物語の場所をアメリカの郊外に設定し、子どもの年齢を八歳から一二歳前後の個人、兄弟、グループに据えている。物語に登場する子どもたちは、アメリカの典型的な郊外型生活様式のもとで暮らしているが、織りなす状況は様々である。共通項をさぐれば、それは、主人公が他の

図３　コーミア『ぼくはチーズだ』の原書表紙

子どもとは異なっていることに違和感を持ったとき、各々が自己の内面をさぐる旅にでかけ、他者としての導師＝大人（子ども）とめぐり合う点である。旅を通過した子どもたちは、アウトサイダーとしての自分を誇り高く受け入れ、アイデンティティ確立を図るが、さらに興味深いのは、どの作品においても子どものアイデンティティの物語が語られながら、実は大人の文化と社会が仔細に述べられる点である。

特に家族の歴史について多くのページが割かれるのは、抑圧の歴史と共同体のサバイバルの系譜を抜きにしてカニグズバーグのアメリカでの一ページは開かれなかったことを示している。カニグズバーグには、自分の前世代が移民として移り住んだアメリカの文化的、エスニック的差異を背景に、ジューイッシュ・アメリカンである自分自身のアイデンティティを掘り起こす必然性がある。子ども、大人を問わず、作品に登場する「辺境人」からは、アメリカにおけるアウトサイダーとして自身を受け入れ、社会的アイデンティティを極めた自信に満ちた立ち姿が視えてくる。

アイデンティティの消失と帰属

現代のアメリカで、アイデンティティを消失することがどれほど恐ろしい事態か、七〇年代から八〇年代にかけ、児童文学で真剣に語られた時代が存在する。ロバート・コーミアは国家と個人を体制と個の視点から鋭く描いた作家として知られるが、一九七七年の『ぼくはチーズだ』は、アイデンティティを奪われた少年が記憶をたどって語る衝撃的な悲劇である。また八三年のニューベリー賞をとったシンシア・ヴォイト（Cynthia Voigt, 1936-）の『ダイシーズソング』では、精神的に崩れ、子どもたちを置き去りにした母親と残された子どもたちの旅がテーマである。母親が自己のアイデンティティを消失したことが、子どもたちのアイデンティティをも抹

図4　アレクシー『はみだしインディアンのホントにホントの物語』の原書表紙

消しかねない状況で、子どもたちは、母親の生まれ故郷――祖母の住む土地に向かって歩き始める。到着点には、海を背に、アウトサイダーの孤独な生きざまに徹した荒々しい祖母の姿があり、子どもたちは、世代を超えて紡ぐ愛と理解の中で「自分の居場所」を自然に受け入れ、新しい日常がスタートする。

アイデンティティと帰属性は、多文化主義のアメリカでは重要度を増す一方だが、同時に、分割され特徴づけられた社会的、文化的アイデンティティの共同体から抜け、自分が本当に帰属する場を求めようとする問題が新しく生じている。児童文学の中で、自己のアイデンティティの喪失と居場所について赤裸々に現実を語った傑作が、シャーマン・アレクシー（Sherman Alexie, 1966-）のYA小説『はみだしインディアンのホントにホントの物語』（二〇〇七年）である。これは、ネイティヴ・アメリカンの保留地で生まれ育ち、生き抜くために、意思的に保留地外の学校に転校した少年の冒険的自伝物語である。性、暴力、アルコール依存、死が乱れ飛ぶこの物語の「七八パーセント」が事実に基づいている。

ここには、社会的アイデンティティの獲得や自立こそアメリカの指標と目した幻想とは裏腹に、アメリカがもっとも疎外し、抑圧した状況の下、もう一つのアメリカの現実が厳然と提示されている。過酷な状況を綴りながら、未来を予見させる底力は、原タイトルの「パートタイム・インディアンの絶対ホントの日記」からも窺える。喪失を憂いながら、帰属するアイデンティティに激しい愛を抱く少年は、揺れ動いているようで、実は自己を相対化できるトール・テールのネイティヴ・アメリカン魂を秘めている。自信に満ちた真の自立の姿がそこには確かに存在する。

（島　式子）

34

秘密——物語に学ぶ秘密の効用

図1　フォックス『11歳の誕生日』の原書表紙。原タイトルは「One-Eyed Cat」（片目のネコ）

秘密は良いこと？　悪いこと？

「他人の秘密は蜜の味」というように、人間は隠された真相を明るみに出したいという欲求をもっている。ミステリー小説では秘密を暴く過程それ自体が物語を牽引する力となり、児童文学にもナンシー・ドルー（キャロリン・キーン作）や百科事典のように物知りなブラウン（ドナルド・J・ソボル作）といった少年少女の名探偵が数々生まれてきた。またロアルド・ダールの『チョコレート工場の秘密』（一九六四年）は、読者に真相を知る喜びをたっぷりと味わわせてくれた。

いっぽう謎解きをエンターテインメントとするこうした作品と一線を画すのが、J・R・タウンゼンド（Joh Rowe Townsend, 1922-2014）の『アーノルドのはげしい夏』（一九六九年）である。主人公の少年アーノルドの出生の秘密を明らかにする過程が、彼の「自分とは何か」という問いと連動する。そして現実世界では真相の解明が必ずしもハッピーエンドにつながるわけではないという結末に、一種の虚無的な余韻を残した。

秘密をもつことは悪いことだろうか？　たしかに秘密は時に隠しごとゆえの後ろめたさをもつ。例えばポーラ・フォックスの『一一歳の誕生日』（一九八四年）の少年ネッドは、銃でネコの目を撃ってしまったのではないかという不安を誰にも言えず、罪悪感にさいなまれる。正直に事実を言えないことは自分らしさを失うことである。本心を明かせず、周囲からの理解や許しを求めて苦しむ子どもたちを描く作

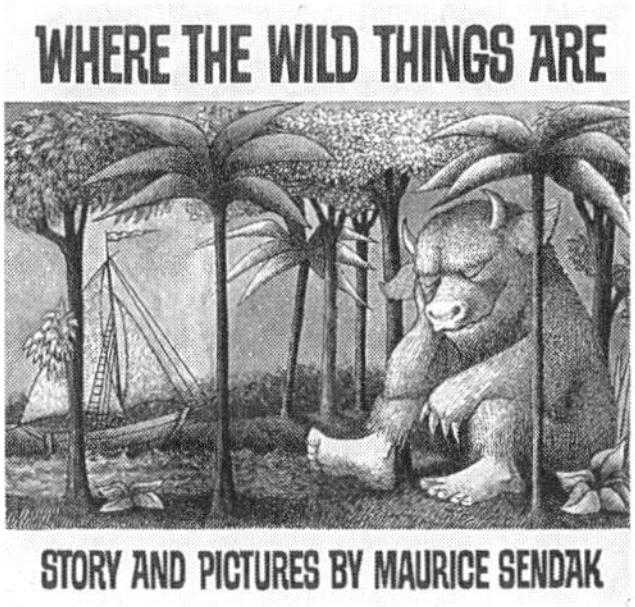

図２　センダック『かいじゅうたちのいるところ』の原書表紙

品は数多い。

成長としての秘密

しかし一方、子どもの秘密を成長過程の要素として積極的に捉える作品もまた多い。亀山佳明は『子どもの嘘と秘密』（一九九〇年）において次のように述べている。「子どもたちは、大人たちの監視の目をかいくぐって、自分たちの自由な領域を開拓し、その自由な領域と自由の程度を慎重に拡大することを通して、自我を形成し出すのである。それゆえに、このような自己の自由とそれを基盤とした自我とを自らの力で守護するために、彼は両親や先生の視線をさえぎらなくてはならない。秘密やうそという手段は、彼らの成長しゆく脆弱な自我には欠かすことのできない防衛のための方策であるといえよう」。

モーリス・センダックの絵本『かいじゅうたちのいるところ』（一九六三年）は、その好例である。悪戯が過ぎて母親に叱られたマックスは、船でかいじゅうの島へ旅立ち、かいじゅうたちの王になる。不満や反抗心や怒りで混沌となった幼い少年の心が、自室から誰も知らないうちになされた大いなる冒険で昇華される。秘密が少年の成長の大きな一歩を後押ししたダイナミックな作品である。

またジョン・バーニンガム（John Burningham, 1936-2019）の『なみにきをつけて、シャーリー』（一九七八年）は絵本の特質をいかして両面の片頁に親が見ている海辺の遊び、もう片頁に親の知らない海賊をめぐる少女の秘密の大冒険を巧みに形象化してみせた。

さらにE・L・カニグズバーグ『クローディアの秘密』（一九六七年）に至っては、秘密は一生を支えうるほどの重要度をもつ。メトロポリタン美術館にある天使像の

図３　「秘密の花園」を蘇らせる営みを通じて，子どもたちもしだいに心をひらいていく

謎を解き明かした少女クローディアは、真相をひっそりと胸にしまう。真相を発表すると世間をあっと言わせ英雄になれるにもかかわらず。それは偉大な秘密を秘めておくことこそが、自分と他人の差異を明確にするよりどころとなり、また「心を内側から支える」一生の味方となることを彼女は悟っていたからだ。

いっぽう秘密を友人と共有することで絆を育む場合もある。例えば、F・H・バーネットの古典『秘密の花園』（一九一一年）は、三人の子どもが閉ざされ荒れはてた花園を見つける物語である。周囲の大人たちの眼から逃れることによって、彼らは「自分らしさ」を見つめていく。秘密をもつことは、まさに「成長しゆく脆弱な自我には欠かすことのできない防衛のための方策」だったのである。

秘密にするものはどんなもの？

『秘密の花園』のみならず、庭や屋敷の一角、小屋などが秘密の場となる作品は多い。それは一定の閉鎖性を作ることができ隠しごとに適切だということ、空間性があり扱い方によって自由に自己表現できる場となりうること、そして空間に登場人物の心理状態を反映する豊かなイメージを盛り込むことが可能であることなどがその理由だろう。

もっと身近で現実的なのは、日記やノートである。ロイス・ローリー（Lois Lowry, 1937-）の『愛って、なあに?』（一九七九年）、メグ・キャボット（Meg Cabot, 1967-）の『プリンセス・ダイアリー』（二〇〇〇年）など、誰にも見せる前提のないまっ白いページに子どもたちは本心を素直にさらけだす。その率直さが自然に読者の共感を誘う。またルイーズ・フィッツヒューの『スパイになりたいハリエットのいじめ解決法』（一九六四年）のように、本音を書き連ねたノートが他人に知

図4　『スパイになりたいハリエットのいじめ解決法』の主人公の少女は，小説家をめざし，周囲のあらゆるものを覗いてノートに書きつける

られることから起こる騒動を描き、秘密にするべき本音と建前の視点から子どもの自己確立の問題に一石を投じた作品もあった。

児童文学の秘密として特筆したいのが、架空の「友だち」である。バーニンガムの『アルド・わたしだけのひみつのともだち』（一九九一年）など、子ども本人にしか見えない相棒は常に子どもの味方であり、一緒に遊んだり困難を乗り越えたりする。子どもの成長を強く支えると共に想像力を育む手段となりうるのである。E・L・カニグズバーグの『ぼくと（ジョージ）』（一九七〇年）はベン少年の体内に住む秘密の相棒ジョージの存在を否定する大人の愚を鋭く突き、周囲の大人の理解を促した。

実際に子ども時代に秘密の友だちがいたという作者も少なくない。例えば『赤毛のアン』（一九〇八年）のアンの架空の友人ケティ・モーリスは、L・M・モンゴメリの実体験からきている。

作品自体もまた秘密となりうる。イアン・ベック（Ian Beck, 1947-）の絵本『ティとないしょのピクニック』（二〇〇〇年）やシルヴィア・ウォー（Sylvia Waugh, 1935-）の『ブロックルハースト・グローブの謎の屋敷』（一九九三年）などでは、主人公が秘密を読者にだけ明かす。秘密を知らない他の登場人物との差異が強調されることによって、読者は作品の中に入り込んで主人公と共謀しているような感覚を喚起される。そして優越感とともに新鮮な興奮を味わうことができるのである。

（横田順子）

35

宝探し——ごっこ遊びの素材源

キッドの宝から『宝島』へ

「なあ、この島には、まえにほんとの海賊がいたと思うんだ。もういっぺん探検しようぜ。やつらは島のどこかに宝を埋めたんだ。金や銀でいっぱいの、腐りかけた宝箱を見つけたらどんな気がするだろう、おいやろうぜ」（マーク・トウェイン『トム・ソーヤーの冒険』）

「永遠に合衆国大統領でいるよりも、一年シャーウッドの森の義賊でいたい」と望んだトム・ソーヤーだが、その彼にとっても、海賊は義賊と同じくらい魅力的な職業だったようだ。そして海賊ごっこに欠かせないのが宝探しである。ただし、ごっこ遊びなら微笑ましいが、宝探しにむなしく生涯を費やした人がじっさいに数えきれないほどいるとなると笑えない。キャプテン・キッドの宝は、そんな罪作りな埋蔵金伝説のひとつである。

私掠船長ウィリアム・キッド（William Kidd, 1645?-1701）(1)の宝にまつわる伝説は、彼が略奪品の一部を一時的に北米大陸東海岸にある小島に埋めたことに由来する。それ自体はすぐに掘り出されたものの、「財宝を隠した」という部分が噂になり尾鰭がついて広まったのである。キッドが処刑されたのち、彼が生前に立ち寄ったとされる場所には宝を求める人々が殺到し、死後五〇年が過ぎるころには、ニューヨーク州沿岸がほぼ掘りつくされたといわれるほどであった。その後も宝探し熱は

⑴ 私《し》掠《りゃく》船《せん》とは，交戦中の敵国船を拿《だ》捕《ほ》し，その積荷を略奪する許可状を与えられた商船のことをいう。キッドはイングランド国王ウィリアム３世からこれを得ていた。

図1　宝を埋めるキッド船長（H・パイル画）

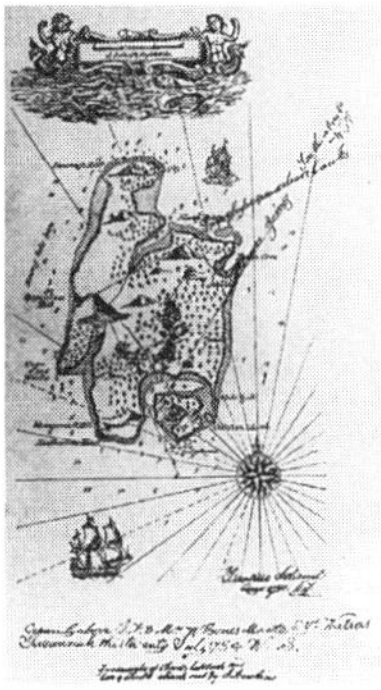

図2　『宝島』の宝の地図

冷めることがなく、キッドが訪れたことのない土地や沈没船にまでその対象を拡大して、大掛かりな宝探しプロジェクトが今日に至るまで何度も組まれている。

この伝説は、作家たちの創作意欲を刺激した。ワシントン・アーヴィング（Washington Irving, 1783-1859）の『旅人物語』（一八二四年）に収められたいくつかの短編、エドガー・アラン・ポー（Edgar Allan Poe, 1809-49）の「黄金虫」（一八四三年）、ジェイムズ・フェニモア・クーパー（James Fenimore Cooper, 1789-1851）の小説『アシカ号——消えたアザラシ漁船』（一八四九年）などは、いずれもキッドの宝に触発された物語である。そしてこれらの作品に登場していた印象的な小道具（船員用長持ち、老船員の遺した地図、宝の埋まっている場所を指し示す人骨など）を自作にうまく取り入れたのがR・L・スティーヴンソンであった。つまり、キッドの宝をめぐる物語ではないものの、『宝島』（一八八三年）も間違いなくその伝説の影響下に生みだされた作品なのである。

国家的、世界的規模の宝探し

世界周航のかたわらスペイン植民地から奪った莫大な富を持ち帰ったフランシス・ドレーク（Francis Drake, 1540-96）や、黄金の国を夢見てギアナ高地を目指したウォルター・ローリー（Walter Raleigh, 1552-1618）など、大航海時代を彩ったイギリスの船乗りたちの探検は、国家ぐるみの宝探しだったといえる。

その後到来した海賊の黄金時代も含めて、一八世紀までの宝探しは、アジアと南北アメリカ大陸がおもな舞台だったが、一九世紀になるとそこにアフリカ大陸が加わってくる。デイヴィッド・リビングストーン（David Livingstone, 1813-73）に代表されるような探検家たちが次々と大陸に分け入り、アフリカを舞台にした文学作品も出版された。ソロモン王（旧約聖書に登場する古代イスラエルの賢王）の宝を求めてアフリカ大陸を縦断する冒険家一行の旅を描いた、ヘンリー・ライダー・ハガード（Henry Rider Haggard, 1856-1925）の『ソロモン王の宝窟』（一八八五年）は、このような時代精神を映した宝探しの物語といえよう。ちなみに、ソロモン王の富の供給地オフィル（Ophir）を探す試みは、西洋世界でもっとも古い宝探しの一つである。かたやアメリカでは、一八四八年にカリフォルニアで砂金が発見されたことをきっかけにゴールドラッシュが起きていた。その後、アメリカ国内はもちろんのこと、オーストラリア、ニュージーランド、カナダでも次々と金鉱が発見され、ひとやま当てたいと願う人々が、全世界からこれらの地域めがけて押し寄せた。まさに世界規模の宝探しである。

現代の子どもが日常生活のなかで体験しうる宝探しの代表例としては、あらかじめ庭や室内に隠しておいた彩色卵や卵型のお菓子を探す「卵探しゲーム」を挙げることができる。これはもともと復活祭の行事に関連した遊びだが、近年では誕生パーティー等のイベントとしても行われる。このように身近な習慣に根差した宝探しもある一方で、子ども文化全体においては、大がかりで波乱に富んだ過去の宝探しが今なお強い影響力を持っており、映画、マンガ、ゲームなど新しいメディアにおいても、海賊や探検家が活躍する昔ながらの宝探しの物語が人気を集めている。

宝探しの児童文学

トム・ソーヤーの例からもわかるように、子どもと宝探しの接点はしばしばごっこ遊びのなかに見出される。それを文学上もっとも見事に表現した作家は、〈ツバメ号とアマゾン号〉シリーズで知られるアーサー・ランサムであろう。彼の作品に

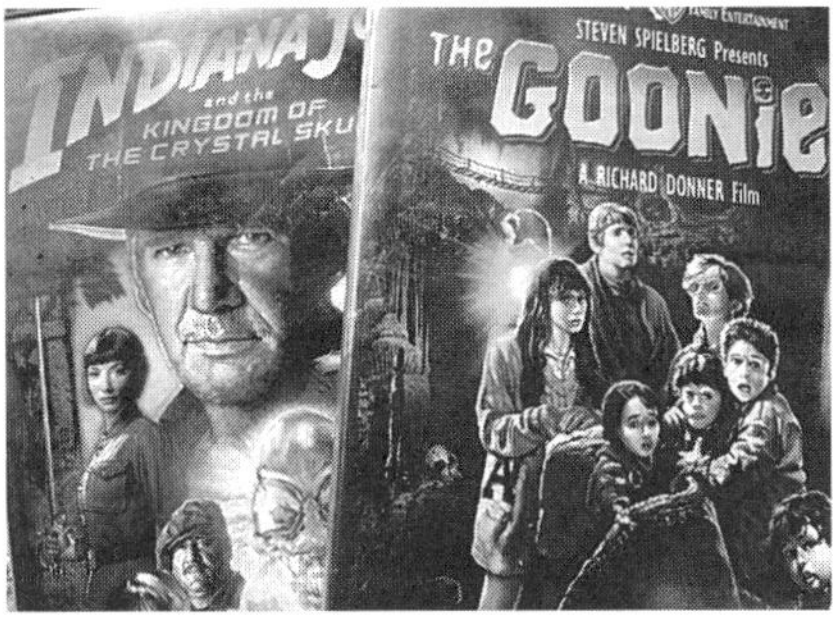

図3　現代の宝探し映画

登場する子どもたちは、盗まれた知人のトランクを海賊の宝に見立てて湖に浮かぶ小島で宝探しを行ったり、近所の山で金鉱探しに夢中になったりする。また、遺跡や遺構といった有形物から失われた伝統や習慣などの無形遺産まで、じっさいに子どもたちが「何か」を発見する過程を描いた作品もある。ジェフリー・トリーズ（Geoffrey Trease, 1909-98）の『この湖にボート禁止』（一九四九年）やウィリアム・メイン（William Mayne, 1928-2010）の『五月のミツバチの群』（一九五五年）、『砂』（一九六四年）などはその好例である。世俗的な意味での宝ではないが、聖杯をめぐる探求譚も宝探しの一バージョンといえる。アーサー王伝説と結びつく形で子どもにも親しまれている物語である。宝の探索だけでなくその争奪戦に焦点をあてる物語もある。例えば、〈ハリー・ポッター〉シリーズの第一作では、賢者の石をめぐって主人公と闇の魔法使いの間で戦いが繰り広げられる。

より即物的な宝、すなわち金銭的に価値あるものを追求する宝探し物語ももちろんある。例えば、E・ネズビットの『宝さがしの子どもたち』（一八九九年）は、貧乏になった父親を助けようとするきょうだいが、庭を掘り返す、山賊になって身代金をとる、占い杖で金探しをするなど、なんとも非現実的な方法で一攫千金を目指す物語である。また、フィリパ・ピアスの『ハヤ号セイ川をいく』（一九五五年）は、経済的な理由で親戚の家に預けられることになっていた少年が、友人の協力を得て、先祖が隠した宝石を見つけ出し、運命を変える物語である。二作とも、経済的に切実な事情を抱えた子どもたちの宝探しを描いているが、彼らが真に欲している宝が、家族との平和な暮らしであって金銭そのものではない点に児童文学らしさがみえるかもしれない。

（水間千恵）

36

死と子ども——死を想う文化

長く息づく伝統

中世以来、イギリスにはキリスト教的な文脈における「死を想え《メメント・モリ》」の思想が息づいている。これは、現世での成功・富・栄誉は、避けることのできない死によって無に帰すのだから、むしろ魂の救済と神の国で享受する永遠の命という、いわば「尽きることのない富」(ルカによる福音書一二章三三節)を得るために、現世での生き方を問い直すべきという思想である。

「死を想え」のテーマは、特に一四世紀後半に猛威をふるった黒死病と一四世紀中葉～一五世紀中葉に多数の死者を出した百年戦争を背景に、しばしば彫刻、絵画、文学作品の中で表現されてきた。例えば、墓石に施された彫刻や宗教画に見られる頭蓋骨、死神の頭部、砂時計(人生の儚さの象徴)、死の舞踏(様々な階級の老若男女の骸骨が死神に導かれて墓へ進んでゆく姿の描写)などは、「死を想え」の典型的な図像化である。

肉体の復活を信じるキリスト教の風土の中で、イギリスでは死者の埋葬は伝統的に土葬が一般的だったが、カトリックに先んじてプロテスタントは一九世紀から火葬を認めるようになった。二〇世紀最大のファンタジー作家でカトリックのトールキンとプロテスタントのC・S・ルイスは親友同士ながら、死者の復活と埋葬方法をめぐって対立したことがある。キリスト者にとって復活は、それと対をなす死と共に、常に大きな関心事なのである。

図1　キングズリー『水の子』の挿し絵

来世への希望

イギリスの「死を想う」文化は、一七世紀の清教徒《ピューリタン》たちによって書物による子どもの教育にも早くから採り入れられ、模範的な子どもが試練の中で信仰を貫いて夭逝する物語を収めた、いささか陰鬱な宗教教育書が生み出された。それらは当時の衛生状態に起因する子どもの死亡率の高さや内乱に発展した国教徒対非国教徒の対立のさなか、愛する子どもに一刻も早く魂の救いの道を示したかった当時の人々の切実な思いに応えるものだったのだろう。これら子ども向けの宗教教育書は、その強い教訓性と時代性のために現在ではすっかり読まれなくなっているが、「死を想え」のテーマ自体はイギリス近代児童文学が成立した一九世紀中葉から現代まで脈々と受け継がれている。例えば一九世紀にはキングズリーが『水の子』（一八六三年）で、マクドナルド（George MacDonald, 1824-1905）が「黄金の鍵」（一八六七年）で、いずれも主人公の子どもが物語の半ばで死んで復活する冒険物語風のファンタジーを著した。

この「死と復活」のモチーフは二〇世紀にルイスの〈ナルニア国ものがたり〉シリーズ（一九五〇～五六年）とローリングの〈ハリー・ポッター〉シリーズ（一九九七～二〇〇七年）に受け継がれ、共に世界的ベストセラーになり、映画化もされた。これら「死と復活の物語」は、世俗化が進む社会の中で「死よりも悪いものと生よりもよいもの」を探究し、人生をエゴイズムと戦う試練の場として、死を癒しと救済のための通過点として位置づけている。しかし決して厭世的ではなく、来世への希望は、むしろ現世を全力で生き抜くことから生まれるという逆説を示している。

図２　墓石に彫られた「死を想え」の典型的な図像

現世での救済

「死を想え」の思想は一七世紀に清教徒たちと共にイギリスからアメリカに渡った。イギリスにおいてと同様に、その図像《イメージ》は植民地時代の墓石等に痕跡を留めている。もっとも、アメリカには生命と若さを追求し、地上に楽園を建設しようとする楽天主義があるため、死を反アメリカ的な概念として忌避する傾向も生まれた。例えば、一七世紀に登場した子どもの死を悼む肖像画は、一九世紀中葉にはむしろ生前の記憶を美しく保存するものに変化して流行した。一九世紀初頭には、イギリスの「墓地派」の影響を受けた詩人たちのほか、トマス・ジェファーソン（Thomas Jefferson, 1743-1826）やベンジャミン・フランクリン（Benjamin Franklin, 1706-90）のような知的エリートたちの間で、死を四季の巡りのような永遠に繰り返される自然の循環現象の一部として捉え、悲しみを和らげる思想が生まれた。一九世紀前半に教会墓地とは別個に英国庭園風に美しく整備された田園墓地の開発が始まり、ギリシア語由来の「眠る場所《セメタリー》」という名称で普及した。さらに二〇世紀に入ると景観や墓碑から死の連想を徹底的に排除した「記念庭園《メモリアルパーク》」に発展し、商業主義の台頭により華美で高額な葬儀が流行した。児童文学の世界では、子ども向け有力誌『ユース・コンパニオン』（一八二七～一九四一年）の編集方針に示されていたように、二〇世紀中葉まで、煙草やアルコールと同様に「死をそのページから追放する」ことが是とされていた。

　このような死の隠蔽に対する反省から、その後、死とそれに伴う悲しみを直視して受け入れる回帰現象も起こり、葬儀や追悼式典のあり方だけでなく、教育や文学にも影響を及ぼしている。例えば、日本でも話題になった一九八二年出版の絵本

図3　1930年代のメモリアルパーク俯瞰図

『葉っぱのフレディ』は、大学で社会教育学を担当していたバスカーリア（Leo Buscaglia, 1924-98）による一種の死の教育書である。大きな木の一葉として生まれたフレディが四季の巡りの中で、友人たちと自らの死を自然な現象として受け入れることを学ぶ。この物語では、前述した一九世紀初頭の知的エリートたちから継承した死の悲しみを和らげる思想が、むしろ死と向かい合うきっかけとして利用されている。

二〇世紀後半からは、（宗教性の有無にかかわらず）死を描く児童小説が相次いで登場する。例えば、E・B・ホワイト（Elwyn Brooks White, 1899-1985）の『シャーロットのおくりもの』（一九五二年）は屠殺される運命の子豚を救って命果てる心優しい蜘蛛の友情（この物語も死を自然の循環の中に位置づけている）を、パターソンの『テラビシアにかける橋』（一九七七年）は小学校でのけ者にされている少年と少女が二人だけの秘密の森で繰り広げる冒険と死別を描いている。両作品とも映画化され、日本でも公開された。これらの「死を想う」物語は、誰かの犠牲によって自分が生かされていることへの感謝、死者の遺志を継いで生きる使命感、たとえ冴えない人生でも「今生きている」という幸せの実感、そして人間の弱さを受け入れる必要を読者に伝えている。イギリスの作品と違い、罪の贖い、肉体の復活、来世への希望という要素は希薄で、むしろ死を家族関係の再構築や子どもの自立といった、現世での救済の機会として捉える傾向が強い。「それから」の生き方においても現世に拘るのは、いかにもアメリカらしい。

（成瀬俊一）

37

子どもと他者——異質なるものとの出会い

図1　センダック『まどのむこうのそのまたむこう』の原書表紙

子どもにとっての他者とは

精神分析学者のエリクソンは、人は他者との関わりの中で発達すると考えた。生まれたばかりの子どもにとって、最初の〈他者〉は、多くの場合、養育者たる母親であり、その養育者との絆の形成がその後の他者との関係性を築く土台となっていく。しかし、ここでは、生活空間を共にする父、母、きょうだいなどの家族や、子どもを守り養育する義務を負う乳母や家庭教師など、家族の延長線上にある大人は別にし、また、同じ年頃の遊び仲間については「友だち」の項目に譲ることにして、特に、子どもが出会う異質な存在を〈他者〉として位置づけ、子どもと他者との関係について概観する。

子ども部屋への侵入者

子どもから目を離すと、知らぬ間にどこかに連れ去られてしまうかもしれない——。妖精の取り替え子（チェンジリング）の伝説は、そんな親たちの不安を物語るものであろう。モーリス・センダックの絵本『まどのそとのそのまたむこう』（一九八一年）は、チェンジリングの伝説をそのままモチーフに採り入れた作品である。航海に出た夫恋しさのあまり、母親がぼんやり海ばかり見つめている間に、赤ん坊は顔のないゴブリンたちに連れ去られ、アイダは妹を連れ戻す旅に出る。

親の側からすると、かどわかしとしかいえない現象が、子どもにとっては必ずしも否定的体験でないこともある。ジェームズ・バリの『ピーターパンとウェンデ

図2　ケンジントン公園のピーターパン像

ィ』（一九一一年）で、ピーターパンは親の留守をねらって子ども部屋に侵入してくるが、子どもたちはこの不思議な訪問者を歓迎し、誘われるままにネバーランドに飛び立ってしまう。最初は自分たちと同じ子どもに見えていたピーターパンは、勇敢だが忘れっぽく、記憶も知識も蓄積することがない。つまり、心も身体も決して成長することのない異質な存在であることがわかってくる。ピーターパンという他者に出会うことで、ウェンディは否応なく自分が成長していくことを思い知らされるのである。

子どもが他者に出会う場所

時に見知らぬ他者が侵入してくることがあるとしても、本来、子ども部屋は安全に守られた聖域である。子どもたちが異質な他者に出会うのは、多くの場合、この居心地のいい囲い込まれた空間の外、親元を離れ都会から田舎など馴染みのない場所へ行ったときである。イーディス・ネズビットの『砂の妖精』（一九〇二年）、メアリー・ノートン（Mary Norton, 1903-92）の『魔法のベッド南の島へ』（一九四三年）、C・S・ルイスの『ライオンと魔女』（一九五〇年）など、子どもたちが魔法的存在に出会うファンタジー作品の多くがこのパターンに当てはまる。日常を離れ、親の保護と束縛から解き放たれた子どもたちが異質な他者に出会うとき、胸躍る冒険が始まる。子どもたちの出会う〈他者〉は、『砂の妖精』のサミアドや『魔法のベッド南の島へ』のミス・プライスのように一見、子どもの味方のように思えるが、見方を変えれば、危険へと誘いこむ誘惑者でもある。疎開先のお屋敷の洋服ダンスの扉を通り抜けた先にある異世界ナルニアで、ルーシーが最初に出会うフォーンのタムナスもまさにそのような存在である。危険と隣り合わせの冒険の中で、子どもたちは初めて自分自身の力を試されるのである。

一方、労働者階級の子どもたちは、最初から、安全に守られた子ども部屋とは無縁の存在であり、大人に守られるどころか、残酷に搾取される対象であった。ディケンズの産み出した救貧院育ちのオリバー・ツイストは、窃盗団に誘拐されて、悪事の手先となるよう強要される。現実においても、例えばイギリスでは、一八〇二年、子どもの一日の労働時間を一二時間に制限する法律が出されているが、つまりは、幼い子どもがそれ以上の時間働かされることもざらであったということになる。体の小さな子どもが煙突掃除として過酷な労働を強いられていたことはよく知られている。シャーロット・ブロンテの『ジェーン・エア』(一八四七年)の中でも、劣悪な環境の慈善学校で、心ない大人たちに虐待される孤児の少女たちの姿が描かれている。他者としての大人は時に、弱い立場にある子どもにとって、この上なく恐ろしい迫害者となるのである。どんな大人に出会うかで、子どもの運命は大きく左右される。

自分という他者の発見

フィリパ・ピアスの『トムは真夜中の庭で』(一九五八年)の主人公トムは、弟のはしかが原因で預けられた親戚の家の裏庭で、ハティという〈他者〉と出会う。過去の時間の中に迷い込んだトムは影法師のような存在であり、トムとはちがう速度で成長していくハティとの交流の中で、むしろ自分こそがハティにとっての他者であることに気づかされる。大人になったハティに忘れられ、美しい庭園へ行くすべを失ったとき、トムは大きな衝撃を受けるが、現実の時間の中で年老いたハティに出会い、すべてを理解したとき、トムははるかに年上の大人と対等に向き合えるほ

図3　カニグズバーグ自身による『クローディアの秘密』のイラスト。フランクワイラー夫人とクローディアと弟

ど成長している。

アメリカのリアリズム作家カニグズバーグは、しばしば、自らの主人公たちに、親でも教師でもない大人との出会いを用意する。『クローディアの秘密』（一九六七年）、『Tバック戦争』（一九九三年）、『スカイラー通り一九番地』（二〇〇四年）などにその特徴が色濃くあらわれているが、養育・教育の義務でなく、たがいの人間性に惹かれ合うことで結びついた大人と子どもの関係は魅力的である。『クローディアの秘密』におけるクローディアとフランクワイラー夫人に見られるように、経験豊富な大人から子どもが一方的に影響を受けるのでなく、知らず知らずのうちにはるかに年上の相手にも大きな影響を与えながら、子どもたちは自己を確立させてゆく。

時計を持ったウサギを追いかけて不思議の国に迷い込んだ少女アリスは、次々に出会う異質な他者から「自分とは何か？」という難題を投げかけられて、答を出す暇もなくひたすら突き進んでいくしかなかった。現実の世界においても、子どもたちは様々な出会いを繰り返しながら、他者を意識することによって自分自身を知り、自分もまた相手にとって他者であることに気づいて成長し、世界を知るようになるのである。

（松本祐子）

38

子どもとエロス――人間存在の原点

図1　無垢を失い楽園を追われるアダムとイヴ

性的存在としての子ども

聖書の「創世記」は世界創造の神話的物語だが、アダムとイヴという無垢な子どもの誕生と死の物語でもある。さらにまた、聖の世界から俗なる世界へのイニシエーション物語としても読みうる。蛇の誘惑に屈した彼ら二人は禁断の木の実を食べたかと思うと目が開き、自分たちが裸であることに気づく。「創世記」はこのように、性的人間の誕生を描いているといえないだろうか。ある文芸雑誌の新春対談の冒頭、作家の安部公房（1924-93）が大江健三郎（1935-）に向かって「二〇世紀は性的人間の時代である」と語ったことを記憶している。ショッキングなこのような考えの原点は、タナトス（死）の対極を生と性、エロスへの衝動とする古代ギリシア・ローマの時代にあった。この発言にみられる知的人間と性的人間との二項対立の思考は、フロイト（Sigmund Freud, 1856-1939）が『精神分析学入門』（一九一七年）において人間の根源であるとするリビドー、つまり性的衝動を説き、幼児性欲説を提示したことで頂点に達する。

西洋の子ども観の変遷はアダムとイヴの無垢喪失の神話に始まるが、ルソーが『エミール』において自然から学ぶ子どもの姿に注目したとき、無垢な子ども像の復権への新しい展開を見せた。英国詩人ワーズワスが「子どもは大人の父である」とした一八世紀後半から一九世紀前半のロマン派の時代以降、子どもは無垢にして聖なる存在と見なされてきたが、フロイトは大胆にも性的人間の原点は子どもだと

図2　少女にエロスを見たナボコフ『ロリータ』のCDカバー

したのである。フロイトがパンドラの箱を開け、性を子どもの特性の一部として「幼児性欲」、リビドーに光を当てたとき、衝撃的な性的人間観の時代が幕を開ける。人間が性的存在だとしたら、その原点はエロス的存在としての子どもにあるとする考えの出現により、純粋無垢というロマン主義的な子ども観は存亡の危機に直面することになる。フロイト的視点からワーズワスの詩句を読み替えれば、子どもはまさしく大人の父であり母ということになるだろう。こうした子どもの存在、特に少女の存在は大人のイマジネーションを刺激し、数々の文学や絵画を生み出してきた。

ロリータ・コンプレックス

子どもと性、青い性といえば誰もが思い浮かべる一冊の小説がある。内容が猥褻だとして禁書扱いされたこともあるナボコフ（Vladimir Nabokov, 1899-1977）の『ロリータ』（一九五五年）のことだが、手記を残して死んだ中年男性は「ロリータ、わが命の光、わが情欲の炎」と語り、少女を聖女にして性女と神格化する。『少女コレクション序説』（一九八五年）を書いた澁澤龍彦（1928-87）は、ルイス・キャロルの『不思議の国のアリス』に「もっとも性的なものともっとも純潔なものとの秘密の共存」を認める発言をしている。

西欧の昔話にもロリータとの血縁を連想させる少女たちが登場する。ペロー童話やグリム童話で取り上げられる「眠れる森の美女」、「いばら姫」や「ラプンツェル」の主人公たちである。これらの少女たちの共通点を探すとすれば、それは例えばヒロインが塔の上に隔離されていたり、永い眠りについていたりして、現実の男女の性的関係とは無縁の世界で生きているということだろうか。そのような設定から、少女はしばしの間、男女が触れ合う現実から隔離されなければならないという考えが浮上してくるのである。

子どもを見る視点

二〇世紀の後半以降、子どもと子ども時代に再検討の視線が向けられるきっかけを作ったのは、アリエスの『〈子供〉の誕生』だった。彼は子どもという自明と思われていた存在が、実は近代家族の成立により見える存在になったと考えた。日本での子ども論のリーダー格となる著作は、文学における子どもを論じた川本三郎（1944-）の『走れナフタリン少年』（一九八一年）、日本の少女文化を見つめ直した本田和子（1931-）の『異文化としての子ども』（一九八二年）である。そのような動きにはずみをつけたのは、カヴニー（Peter James Coveney, 1924-2007）の『子どものイメージ――文学における「無垢」の変遷』（一九七九年）だったと思われる。しかしながら、日本でも英語圏でも、子どもとエロスといういわばタブーの観点からの本格的な検討はなされていないのが実情である。

子どもを描くのは文学だけではない。絵画や映画も子どもをクローズアップした。西欧で近代家族が成立したとされる一八世紀以降、子ども部屋が誕生し、家庭内でのシングル・セル化が進み、子どもが何を考え、何をしているのか、親が知らないのは当たり前という状況が生じた。「すそを引く」（一八六七年）と題されたアメリカの画家シーモア・ジョセフ・ガイ（Seymour Joseph Guy, 1824-1910）の絵は、屋根裏部屋の鏡の前で少女が若い女性へと変身する通過儀礼の現場を映し出し、無垢で無邪気な少女時代の終わりを暗示する。同じくアメリカのジョージ・ワシントン・マーク（George Washington Mark, 1795-1879）の「戸口から入ってくる少女」（一八四五年頃）は、背後の闇から家の居間に入ろうとする瞬間を捉え、大人の世界への扉を開ける姿が強調される。これら二枚の絵はありふれた日常の一コマを描きつつ、象徴的な意味の深化を許容するのである。

子ども・若者とエロス

子どもあるいは若者自身がエロスと向き合う姿を児童文学で扱うことは、長い間タブーとされてきた。その枷が外れるのが一九六〇年代末、思春期の若者が直面する問題をあつかったヤングアダルト文学が書かれ始めた頃である。愛し合うティーンエイジャーと、性に対する親のタブー意識が悲劇を招くエリア・カザン（Elia Kazan, 1909-2003）監督の映画『草原の輝き』（一九六一年）は、こうした流れを先取りしたといえるだろう。ヤングアダルト文学の先駆けといわれる『ライ麦畑でつかまえて』（一九五一年）においても、主人公のホールデンは友人たちの、また彼自身の性的関心と、それに向きあう戸惑いのようなものを不器用に吐露している。いわゆる児童文学では、ジュディ・ブルーム（Judy Blume, 1938-）が、思春期にさしかかった少女の身体の変化への関心を盛り込んだ『神さま、わたしマーガレットです』（一九七〇年）をはじめ、時に性の問題に大胆に切り込む作品を発表して、物議を醸しだすこともしばしばであったが、若い読者からは拍手で迎えられた。一方、シャロン・クリーチ（Sharon Creech, 1945-）の『めぐりめぐる月』（一九九四年）では、少女が少年とほのかな恋に目覚めることで、母を亡くした痛手から立ち直る兆しを見せる。まさに、冒頭で触れたタナトスに対するエロス、生きる活力の源としてのエロスが描かれているといっていいだろう。

（高田賢一）

図４　児童文学のタブーに切り込んだ，ブルーム『神さま，わたしマーガレットです』の原書表紙

図３　映画『草原の輝き』の DVD カバー

第6章

子どもとメディア

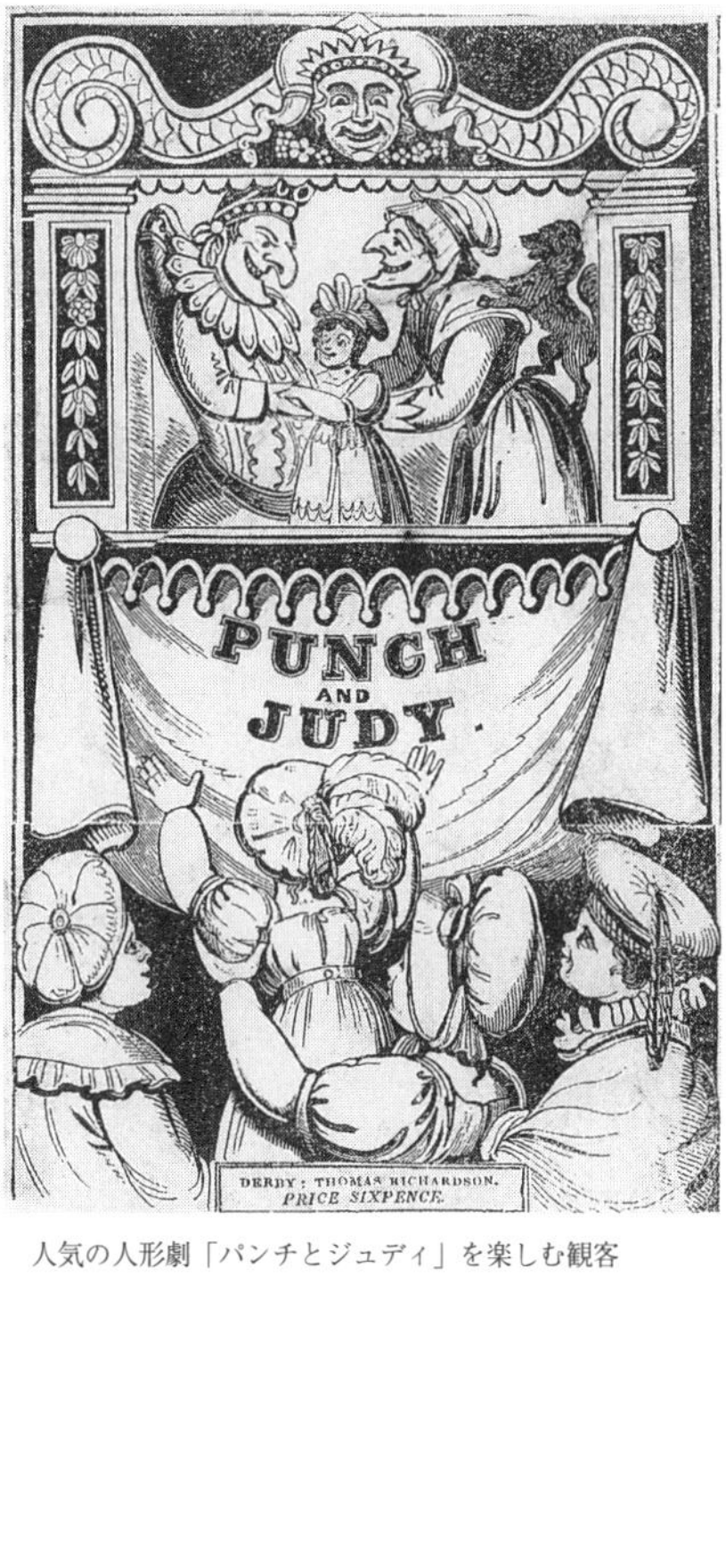

人気の人形劇「パンチとジュディ」を楽しむ観客

マンガからアニメーションへ

マンガからアニメーション、そして映画へと表現の場がひろがった背景には、テレビ、ラジオの普及があり、ゲーム機の発達にはコンピュータ技術の進歩が寄与しているように、子ども文化の多様化はメディアの発達が支えている。

アメリカにおけるマンガやアニメの起源は、一九世紀後半、新聞掲載のコミック・ストリップ（コマ割マンガ）で、たとえばディズニーアニメで人気を博した『リトル・ニモ』の初出は、『ニューヨーク・ヘラルド』誌（一九〇五～一四年）だ。一九二〇年代から三〇年代に入り、コミック・ストリップを雑誌にまとめたコミック・ブックが登場、その後、『スーパーマン』『バットマン』といったスーパーヒーローの登場を皮切りに、五〇年代前半まで「アメリカン・コミックの黄金時代」が続く。一方、映画界では、『花形ベティ』『ポパイ』でアニメーション映画の先駆者として名をはせていたフライシャー兄弟と入れ替わるように、ディズニーのアニメーション映画が圧倒的な人気を博していたのが三〇年代だった。世界初の音入りアニメーション『蒸気船ウィリー』（一九二九年）、総天然色長編アニメーション『白雪姫と七人の小人』（一九三七年）など、画期的な手法が積極的に取り入れられていた。しかし五〇年代後半、ディズニークラシックスと呼ばれる「昔話」や「児童文学」を原作とするアニメーションが中心となると、アニメーションの舞台は、映画からテレビへと移行する。MGM制作の『トムとジェリー』は、現在も再放送やリメイク版、DVDなどで根強い人気を保っている。このように、アニメーションの発達の影には、家庭へのテレビの浸透があるが、イギリスやアメリカの各家庭にテレビが普及される七〇年代までは、イギリスの『チルドレンズ・アワー』など、ラジオが子ども向け番組の制作を担っていた。

子どもの教育とメディア

そもそもイギリスでは、子ども視聴者を、未来を担う「シティズン」とみなしていたのに対し、アメリカでは大人同様「消費者」と捉えていたため、アメリカの子ども向けテレビ番組は、単なる娯楽のひとつと考えられていた。そこに登場したのが『セサミストリート』だ。番組に登場する数多くのマペットたちと、数字や言葉、日常生活のしつけ（歯磨き、着替えなど）を楽しみながら学ぶという、「教育番組」のはじまりとなった。番組に出演している子どもだけでなく、視聴者側の子どもたちも番組に参加している気分にさせたのが、番組の人気の秘密であり、テレビというメディアの特性が最大限に活かされている。

同様に、対人関係を築く妨げになるなど、時として社会問題の槍玉にあげられがちなゲームと子どもの関係も、ゲームの背景にある「物語性」や、友だちとの「コミュニケーションツール」と考えれば、その利点が浮かびあがる。「ドラゴンクエスト」「ファイナルファンタジー」に代表される、ＲＰＧと呼ばれるゲームソフトは、トールキンの『指輪物語』に影響を受けている。緻密な舞台設定、独特な世界観を理解した上で、子どもたちは様々な困難を乗り越えながら架空の冒険を体験する。もはや、ゲーム機で生きる力や知恵を学ぶことは、子どもたちにとって、読書体験と大差なくなっているのである。

また、児童劇の存在も忘れてはならない。フェアリーテイル、児童文学と幅広い題材を取り上げるイギリスの伝統的なクリスマスのエンターテインメントである、「パント」のように、子どもを楽しませるものと、彼らが演者になるものの二つに分けられる。感性を育むだけでなく、協調性・問題解決力の学びの場として、その教育上の可能性が改めて見直されている。

大人の視点からみた子ども

絵画に登場するのは、「大人の視点」からみた子どもの姿だ。そこには、子どもへの愛情と共に、時代背景、さらには子どもの負の側面も描かれており、よりリアルな子ども像であるともいえる。ミレイの『グレアム家の子どもたち』には、大人の縮小版ではない子どもの個性が豊かに描かれ、そこには一九世紀に誕生した新しい「子ども観」が反映されている。

一方、映画の中には、悩みながら成長する子どもの姿、等身大の子どもたちが登場する。『スタンド・バイ・ミー』には思春期特有の少年たちの姿が、『クレイマー、クレイマー』では離婚という家族崩壊に翻弄されながらも懸命に生きる健気な子どもの姿が描かれ、大人たちはそこに、現代の子どもの姿だけでなく、自分の子ども時代をも見出しているのだ。

（上原里佳）

39
マンガ――規制の歴史と多様化

図１　『アニー』（第52巻）

新聞マンガの誕生からアメリカン・コミックスの隆盛へ

アメリカにおけるコミック・ブックは、一九世紀後半の新聞紙上に掲載された初期のコミック・ストリップ（コマ割マンガ）から発展した。最初期の新聞マンガとしては、黄色いナイトシャツを着た、出っ歯の少年を主人公とする『イエロー・キッド』（一八九四〜九八年。『ホーガンズ・アレイ』から改題）が代表例としてあげられる。また、複数のアニメーション作品版でも有名な『リトル・ニモ』も、もともとはウィンザー・マッケイ（Winsor McCay, 1871-1934）による新聞連載マンガ（一九〇五〜一四年）が原作であり、『ニューヨーク・ヘラルド』誌を初出とする。

さらに一九二〇年代から三〇年代にかけて、新聞掲載のコミック・ストリップをパルプ雑誌に収録した初期のコミック・ブックが登場する。後に製作されたミュージカル版・映画版で有名になる『アニー』（一九二四〜二〇一〇年）は、ジェームス・ウィットコム・ライリーの短詩「アニー」（一八八五年）から着想を得たものであるが、ハロルド・グレイ（Harold Gray, 1894-1968）による新聞マンガとして開始以降、どんな困難時にも夢と希望を忘れない少女の冒険物語として、一九二〇年代後半から三〇年代にかけての時代を代表する作品として親しまれ、二〇一〇年六月一三日付掲載分で完結した。アメリカの新聞マンガは日本における事情とは異なり、特定の新聞に特定の一本のマンガのみが連載されるのではなく、シンジケートを通して、各新聞社に配信された複数のマンガ作品が掲載される。また、著作権が作者ではなく、出版社に帰属していることから、時代を超える長期連載が可能になっている。

一九三八年にジェリー・シーゲル（Jerry Siegel, 1914-96）およびジョー・シャスター（Joe Shuster, 1914-92）による世界最初のスーパーヒーローである『スーパーマン』が発表されたことを契機に、「アメリカン・コミックスの黄金時代」を迎える。ウォルト・ディズニー（Walt Disney, 1901-66）のキャラクターが活躍する「動物マンガ」、サイエンス・フィクション、西部劇物、ロマンス、風刺ユーモアマンガなどがサブジャンルとして現れ、一九五〇年代前半まで活況は続く。ここでは一般に「コミックス」と称される概念も含めて便宜上、「マンガ」として扱い、マンガ文化が成熟しているアメリカの事情について概観する。

図2　ワーサム『無垢なる者たちへの誘惑』の原書表紙

「コミックス・コード」の制定とアメリカン・コミックスの衰亡

一九四〇年代後半から五〇年代前半にかけて、コミックスの流行が少年非行の温床、学力低下や悪影響につながることを懸念する世論が高まり、「コミックス・コード」と呼ばれる規制が強まっていく。スーパーヒーローものの根底にサディズムと同性愛嗜好があると指摘した、精神科医フレデリック・ワーサムによる『無垢なる者たちへの誘惑——現代の子どもたちへのコミック・ブックの影響』（一九五四年）が火付け役となり、PTAや政治家主導によるコミックス規制の動きは出版禁止運動や焚書にまでエスカレートする。また、一九五〇年代後半以後、連続テレビシリーズ『スーパーマン』が人気を博した後に、各出版社は再びスーパーヒーローものの出版を試みることになる。中でも人間的な欠点や恐怖心、内なる悪の心を備え、口げんかをしたり、借金などの心配をしたりする、スーパーヒーローたちの人

図3　スピーゲルマン『マウス』の原書表紙

図4　〈クラッシクス・イラストレイテッド〉シリーズ『ハックルベリー・フィン』の原書表紙

間的な側面が強調されたことにより、スーパーヒーローを愛する子どもたちから、作品の深いテーマを楽しむ大学生へと受容層が広がっていった。一九六〇年代後半から七〇年代前半にかけて、アンダーグラウンド・コミックスの波が生じる。これらの、いわゆる「アングラマンガ」は、すでに確立されたアメリカン・コミックスの出版社とは無関係に出版され、その大部分が若者による当時のカウンター・カルチャーとドラッグ・カルチャーを反映していた。

いくつかのアメリカン・コミックスは社会的に認知されつつあり、父親の収容所体験を擬人化したネズミに託して描いたアート・スピーゲルマン（Art Spiegelman, 1948-）の『マウス——アウシュヴィッツを生きのびた父親の物語』（一九八六年）はピューリッツァ賞を受賞するなど高い評価を受けている。また、『Xメン』（二〇〇〇年）や『スパイダーマン』（二〇〇二・二〇一二年）のような、アメリカン・コミックスの古典的作品が近年、相次いで映画化されており、大人のみならず少年少女の新しい世代の観客をも巻き込んだブームが起きている。

グラフィック・ノヴェルの可能性とマンガ文化の多様化

児童文学文化の観点からは、〈クラッシクス・イラストレイテッド〉と称されるシリーズにより、『ロビンソン・クルーソー』『モヒカン族の最期』『白鯨』『ハックルベリー・フィンの冒険』などの世界文学をコミック・ブックに仕立てる企画の流行が大きな役割を果たしている。マンガの青少年に対する悪影響についての懸念が規制をもたらした一九四〇年代から七〇年代にかけて、計二〇〇点ほどのシリーズが刊行され（英国版も刊行）、現在も新版、復刻版の形で親しまれており、世界文学への誘いとして、マンガの教育的な効果を示した。同様に、高校生を描いた〈アー

図５　『アーチー』（第476巻）

図６　ヤン『アメリカン・ボーン・チャイニーズ』の原書表紙

チー〉（*Archie*）シリーズは、一九四一年に登場以降、現在もなお連載は継続しており、主人公の少年アーチー・アンドリュースを中心にした学園生活、とりわけ隣に住む金髪の女の子ベティとセクシーでお金持ちのヴェロニカという二人の女の子をめぐる三角関係の恋愛に焦点が当てられている。七〇年に及ぶ連載の中で新しい時代の要素を適度に反映させつつも、四〇年代からの保守的な価値観を保ち続けており、ダイジェスト版はスーパーマーケットの売り場をはじめ幅広く流布している。「健全な」少年少女向けマンガとして定評がある。

さらに近年では「グラフィック・ノヴェル」と称する新しいジャンルの隆盛が目を引く。一般に「グラフィック・ノヴェル」とは、長く複雑なストーリーを備えた、しばしば大人の読者が対象とされる、単行本形式のコミックスを指すとされているが、ヤングアダルト小説を読む年齢層とも重なり、児童文学の新しい形態としても注目されている。

中国系アメリカ人作家ジーン・ヤン（Gene Yang, 1973-）『アメリカン・ボーン・チャイニーズ』（二〇〇六年）が全米図書賞児童文学部門にノミネートされて話題を集めた。アジア系アメリカ人としてのアイデンティティの問題を基盤に据えた、三つの中編から構成されている作品である。すでに古典として位置づけられている『マウス』とともにグラフィック・ノヴェルの児童文学文化における新しい可能性を示している。また二一世紀以降、日本のマンガが急速に浸透しつつあり、世界中のマンガ文化、児童文化において大きな位置を占めつつある。

（中垣恒太郎）

40 アニメーション――グローバル化・無国籍化へ

ディズニーとアニメーション映画の黄金時代

アニメーション史上もっとも大きな転換点は、ウォルト・ディズニーの登場であり、一九二八年の『蒸気船ウィリー』は、前年に登場したばかりのトーキー導入を踏まえた、世界初の音入りアニメーション映画となった。それ以前からもディズニーは、ミッキー・マウスを用いた短編を製作していたが、配給会社に受け入れられずにいた。一九二七年にトーキー映画が公開されて以後、アニメーションにもトーキーの手法が有効ではないか、との発想に基づき、すでに無声映画として製作されていた『蒸気船ウィリー』を作り直すことにより、大ヒットを飛ばす。立体ではない絵に、三次元的な奥行を表現する効果を生み出す手法である「マルチプレーン・カメラ」を開発、その手法を導入した『風車小屋のシンフォニー』(一九三七年)にて、アカデミー賞短編アニメ部門・技術アニメ部門賞を受賞するなど技術面における革新を追求していくことで、さらに名声を高めていく。また、『白雪姫』(一九三七年)において史上初の総天然色長編アニメーション映画に挑戦し、芸術としてのアニメーション映画の評価を決定づける契機となった。

なお本項ではアニメーション文化・産業を主導したアメリカの事情を主として概観し、日本のアニメーションについては「アニメ」として扱う。

フライシャー兄弟――アニメーション産業の先駆者

一九三〇年代のアニメーション産業ではディズニーが圧倒的な成功をおさめてい

図１　フライシャー・スタジオによるベティ・ブープ

図２　『バッタ君町に行く』公開当時のポスター

たが、他の製作者も果敢に新しいアニメーション映画の技法を考案していた。初期ウォルト・ディズニー・カンパニーのもっとも重要な競争相手がフライシャー・スタジオのフライシャー兄弟（Max Fleischer, 1883-1972; Dave Fleischer, 1894-1979）であり、ベティ・ブープ（『花形ベティ』一九三二年）や、ポパイは一九三〇年代前半を代表するキャラクターとして人気を集めた。また、アメリカン・コミックスのスーパーヒーローを題材にした高品質な連作アニメーション短編『スーパーマン』（一九四一〜四三年）を送り出した功績でも知られる。

　フライシャー兄弟は、ディズニーのカラー映画よりも早く、一九三六年には『ポパイ』のテクニカラー短編『船乗りシンドバッド』を製作しており、その後も『ポパイのアリババ退治』（一九三七年）、『アラジンと魔法のランプ』（一九三九年）、『ガリバー旅行記』（一九三九年）、『バッタ君町に行く』（一九四一年）などを発表している。現在では高い評価を受けている『バッタ君町に行く』は公開当時、ディズニーによる『ダンボ』が数週間先行して公開され、大ヒットしていた事情や、公開直後に真珠湾攻撃などが起こった世相なども影響して興業的に大失敗し、フライシャー兄弟が自身のスタジオから解雇されてしまう契機となってしまった。一方で、後年にはとりわけこの作品の再評価が進み、キャラクターの人気も根強く、フライシャー兄弟を「アニメーション産業の先駆者」とみなす評価が定着している。中でも現在、世界中で高い人気と評価を得ているアニメ映画監督・宮崎駿（1941-）がアニメーターとしての修業時代において、この作品から多くの技術と活力を得たという経験から、二〇〇九年以降、三鷹の森ジブリ美術館配給による映画上映、ＤＶＤ発売を促し、世界初の長編ミュージカル・コメディ・アニメーションとしての『バッタ君町に行く』およびフライシャー兄弟の再評価を積極的に牽引している。

テレビ文化の誕生と「黄金時代」の終焉――『トムとジェリー』

ディズニー・カンパニーは一九五〇年代を通じて、『わんわん物語』『ピーター・パン』『101匹わんちゃん』『シンデレラ』『眠れる森の美女』など児童文学や昔話のアニメーション化を推し進め、安定した人気を誇る一方で、膨張する制作費などの問題から製作会社はアニメーション映画部門を縮小、撤退の動きを示していく。一九五〇年代後半以降は、テレビの普及により、ディズニーがアニメーション部門を縮小していく動きと前後して、MGMのテレビアニメーション『トムとジェリー』(一九四〇年〜)が新技法を駆使することで成功をおさめたことにより、アニメーション映画の黄金時代は終わりを告げ、アニメーションの中心はテレビに移行していった。

動きを簡略化しセル画の枚数を減らす表現手法である「リミテッド・アニメーション」は、以前であれば予算削減の苦肉の策でしかなかったものであるが、その手法を用いつつも、『トムとジェリー』は大衆的な人気を獲得したことにより、時代の転換は決定的なものとなった。日本においても、テレビアニメの草創期に、初めての国産テレビアニメ『鉄腕アトム』(一九六三〜六六年)において制作費や制作時間を削減するためにリミテッド・アニメーションの手法を採用し、その後、洗練された形で発展を遂げていったことから、日本アニメを代表する手法として定着することになる。

『トムとジェリー』は、一九三〇年代後半、すでに圧倒的な成功をおさめていたディズニー・アニメーションに対抗するべく、映画会社MGMがアニメーターのウィリアム・ハンナ(William Hanna, 1910-2001)、ジョセフ・バーベラ(Joseph Barbera, 1911-2006）に製作を依頼したことにより、誕生した作品である。体が大きく凶暴だが、おっちょこちょいで憎めないネコのトムと、体は小さいが頭脳明晰で、追いかけてくるトムをさらりとかわすネズミのジェリーとがくりひろげるドタバタ劇を真骨頂とする（現在も新作が製作され続けている）。

図３　『トムとジェリー　冬のお話編』（2006年）

アニメーションを取り巻く現況と展望

古典となるアメリカのアニメーション作品は、アニメーションのテレビ専門チャンネル、カートゥーンネットワークなどにより、現在も再放送、リメイク版の製作が進められている。「スーパーヒーローもの」や「懐かしいアニメーション作品」に特化した専門チャンネルを擁していること、日本のアニメを含む海外アニメーション作品をも扱っていることなどの特色がある。『スーパーマン』『スパイダーマン』『チャーリー・ブラウンとスヌーピー』『トムとジェリー』『ポパイ』『タンタンの冒険』『Hi Hi Puffy AmiYumi』に加えて、『りぼんの騎士』『マッハ GoGoGo』『みつばちマーヤの冒険』『ああっ女神さまっ』『カードキャプターさくら』などが並列して放映されており、外国のアニメーションは吹替によるものであるが、作品のグローバル化、無国籍化が進んでいる領域といえる。

中でも、『ポケモン』（『ポケットモンスター』）は一九九八年にアメリカでテレビアニメの放送および、ゲームソフトの発売が開始されて以降、世界各国で浸透し、日本のポピュラーカルチャーのグローバル流通、「クール・ジャパン」を代表する存在となった。また、この『ポケモン』に表れているように、今日の児童文化としてのアニメ（ーション）においては、ゲームソフトとの連動などメディアミックスと称されるマルチメディア展開に特徴がある。

（中垣恒太郎）

41

ラジオ／テレビ——メディアと子どもの百年間

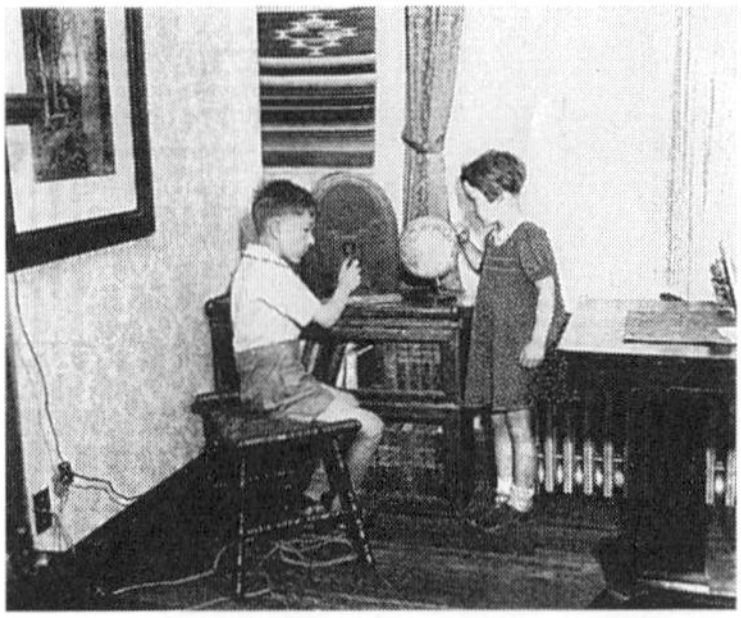

図1　ラジオを聞く子どもたち（1937年）

ラジオ放送と子ども

放送メディアは、現代の児童文化に大きな影響をもたらしたもののひとつである。中でも、約百年前に登場したラジオは長老的な存在であり、一方、二〇世紀後半に普及して以来、人々の生活の一部と化したテレビは王様のような存在だといえるだろう。では、まずラジオ放送の歴史を概観しよう。

本格的なラジオ放送が始まったのは、一九二〇年代初頭。第一次世界大戦が終結し、大衆消費社会の時代が到来したアメリカでのことであった。ラジオブームの火付け役となったのは、当時無線機器を製造していたウェスティングハウス社が創立したKDKA局である。KDKA局は、自社の受信機の普及を目指して受信料を無料とし、必要経費はスポンサーからの広告料でまかなう商業放送局であった。国内ではその後、数年のうちに新しい放送局が次々と立ちあげられ、受信機の売り上げも飛躍的にのびていく。こうしたアメリカでのラジオ放送の大成功を追うかのように、イギリスでは英国放送会社がラジオ放送を開始する。英国放送会社は、公共放送局である英国放送協会（以下BBC）の前身であった。

ラジオ放送はその後、一九三〇～四〇年代にかけて黄金期を迎える。その間に子ども向けの番組も数多く放送され、大勢の子どもリスナーを惹きつけた。当時は物語を聞きたがる子どもが多かったため、アメリカでは『スーパーマン』や『アニー』など、コミック作品に基づいた番組などが放送された。イギリスでも、BB

Cの子ども向け番組『チルドレンズ・アワー』で児童文学作品の『ツバメ号とアマゾン号』（一九三〇年）や、『ワーゼル・ガミッジ』（一九三六年）などが放送されていた。

『チルドレンズ・アワー』は長寿番組であったが、一九六四年に約四二年もの歴史に終止符を打つ。一九五〇〜六〇年代に、テレビ局が同時間帯に子ども向けの番組を放送するようになり、リスナーがそちらに流れたためである。BBCは、『チルドレンズ・アワー』に相当するテレビ番組も制作した。アメリカでも、ラジオの人気番組が、テレビに引越しをしている。こうして、ラジオ放送はテレビが出現すると大きな転換点を迎えることとなった。今では、ラジオで音楽を楽しむ子どもが多い。

テレビ放送と子ども

テレビ放送は、イギリスでもアメリカでも一九三〇年代には始まっていたが、テレビが普及しはじめるのは第二次世界大戦後であり、ほとんどの家庭にテレビが置かれるようになるのは、一九六〇年代半ば以後のことであった。

テレビが普及すると、子どもが最も時間を費やすメディアがラジオからテレビへと変化する。子どもがテレビを視聴する時間は、チャンネルの数や子ども向けの番組が増えるのに従って増加した。二〇〇〇年代の調査によると、アメリカの子どもは一日約三時間、イギリスの子どもは約二時間半テレビを視聴するという。この数字からも、テレビが子どもの生活にしっかり根づいていることがわかる。

では、子どもたちはどのような番組を見てきたのだろうか。

イギリスとアメリカとでは、ラジオ放送の土台を築いた放送局の事業形態が違っ

図2 『セサミストリート』の出演者たちと子どもたち

ていたため、イギリスでは子ども視聴者を未来の「シティズン（市民）」とみなす一方、アメリカでは子ども視聴者を未来、または、現在の「消費者」としてみなす傾向があった。この差は、子ども向けの番組の内容に影響を与えた。イギリスのBBCは、かつてより子どもに向けて多様な番組を届けることを目指してきたので、当初から、子ども向けのバラエティ形式の番組もあれば子ども向けのニュース番組もあったのだが、アメリカでははじめ商業主義に傾いた発想のもとに番組が構成されていたのである。アメリカでは、一九五〇年前後に、教育番組を放送することを目的とした、営利を追求しないチャンネルは不要だという議論も巻き起こっている。だが、連邦通信委員会の委員の働きかけなどにより、やがてアメリカでも非営利の教育番組が作られるようになった。こうして、アメリカの子ども向けの番組も次第に幅の広さを獲得していった。

そんな中で登場したのが『セサミストリート』である。この番組は、幼児教育に対する関心が高まっていた頃に生まれ、教育者や調査研究員、そして製作者が協力体制を組んで内容を構想するという革新的な手法によって作られた。一九六九年から放送が開始された『セサミストリート』は大成功をおさめ、教育番組のモデルとなると同時に、世界の他の国々でも放送されるようにもなった。『セサミストリート』は、テレビが教育を実践できることを示したが放送メディアが視聴者に与える影響については、当初からずいぶん議論されてきた。

子どもとラジオ・テレビをめぐる議論

大人は、新たなメディアが登場するたびに、それが子どもに悪影響をもたらすのではないかと心配をする。そんな中にあって、ラジオは他の電子メディアと比較すると問題視されることが少なかったといえる。一方、テレビについての議論は英米で活発に行われてきた。その内容は、テレビで放映される暴力シーンや性的な描写が子どもに悪影響を及ぼすのではないか、テレビを視聴するのは受動的な行為で、子どもの能動性が失われるのではないか、などと多岐に及ぶ。ラジオの放送内容を理解するには、ことばを習得しなければならない。だが、テレビの放送する映像は、まだことばを獲得していない幼児にも認識できる。この違いが、ラジオとテレビに対する大人の反応の差を生みだすのだろう。

　このような心配をする大人たちは、子どもがテレビでどのような番組を見ているかを把握する必要性を感じてきたのだが、それも難しくなってしまった。英米では子ども部屋にテレビを置くようになったからである。

　ただし、英語圏ではメディア・リテラシーが注目されるようになって久しい。メディア・リテラシーとは、メディアが発信する情報を批判的に読み解き、メディアを使って表現していく能力のことを指す。この能力を養う授業が英米やカナダで実践されているのである。メディア教育により、情報に対して主体的な判断ができる子どもが増えれば、大人の心配事も減っていくのかもしれない。

　英米で大衆向けのラジオ放送が開始されてから、百年弱。今や子どもは、情報を「主体的に読み解く」ことのできる存在として育てられようとしている。今後も、変わりゆく文化と相まって、子どもとメディアのあり方は変化し続けていくのだろう。

（金子真奈美）

42

ゲーム機——物語を遊ぶ子どもたち

『指輪物語』を受け継ぐゲーム

子どもたちの遊びの大きな部分を占めるコンピューターゲームの発展の基礎を築いたのはアメリカと日本である。ゲームソフトの中でも「ドラゴンクエスト（DQ）」、「ファイナルファンタジー（FF）」などのRPG（ロール〔役割〕をプレイするゲームという意味）が、ゲームの発展に大きな役割を果たしたが、これらはイギリスの作家J・R・R・トールキンの『指輪物語』（一九五四～五五年）をルーツとしている。この他にもウォーゲーム、(1) TRPG（テーブルトークRPG）、(2) コンピューターの普及といった、いくつもの要素が交差している。

このTRPGの誕生に一役買ったのがゲームデザイナーのゲイリー・ガイギャックス（Ernest Gary Gygax, 1938-2008）とその仲間で、一九六五年にアメリカでペーパーバックが発売され爆発的にヒットした『指輪物語』とRPGの二つを結びつけて、一九七一年にTRPGを考案した。TRPGとは会話によって成り立つRPGで、ガイギャックスらはウォーゲームの設定に、『指輪物語』を構成する主要な要素である、仲間との冒険、洞窟探索、竜倒しの筋を取り入れ、さらに進行役の存在を加味して、紙面上で行うゲームを作り上げたのである。ゲームは中世の架空世界を舞台とし、ウォーゲームの戦隊に代わって、魔法使い、戦士、エルフ、盗賊等が戦う。そもそも『指輪物語』は、地理や言語、歴史、世界観を設定したうえで書かれた作品で、設定があって遊びが成立するチェスのようなボードゲームの性質と近

(1) ウォーゲーム（ドイツ）は1800年代に流行したミニチュア・フィギュアを使った将棋に似た戦闘シミュレーションゲームで，1970年代，アメリカで再流行した。

(2) TRPGは進行役がプロットと背景などの設定を提供，参加者は設定した役になり情報を集め，会話により筋を進行，紙と鉛筆とサイコロを用いる。

図1　ルーツとなったトールキンの作品

図2　*Project X: Computer Games* 表紙（ゲームで遊ぶ子ども）

似していることが、ＴＲＰＧ成立の大きな要因である。このゲームは、『Ｄ＆Ｄダンジョンズ＆ドラゴンズ基本ルールブック』（一九七四年）が出版されると、アメリカで急速に広がった。

紙面上のゲームからコンピューターゲームへ

遡ってゲーム機の始まりは、一九五八年にアメリカで作られた「ビデオテニス」というコンピューターゲームであった。その後、シューティング（インベーダゲーム等）から格闘技風アクションまで、様々なゲームがゲームセンター等に設置されるようになる。コンピューターＲＰＧゲームの始まりは、ガイギャックスの住む地域（マサチューセッツ州）に多かったプログラマーたちが、ＴＲＰＧがコンピュータープログラミングと似ていることに気づき、コンピューターに移植したことが元である。こうして、家庭用ゲーム機ポン（一九七五年、米国アタリ社）がブームとなったが、アタリ社の株価下落の危機（アタリショック）以降、ファミコンとして知られる任天堂のファミリーコンピューター（一九八三年）が、その後一〇年間にわたり世界を席巻した。スーパーファミコン、プレイステーション（ソニー）等ゲーム機の発展と共に、ＲＰＧゲームは子どもたちの遊びとして浸透。携帯ゲーム機（ゲームボーイ、ＤＳ、ＰＳＰ等）が娯楽の筆頭となり、自室に籠ってテレビ画面と向き合うだけに思えたゲームは、友だちどうしが持ち寄って遊ぶコミュニケーションツールへと変化した。子どもたちはゲームを、友情を育む場として使いこなすようになったのである。

様々なコンピューターゲームの形

初期のコンピューターＴＲＰＧゲームには、迷路のような洞窟《ダンジョン》探索が特徴の

「Wizardry」や、大陸を歩き回るお話の要素を持つ「Ultima」がある。中村光一、堀井雄二の二人はアメリカのコンピューターゲームの複雑さを廃し、誰でも遊べるRPGを目指して、死んだキャラクターが復活できるシステムの工夫や、単純な操作で遊べるコントローラの利便性を活用することによって、「DQⅠ」（一九八六年）を誕生させた。「DQⅢ」（一九八八年）は三五〇万本を売り上げ、これにより「ファンタジー＝剣と魔法とドラゴンのお話」というイメージが一般にも浸透し、ファンタジー概念の塗り替えと普遍化が行われた（中村一郎『ファンタジーのつくり方』二〇〇四年）。

イギリス発の物語を下敷きにアメリカで生まれたコンピューターゲームは、日本の技術によってさらに遊びやすくなり、日本はゲーム大国と呼ばれるようになる。日本製のゲーム「DQ」「FF」「ポケットモンスター」（一九九六年）等は瞬く間に広がり、世界中の子どもたちに受け入れられていく。北米やヨーロッパでは「DQ」「FF」と共に、「ポケットモンスター」や、ディズニーキャラクターが演じるRPG「キングダムハーツⅡ」（二〇〇五年）の人気が高い(3)。

これらのRPGゲームは、経験の少ない主人公が多くの援助を得て冒険を繰り広げ、試練の末、勇者となり世界を救うといった構造で、昔話、伝説とよく似ているため、子どもたちは物語を読むのと同じようにゲーム機でファンタジーを体験する。

RPGゲームは二〇～三〇時間かけて終了するよう作られ、主人公の冒険を一歩一歩たどる。紙媒体の読書とは違うように見受けられるが「DQ」、「FF」も文学であり（甲木義久『季刊ぱろる』所収、一九九五年）、ゲーム世界を生きることは読書体験、昔話を聞く体験同様、物語を生きることとなる。子どもたちはコントローラ

(3) モンスターを持ち運び育成する「ポケットモンスター」は，「虫採り少年の世界観」（中沢新一，1997年）があると言われる。蒐集，交換を楽しむトランプ風のカードゲーム，マジックザギャザリング（1993年）は日本で「ポケモンカード」（任天堂，1996年）となり，世界に逆発信された。印刷媒体での携帯ゲームで，ゲーム機とは別のファン層を獲得。「遊☆戯☆王」（コナミ，1999年）も同様。

で物語を読んでいるのであり、それは子どもたちの生きる力の源となっているといえるのだろう。

ＴＲＰＧの方は、さらに多くの時間をかけてお話を紡ぐもので、そのゲームを遊ぶ場面を会話口調も残したまま再現する「リプレイ」と呼ばれる小説も誕生している。

派生して起こる問題

英米ではネットワークを介し同時に同じ物語を共有するオンラインゲームが一般化し、その普及率が高い。韓国はオンラインゲーム大国と呼ばれているが、韓国発信のゲームを考案しているのはイギリス人が多い。チャット機能のゲームが増えるとともに、これらのゲームは子どもの遊びから大人へと拡大し、それと同時にオンライン依存症、ネトゲ（ネットゲーム）廃人といった用語さえ生まれた。

一九八〇年から九〇年代は、悪影響論が盛んな時代(4)であった。眼精疲労、身体能力減退、社会性の欠如等が危惧され、少年犯罪原因の一つとしてゲームの存在が指摘され、ゲーム脳論（森昭雄、二〇〇二年）も論じられたが(5)、ゲームでむしろ攻撃性が治まる傾向も指摘され（坂元章『メディアと人間の発達』二〇〇四年）、ゲーム＝弊害とする見方に偏ることは減少した。協力型のゲームも増え、ゲームは交流を楽しむ方向へと変化し、昔話、伝説と近似の物語から子どもは力をもらっている。

ゲームによる社会的不適応の問題は、日本や韓国では子どもよりむしろ大人社会の問題になっているが、欧米ではさほど深刻化していないようだ。

（神戸洋子）

(4)「ＤＱⅢ」の発売時購入のため学校を休んだ小学生の問題（1988年），ゲーム中の14歳の少年のてんかん発作（イギリス，1992年），テレビ番組ポケモン視聴中の明滅過敏症（1997年）等の報告がある。

(5) 森昭雄は『ゲーム脳の恐怖』（2002年）の中で，ゲーム時間が長いとβ波が減少し前頭前野機能低下が日常化すると論じた。

図３　ポケットモンスター「不思議のダンジョン」データブック（米国版）

43

絵の中の子ども——画家が捉えた永遠の子ども

図1　レノルズ画「〈冬〉のレディ・カロライン・スコット」（1776年）

イギリス絵画の子どもたち

イギリス絵画を概観すると、絵画の中に描かれる子どもたちは、王族や貴族などの子弟であることもあれば、画家自身の子ども、甥や姪、孫などの親族であることもある。後者の場合、児童文学作品が、作家自身の子どもや親しい子どもを主人公にするのと同様に、身近なものへの深い愛情が創作のきっかけとなるのだろう。

『美術における子どもの生活』（一八九八年）の著者エステル・M・ハール（Estelle May Hurll, 1863-1924）が、子どもを描かせることにおいて、イギリスだけでなく世界に誇れる画家の第一人者としてあげているのは、ジョシュア・レノルズ（Joshua Reynolds, 1723-92）である。レノルズ自身は独身であったものの、子どもたちの信頼を得ることに優れ、彼のスタジオは、子どもたちの笑い声に包まれていたという。冬景色の中で頬を真っ赤にしてまっすぐこちらを見つめる少女を描いた「〈冬〉のレディ・カロライン・スコット」（一七七六年）は、〈冬〉を擬人化した絵でもあるが、それよりも、三歳の子どもの生き生きとした肖像画として見る者を強くひきつける。

同時代のトマス・ゲインズバラ（Thomas Gainsborough, 1727-88）や、少しあとのトマス・ロレンス（Thomas Lawrence, 1769-1830）も、生き生きとした子どもの表情を伝えている。ゲインズバラは自分の娘たちをモデルにした「画家の娘たちと猫」（一七六〇年頃）で、気取った肖像ではなく日常の表情を伝えることを試みている。

図3　ホガース画「グレアム家の子どもたち」(1742年)

図2　ゲインズバラ画「画家の娘たちと猫」(1760年頃)

いずれの画家の絵においても、見る者の目を捉えるのは、描かれた子どもたちの目である。今にもまばたきしそうな目、笑う目、訴える目、のぞき込む目。次に魅かれるのは、子どもたちの手である。時には両手を組んで、時には片手を挙げて。描かれた子どもたちの手は、生命力にあふれている。だが、身体の部分ではなく、描かれた子どもたちの服装や姿勢に着目する批評家もいる。

ウィリアム・ホガースの「グレアム家の子どもたち」

『不思議の国をつくる』（一九九五年）のジャッキー・ヴォルシュレガー（Jackie Wullschläger, 1962-）は、第一章で、一八世紀の画家ウィリアム・ホガース（William Hogarth, 1697-1764）の絵と、一九世紀の画家ジョン・エヴェレット・ミレイ（John Everett Millais, 1829-96）の絵とを比較している。ヴォルシュレガーによると、一八世紀のホガースの「グレアム家の子どもたち」（一七四二年）では、子どもたちは大人の衣装の縮小版を身につけ、端正な姿勢を崩さない。それに対して、一九世紀は、「子ども」というものが大人のミニチュア版ではなく、別個の存在であることを初めて認識した時代であり、絵画でも子どもらしい関心ごとに熱中する子どもを讃えるようになり、ミレイの絵では、子どもの衣服や髪が乱れたり、行儀が悪かったりすることもあると指摘する。確かに服装に着目すると、ホガースの絵では、子どもの衣服は胴をしぼった大人の衣服のミニチュア版である。ミレイの絵では、もっとゆったりとした、子どもの体型に合わせたものになっている。しかし、服装だけではなく、子どもたちの表情にも注目してみよう。

「グレアム家の子どもたち」では、服装の点では子どもたちは大人のミニチュア版だが、個々の表情に注目すると、それは明らかに大人の縮小版ではない。ホガー

図4　ミレイ画「シャボン玉」(1886年)

スは、いかにも子どもらしい生き生きした瞬間を捉えている。姉が持つさくらんぼを、手を伸ばして熱心に見つめる二歳位の女の子、鳥かごの中の羽ばたく鳥を笑いながら見上げる男の子、スカートをつまみながらうれしそうにほほ笑む女の子など、どれも、大人の表情とは異なる、それぞれの個性が光る一瞬である。一七世紀のファン＝ダイク（Anthony Van Dyck, 1599-1641）の王室の子どもたちの肖像画の、端正なたたずまいの子ども像、身分にふさわしい理想的な子ども像と比較してみよう。ホガースの絵は、大人風の衣服を身につけた裕福な家庭の肖像画であるが、表情としぐさにおいて、各人の子どもらしい特徴を捉えている。

ミレイとサージャントが描く子どもたち

ヴィクトリア朝に肖像画家として人気を博したミレイは、子どもの絵も数多く描いた。自身の子どもたちをモデルにした絵もあるが、孫を描いた「シャボン玉」（一八八六年）では、金髪の巻き毛の男の子が、大きなシャボン玉を見上げている姿が描かれている。この絵はピアーズ石鹸会社の広告として使われ、広く親しまれた。このあどけない男の子が、後に、海軍大将として活躍したという後日談まである。

ミレイは、裕福で幸福な子どもたちの姿を描き続けただけではない。彼は、ヴィクトリア朝社会の周縁に生きる子どもたちにも目を向けている。「盲目の少女」（一八五六年）では、盲目の少女が、楽器を膝のうえに置き、虹のかかった空を背景に草原に座っている。黄金色に輝く草原、虹のかかる暗い空、少女の赤い服のコントラストがまぶしいが、これは少女の心の目に映った風景なのかもしれない。

また、一五世紀のエドワード四世の悲劇の王子たちを描いた「ロンドン塔の王子たち」（一八七八年）や、エリザベス朝に探検家として活躍したウォルター・ロー

図5　サージャント画「カーネーション，ユリ，ユリ，バラ」（1885-86年）

リーの少年時代を描いた「ローリーの少年時代」（一八七〇年）など、歴史上有名な人物の子ども時代を想像して描いた絵もある。これらはあくまでも画家が歴史上の人物の、想像上の一場面を描いたものだが、それだけに物語性に富み、見る者に強い印象を残す。ミレイは、ヴィクトリア朝だけでなく、いろいろな時代に生きる子どもたちの姿を、物語的時間の中に描くことに優れた画家である。

英米で活躍したアメリカ人画家ジョン・シンガー・サージャント（John Singer Sargent, 1856-1925）も、肖像画家として人気を博した。膨大な人物画を残したが、その中でも、風変わりな構図の中に四人の少女を配した「エドワード・D・ボイトの娘たち」（一八八二年）や、夕暮れ時、咲き乱れる花の中で提灯に明かりをともす二人の少女を描いた「カーネーション、ユリ、ユリ、バラ」（一八八五～八六年）は、光と影の効果的なコントラストもあいまって、少女たちが風景の中に浮かび上がり、あるいは溶け込み、子ども時代だけが持つ無垢な空間を映し取っている。

絵の中の子ども

画家が子どもを描くとき、描かれた子どもの姿は、ある一瞬を捉えたものである。しかし、切り取られたその瞬間は、永遠の子ども像として残る。ハールは、優れた子どもの絵に対する反応のひとつとして、絵を見たある母親が、「何て、うちの子に似ているのかしら」と叫ぶ例を挙げているが、優れた絵画とは、ひとりの子どもを描きながら、同時に、普遍的な子ども像を映し出したものでもある。たとえ描かれた本人が、大人になって軍人として功績をあげ、のちに死を迎えたとしても、シャボン玉を吹いている男の子の姿は、永遠の子ども像としてキャンバスに残るだろう。

（夏目康子）

44

映画の中の子ども——純真無垢から等身大へ

図1　映画『農園の寵児』の DVD カバー

第二次世界大戦以前

新しい見世物、興行として、アメリカで急速にサイレント映画が普及してゆく中で、いたいけな子どもをテーマに取り上げることは、当時から広く行われていた。子どもの誘拐と救出を描く『ドリーの冒険』（一九〇八年）のほか、少女小説を原作とする『足ながおじさん』（一九一九年）、『青春の夢』（一九二〇年、原作邦題は『少女パレアナ』）などが有名である。児童文学を映画化する試みは現在にいたるまで、とぎれることなく行われており、原作のアレンジのされ方も異なることから、原作のある映画とオリジナルの区別を、あえてたてる必要はないように思われる。

子どもを描いた最初の長編映画は、浮浪者と捨て子の交情を描いた『キッド』（一九二一年）である。主演のジャッキー・クーガンが人気を博し、彼を起用した『オリバー・ツイスト』（一九二二年）に続いて、子役中心の時代が始まってゆく。

一九二七年のトーキー出現で、映画は新しい観客層を獲得する。大恐慌時代の波がひいてゆく中で、まわりの大人の頑迷さを打ち破り、人々を融和させる力をもった理想的な子ども像が、名作児童文学の映画化ラッシュによって強化されていった。『不思議の国のアリス』（一九三三年）、『若草物語』（一九三三年）、『宝島』（一九三四年）、『デイヴィッド・コッパーフィールド』（一九三五年）、『小公子』（一九三六年）、『さらわれたデーヴィッド』（一九三八年）、『農園の寵児』（一九三八年、原作邦題は『少女レベッカ』）、『オズの魔法使』（一九三九年）、といった具合である。『テンプルち

図２　映画『テンプルちゃんの小公女』の DVD カバー

ゃんの小公女』（一九三九年）などで活躍した、シャーリー・テンプルという一世を風靡した名子役の存在も大きい。子役人気の背景には、「ディック・トレーシー」「フラッシュ・ゴードン」など子ども向けのラジオ番組が多く作られ、子どもが観客として意識されるようになった事情もある。

持ち前の明るさでまわりの人々を幸福にする子どもというイメージは、優れた子役の人気に支えられ、第二次世界大戦まで持続する。

第二次世界大戦以後

終戦とともに、子役を囲いこむスタジオ制度が崩壊し、子役の時代は終わりを告げる。さらにＴＶの出現と普及により、これまでのようなファミリー映画的な内容は、劇場に足を運ぶまでもなく、家庭で楽しめるものとなった。

それに代わって出現したのが、動物と子どもの交流を描いた映画で、このテーマも現代にいたるまで多くの子どもに好まれている。『ジャングル・ブック』（一九四二年）、『黒馬物語』（一九四六年）、『子鹿物語』（一九四六年）などのほか、ディズニーも、『黄色い老犬』（一九五八年）、サーカスの曲馬乗りの少年を描いた『トビー・タイラー』（一九六〇年）などの実写映画で、これらに参入する。

しかし一九六〇年代に入ると、戦前から続いていた、無垢な子どもの聖性を賛美する姿勢が徐々に崩れてゆく。この背景には家庭像の変化がある。例えばディズニー制作の『メリー・ポピンズ』（一九六四年）では、原作でほとんど脇に追いやられていた両親が大きな役割を占める。婦人参政権運動のデモに行く母親、企業の論理に追い詰められる父親の姿が印象的であり、原作でメアリー・ポピンズと子どもたちを囲い込んで閉じられていた魔法の円よりもむしろ、家族の現実の絆のほうに

図3　映画『カーリー・スー』のDVDカバー

重心が移り、子どもたちと肌をあげる父親の姿がクローズアップされるラストでは、それと対照的に役割を終えたかたちで、メアリー・ポピンズが去ってゆく。

現実の家庭を襲う荒波に対しては、映画の中の子どもも超然としてはいられず、純粋で万能の子ども像は、等身大の子どものスケッチへと移行してゆく。

七〇年代に入ると、特筆すべき新たな子ども像が出現する。型破り、異形、魔性としてのデモーニッシュな子どもだ。一応の安定をみた社会情勢の中、そこに風穴を開ける存在として、『ペーパームーン』（一九七三年）では早熟な子どもが、『オーメン』（一九七六年）ではモンスターとしての子どもが、『キャリー』（一九七七年）では思春期の不安定な起爆力を備えた子どもが登場する。『キャリー』に続いて、『シャイニング』（一九八〇年）、『スタンド・バイ・ミー』（一九八六年）など、スティーヴン・キングの小説が、映画に多くの原作を提供してゆく時代でもある。

八〇年代に入ると、離婚による家族の崩壊、価値の多様化に伴い、揺れ動く社会に翻弄される受難者としての無垢な子ども像の復活が見られる。『クレイマー、クレイマー』（一九八〇年）は離婚と父子家庭を描いて大きな話題になったが、ここでの子どもはもはや両親のかすがいになることも、亀裂を修復する力を持つこともない。家族を必要とする等身大の子どもであり、しかしながらその純真さで観客の心をひきつける。スピルバーグ（Steven Allan Spielberg, 1946- ）が『未知との遭遇』（一九七七年）など一連のSFもので描いた子どもも、異常な事件に遭遇しつつも、あくまで家族に守られる中で、子どもらしい好奇心や大胆さを発揮してゆく。大ヒットしたホーム・コメディ『ホームアローン』（一九九一年）、浮浪児と育ての親の絆を描く『カーリー・スー』（一九九一年）、葬儀屋の父親と娘を描く『マイ・ガー

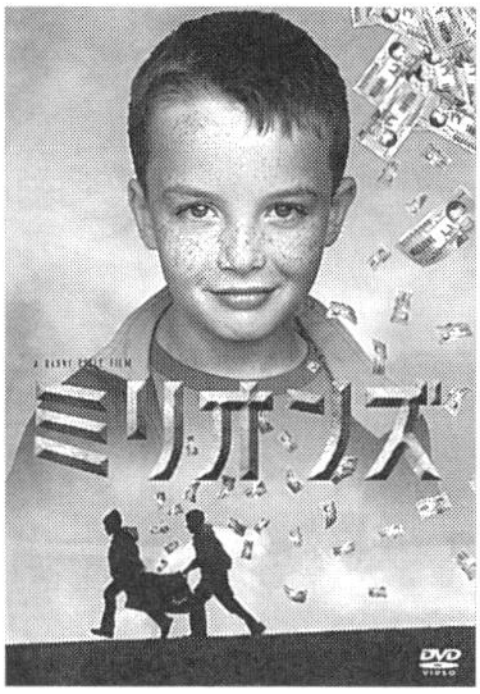

図４　映画『ミリオンズ』の DVD カバー

図５　映画『ハリー・ポッター』の DVD カバー

ル』（一九九一年）など、この時期の映画の中の子どもは、子役中心の時代のようなカリスマ性を発揮することはないが、大人に寄り添い、大人に様々なことを気づかせる存在として光を放つ。

九〇年代後半あたりからは、子どもに潜む不思議な力が、今度はプラスの形で再浮上する。『シックス・センス』（一九九九年）から『ミリオンズ』（二〇〇四年）、『ポビーとディンガン』（二〇〇五年）、『エアベンダー』（二〇一〇年）にいたるまで、超能力を備えた子どもの系譜は、〈ハリー・ポッター〉シリーズなど児童文学長編ファンタジーの隆盛にも支えられて、スクリーンからとぎれることがない。

特撮技術とファンタジー映画のリメイク

二〇〇一年の『ハリー・ポッター』映画シリーズの幕開けとともに、堰を切ったように、『ロード・オブ・ザ・リング』（二〇〇一〜〇三年）、『ナルニア国ものがたり』（二〇〇五年〜）など、古典的ファンタジーの実写映画化及びリメイクが続いた。『ピーターパン』（二〇〇三年）は特撮技術を駆使して、主人公の飛行と海賊との戦いを迫真的に描きだし、『ライオンと魔女』（二〇〇五年）は、かつてのＢＢＣの映像ではアニメとの合成でしか表現できなかった合戦場面を真正面からリアルに描いた。『チャーリーとチョコレート工場』（二〇〇五年）は、カラフルな夢の工場の仕掛けと、そこに呑みこまれる子どもたちの受難を、痛烈なＣＧ画像で描きだす。

これらの作品では、子どもの目線から描いた原作ではさらりと流されていた残酷な描写が、すべてを大人の強靭な視覚を通して描きだそうとする意図によって補完・強調される。この生々しさが観客の年齢層を広げるとともに、視覚的表現への傾斜というフィードバックを、児童文学のほうにもたらしつつある。（井辻朱美）

45

歌の中の子ども――大人の心を映す鏡

図１　ロージーと仲間たち

「元気」の発信者としての子ども

英米の伝承童謡を集めた「マザーグース」には、日本でもよく知られている「メリーさんの羊」を初めとして、子どもが出てくる歌がいろいろあるが、押韻や言葉遊びに重点が置かれ、登場する子ども像は単純で、例えば「お嬢ちゃん、お嬢ちゃん、どこへ行っていたの？　女王様にあげるバラを摘みに。お嬢ちゃん、お嬢ちゃん、何をもらったの？　私の靴ほど大きなダイヤモンドを」といった具合である。

二〇世紀に入ると、歌の中の子どもがメッセージ性を帯びるようになる。「パフ、不思議な竜」（一九六三年）はアメリカのフォークグループ、ピーター・ポール＆マリー（Peter Yarrow, 1938-; Noel Paul Stookey, 1937-; Mary Travers, 1936-2009）のヒット曲で、ジャッキー・ペーパーという子どもとパフという竜の交流を歌ったものだ。パフの元を訪れて仲良く遊んでいたジャッキーも、いつしか子ども時代を卒業して疎遠になり、パフは友だちを失った悲しみから洞穴にこもってしまう。この歌は、誰もが大人になる定めであるという内容だが、パフに楽しみや喜びを与えた、子どもの持つ力を描いたものと解釈することもできる。

絵本作家モーリス・センダックは、不遇の時代によく近所の子どもたちをスケッチしたが、その中の一人の女の子が、後に彼の絵本『ロージーちゃんのひみつ』（一九六〇年）の主人公となり、さらに他の四冊の絵本の内容と合わせて制作したテレビのアニメ・スペシャル番組『ナットシェルの子どもたちが演じる「本当にロー

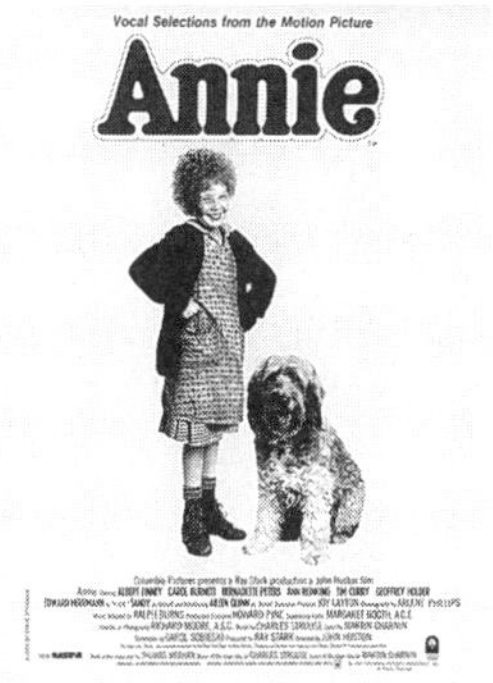

図2　楽譜『アニー』の表紙

ジー』（一九七五年）の中で、近所の子どもたち（とワニ）の劇遊びのリーダーとして活躍する。劇遊びの中で歌われる曲は、センダックが作詞、ロックミュージシャンのキャロル・キング（Carole King, 1942-）が作曲した。表情豊かに描かれる子どもたちは、歌を歌ったり聞いたりして、想像の世界を旅する。そして、女優気取りで、赤いロングドレスと羽が付いたつば広の帽子を身につけたロージーが、その旅の案内役としていつも中心にいる。

『アニー』は、ハロルド・グレー（Harold Gray, 1894-1968）の漫画（一九二四年より新聞連載）が原作のミュージカルである。ブロードウェーでの初めての公演は、一九七七年のトニー賞で七部門の受賞を果たした。その後、現在にいたるまで世界各地で何度も上演されており、ミュージカル映画も作られた。孤児院の過酷な生活に負けず、たくましく生きるアニーが、大富豪の家でクリスマス休暇を過ごす子どもとして選ばれ、その前向きで明るい性格が、仕事にしか興味がなかった彼の心を動かすという話である。映画の中で、大富豪がアニーを養女にすることを決めると、秘書や使用人たちが喜びの気持ちを歌いながら踊り、その合間に何度も「ウィー・ガット・アニー（私たちのアニー）」と言い合う。この作品の中でアニーは太陽のような存在であり、その名を聞く度に聴衆も明るい気持ちになる。まさに、幸せを運ぶ子どもである。

子どもの負の側面

しかし現代の歌には、子どもならではの醜悪な性質も登場する。レストラン経営者から絵本作家に転身したルドウィッヒ・ベーメルマンス（Ludwig Bemelmans, 1898-1962）の『マドレーヌといたずらっこ』（一九五六年）は、パリの寄宿学校に

図3　悪い子ペピート

住むマドレーヌを主人公とする絵本シリーズの一冊で、学校の隣に引っ越してきたスペイン大使の息子ペピートがその「いたずらっこ」である。絵本に基づくアニメ版に挿入された「悪い悪い子」という曲の歌詞によれば、彼はわがままで、マドレーヌたちだけでなく植物や動物にも意地悪だということになっているが、忙しい両親に甘えられない寂しさゆえのいたずらだとほのめかすエピソードが原作とアニメに隠されている。

ロアルド・ダールの『チャーリーとチョコレート工場』（一九六四年）と同名の映画（二〇〇五年）は、貧しくも温かい家庭で育った心優しいチャーリーが、くじで当てた権利で、謎のチョコレート工場の見学に他の子どもたちと行く話である。彼以外は皆問題児で、見学中にそれぞれ、川になって流れるチョコレートを手ですくって飲むうちに落ちておぼれたり、制止を聞かず試作品のガムを噛んで体が膨らんだり、クルミの殻むきをするリスをつかまえようとしてリスの群れにゴミ捨て場へと落とされたり、テレビを使ったチョコレート転送機に勝手に飛び込んで体が縮んだりする。そして、そうした衝撃的な場面には、工場で働いている奇妙な小人ウーンパ・ルーンパが大勢出てきて、歌いながら踊る。原作の歌は、子どもの身勝手な行動と親の育て方への批判を込めた、「しつけ歌」のパロディーだが、映画版の歌には妙にコミカルなメロディーと踊りが付けられ、不気味さが増している。

親が子どもに向ける気持ち

シンガーソングライターと呼ばれる自作自演の歌手が人気を集め始めたのは、二〇世紀後半である。彼らは自分の心情を歌詞に託し、時には自分の家族への思いを歌う。ジョン・レノン（John Lennon, 1940-80）の「ビューティフル・ボーイ」（一

図4　クラプトン「天国の涙」を収録したアルバムのジャケット

九八〇年）は、一九七五年一〇月にオノ・ヨーコとの間に生まれた息子ショーンへの思いを歌った曲である。「目を閉じて。こわがらなくていいよ。パパがここにいるよ」と優しく語りかける。スティーヴィー・ワンダー（Stevie Wonder, 1950-）の「彼女はなんてかわいいのだろう」（一九七六年）は、生まれたばかりの「かわいらしくて、素晴らしくて、大切な」娘アイシャへの愛情に満ちた作品である。歌の中に、幼い彼女の声が入っているが、彼女は大人になった今、父親とデュエットで共演している。

これらと違って、子どもを亡くした悲しみを歌うのがエリック・クラプトン（Eric Clapton, 1945-）の「天国の涙」（一九九二年）である。四歳の息子コナーが、ある日誤って高層アパートの窓から落ちて亡くなった。クラプトンは喪失感から立ち直れずにいたが、その後、コナーへの思いを込めて「天国の涙」を作った。「もし天国で会ったら、君は僕の名前がわかるだろうか？　手を握ってくれるだろうか？　僕は天国の住人ではないから、強く生き続けなくてはいけない」と歌う。悲しみが音楽の力を得て、天国のわが子に思いを馳せつつ「今」を生き抜く決意を生んだ。この曲とその収録アルバムにより、クラプトンは一九九三年のグラミー賞で六部門を制覇した。

大人にとって、子ども時代は過去に置き去りにした日々であり、また、いつまでも心に残る貴重な思い出でもある。英米の歌の中の子どもの姿をたどると、そこには様々な性質や背景が見られるが、共通するのは、「昔、子どもだった」大人たちの心の投影だということであろう。

（寺本明子）

46

児童劇——古いメディアが拓く可能性

図１　イギリスの週刊紙『グラフィック』（1869年創刊）1897年９月10日号に掲載の「「パンチとジュディ」を海岸保養地で楽しむ人々」

大衆娯楽から児童文化へ

イギリスの伝統的な児童劇には、『パンチとジュディ』とクリスマスパントマイム（略称パント）がある。いずれも一六世紀イタリアで生まれた即興喜劇コメディアデラルテから派生したため、類型的な性格や行動様式をもつストックキャラクターたちが、お決まりの台詞ややりとりで笑わせるどたばた喜劇である。

『パンチとジュディ』は、スワッズルというマウスピースを用いた独特の声でパンチ役を演じるパンチマスターが、街頭、公園、夏の海岸などで人ひとりが立てる蹴込み舞台を組立て、両手で人形を操り全役こなす。パンチとジュディ夫妻、赤ん坊、牧師、警官、医者、首吊り役人、ワニ、悪魔、道化のジョーイ(1)などおなじみの人物が三〇分ほどのお決まりの筋を演じ、即興の笑いもとる。

庶民の代表が、手に持った棒スラップスティックで権威者たちを次々と痛快に打ち据えるパンチ劇は、『パンチ』誌の由来となったことからも明らかなように諷刺性が強く、もとは子どもに特化した文化ではなく大衆娯楽であったが、伝承童謡が子ども部屋で保存されるものとなったのと同様に、児童劇として生き延びた。最古の興業記録は、サミュエル・ピープスが一六六二年五月九日付の日記に書き残したロンドンのコヴェントガーデンでの上演である。

パントはマイムと呼ばれる無言劇とは別もので、クリスマス前後の約二カ月間イギリス全土の舞台にかけられる、主にフェアリーテイル・伝承童謡・児童文学に題

図2　アマチュア向けのパント上演技法の本もある

(1)　白塗りピエロメイクを創始した道化師で，パントの道化役としても名を馳せたジョゼフ・グリマルディ（1778-1837）がモデル。

材を求めた、家族向けのいわばミュージカルコメディーである。歌、生演奏、ダンス、アクロバティックな軽業、奇術、伝統のギャグに新作のギャグ、役者と観客がやりとりするお決まりの台詞、複数の物語の混成やオムニバス構造、スペクタクル性は、伝統的なパントの要素である。早替わりや動物役の着ぐるみ、女優が主人公の少年を演じるプリンシパルボーイ、男優が年配の女性役を滑稽に演じるデイムといった異性装の技法も、笑いと驚異に満ちた祝祭性構築のための伝統的仕掛けである。

パントの父と呼ばれるジョン・リッチ（John Rich, 1692-1761）が一七一六年、本来身ぶりのみで筋を運ぶコメディアデラルテの道化劇ハーレクィネードに台詞を与えたのに端を発し、現代パントの父と呼ばれるオーガスタス・ハリス（Augustus Harris, 1852-96）がミュージックホールのスターを起用して『ボーピープちゃんと赤ずきんちゃんと親指太郎』『ロビンソン・クルーソー』などを一八八九年から毎年クリスマスからイースターにかけて興行し、現形態に近づけた。民衆に人気のあったバケツや水鉄砲で水を（時には観客にまでも）かけるスプラッシュシーンなどの笑劇性が低俗な大衆娯楽と蔑まれもしたが、広大な光景や魔法・妖精などの超自然を舞台上に現出させる大掛かりな舞台装置や絢爛豪華な衣装がスペクタクル劇の側面を備え、大英帝国の繁栄を誇示する表象として機能した時代もあるなど、その発展過程は複雑である。

児童文学の戯曲化と創作児童劇

パントの長所を採り入れながら低俗性を排除し、戯曲と演出の両面から子どもの観客を意識して独自のおとぎ劇を創作し、創作児童劇へと先鞭をつけたのは、すで

(2) スーザン・クーパー（Susan Cooper, 1935-）のタイムファンタジー『影の王』には，聖ポール大聖堂の少年劇団出身で，シェイクスピア劇の子役として名を残したネイサン・フィールド（1587-1620）をとりまく当時の演劇状況が活写されている。

図３　『ライオンと魔女』
1998年初演のグッズ展開

に大人向けの劇作家として名声を得ていたジェームズ・バリ（James Barrie, 1860-1937）である。知人のデイヴィス家の兄弟たちをパントに連れていった際に子どもの反応を刻銘に記録研究したバリは、『ピーター・パン――大人になりたがらない少年』（一九〇四年一二月二七日初演）にパントの要素をとり入れた。ピーターが主に女優によって演じられてきたのも、フライングマシーンで飛ぶのも、観客に拍手を求めることで筋が展開する相互交流性も、妖精が照明と鈴の音で登場するのも、ワニや乳母役の犬ナナが着ぐるみで笑いをとるのも、パントの技法である。

一八一〇年代から、英米を行き来する制作者たちによって多くの演目の英米巡演が実現していた。フェアリーテイルや伝承童謡に題材をとった児童劇のほか、『くつ二つさんの物語』（一七六五年）、『アンクルトムの小屋』（一八五二年）なども一九世紀に劇化され、『ライオンと魔女』（一九五〇年）、『トムは真夜中の庭で』（一九五八年）などの児童文学や絵本、ミュージカルでは『オズの魔法使い』（一九〇〇年）に着想を得た『ウィズ』や『ウィキッド』、児童詩集、アニメが原作の『キャッツ』『ライオンキング』などあらゆる作品が戯曲化されてきた。

子どもの観客に特化した戯曲が書きおろされ、脚本の上演法《ドラマツルギー》が論じられ、多様な創作児童劇のレパートリーが生まれるようになったのは第二次世界大戦後である。パイオニアは、イギリスの劇作家ではディヴィッド・ウッド（David Wood, 1944-）、劇団ではユニコーンシアター（一九四七年～）、ポルカシアター（一九六七年～）、ヤングヴィック（一九七〇年～）、アメリカの劇団ではペーパーバッグプレイヤース（一九五八年～）、ミネアポリスＣＴＣ《チルドレンズ・シアター・カンパニー》（一九六五年～）などである。

図４　ロンドン郊外ウィンブルドンにあるイギリス初の児童劇専門劇場ポルカシアター（1979年開設）

演じ手としての子どもの変遷

一二世紀以来つづく教会付ボーイズクワイヤが一六世紀末に劇を上演しはじめたことから興り、一七世紀にかけて宮廷や私設劇場で人気を博した少年劇団[2]は、エリザベス朝・ジェイムス朝演劇において重要な位置を占めた。

一九世紀イギリスでも一八八六年『不思議の国のアリス』初演時にアリス役を一二歳で演じたフェーベ・カルロ、一八八八年からのアリス役イザ・ボウマン、『小公子』のヴェラ・ベリンガー（一八八八年五月ロンドン初演時九歳）とエルシー・レズリー（同年九月ボストン初演時八歳）ら子ども俳優が一世を風靡した。ヴィクトリア朝の社会問題である年少者労働問題にも関わっていた子ども俳優は、イギリスで一八〇二年に始まった工場法や一八七〇年の初等教育法を受けて、雇用年齢や労働時間に規制が設けられ、その扱われ方も変わっていった。

二〇世紀後半には、演じ手としての子どもは鑑賞の対象・商品から、教育の享受者（演劇を通じて学ぶ子ども）へと可能性を広げた。一九六五年にコヴェントリーのベルグレードシアターで創始されたＴＩＥ《シアター・イン・エデュケーション》や、やはりイギリスで発展したＤＩＥ《ドラマ・イン・エデュケーション》はカリキュラムにも採り入れられ、七〇年代からはアメリカをはじめ世界で応用されている。教科の多角的学習に加えて、推論、創造的思考、協調性、コミュニケーション力、チームワーク力、自己改善能力、異文化理解、エモーショナルリテラシー、現実把握能力、問題解決能力、就業力、市民性《シティズンシップ》などを育成するドラマ教育の可能性は、新興するメディアの恩恵とともに弊害をも受けずにはいられない現代にこそひらかれている。

（内藤貴子）

第7章

子どもと物語

読書週間のポスター。『ジェシー・ウィルコックス・スミスの世界』より

物語との出会い

子どもは、どのようにして物語に出会うのだろう。自分で好きな本を選ぶ幼児は稀であり、子どもが物語に出会うのは通例大人を通してである。ファージョンの『ムギと王さま』冒頭の「まえがき」に書かれているような、本に囲まれた幼年時代を過ごす幸運な子どももいるであろうし、ダールの『マチルダ』の主人公のように、自ら図書館を訪れ司書に本を勧めてもらう子どももいるであろう。家庭の中に置かれている本も、図書館に備えられている本も、通常は大人が選択し購入するものである。

概して大人は、これがよい物語だと自分で評価するものを子どものために準備する。すなわち、よき導き手であろうと努める。しかしながら、A・A・ミルンが指摘しているように、「いずれも確かな導き手であるとは限ら」ず、最良の出会いを設定できるとは限らない。だが、大半の大人がかつてそうであったように、やがて子どもは自分自身で物語を選び、誰の評価も介さぬ出会いをするようになっていく。

絵本の変遷と多様性

絵入りの物語は、幼い子どもの読書体験において大きな役割を果たす。読者として年齢が低い子どもを想定している本には、内容把握を助けるために適宜挿し絵が付されているのが通例である。元々は教育的な目的で作られた絵入りの本は、一九世紀から二〇世紀にかけての印刷技術の向上に伴い、絵本として子どもに普及する。内容的にも、おとぎ話や童謡など既存のものに絵を付したものだけではなく、ポターの『ピーターラビットのおはなし』のように、絵本作家が絵も物語も手がける創作絵本が増えていく。現代絵本においては、絵はもはや物語を補うためだけのものではなくなり、例えばセンダックの『かいじゅうたちのいるところ』のように、見開き二ページ大の絵だけで物語が語られる部分がある絵本も出現するようになる。

絵本の様式も、時代と共に多様化する。カールの『はらぺこあおむし』のように、ページにあけられた野菜や果物の穴に指を入れて遊ぶことができる読者参加型の絵本も登場する。ページの中に何かを探したり数をかぞえたりするといった遊びを提供する絵本もあれば、読者がページをめくったり触ったりすることで音が出る絵本もある。さらに素材にも注意が払われ、ボードブック絵本は、赤ちゃんが親と共に安心して遊ぶことができるよう、あえて厚紙を用いて丈夫に作られている。

情報と楽しみを得るために

子どもの雑誌は、子どもの本と同じ作り手が手がけることが多く、安価であることから子どもが本より気軽に手に取ることができる読み物として普及し定着する。一九世紀には、英米ともに大衆的な雑誌が多数刊行され、二〇世紀半ばまで広く子どもに愛読され続けた。読者の反応や関心に敏感に反応しながら作られる雑誌は相互通行的な読み物だが、情報源としての役割は、やがてテレビやインターネットの普及に取って代わられるようになる。

だが、子どもの雑誌が担っていたもう一つの役割は、子どもが楽しむ読み物を掲載することであった。たとえ安価ではあっても粗悪なものは子どもに与えまいとする配慮から、イギリスの『ボーイズ・オウン・ペイパー』や『ガールズ・オウン・ペイパー』あるいはアメリカの『セント・ニコラス』など良質な子どもの雑誌には、著名な作家の作品が掲載された。冒険物語や学校物語をはじめ多岐にわたるこれらの物語は、現代に至るまで、子ども読者が夢中になって読み耽る作品として存続している。情報化時代においても、楽しみを与えるという子どもの本の重要な役割が健在である一つの証だと考えられよう。子どもの頃に出会い、その後何度も読み返し細部まで記憶している物語は、あたかも友人であるかのように大切にし続けた玩具と同様、いわば生涯を通しての宝物なのである。

多種多様なジャンル

法律上はともかく、子どもと大人の境界線をどの年齢に設定するかが難しいように、子どもの本の範囲を限定するのは容易なことではない。英米でも、どの年齢の子どもにも対応できるように、幼い子どものための絵本から大人の小説と大差ない内容のヤングアダルト小説まで、多種多様な作品が子どもの本とみなされているのが現状である。

現代の子どもが惹かれるゲームも、神話や伝説を基に創作されたファンタジー作品であるとみなすことができよう。人気が高いマンガやコミックには、登場人物の魅力もさることながら、優れた物語性が認められることが少なくない。好奇心や想像力を刺激する物語は、いつの時代にも子どもを魅了せずにはおかない。英米の子どもの世界においても、物語が果たす役割はいまだ大きいと考えられよう。これから人生の中で様々な出遭いや経験を重ねていく子どもにとっては、いわば世界全体が未知の物語なのである。

（笹田裕子）

47

絵本——ハイブリッドなアート

粗雑な木版画から絵本へ

『不思議の国のアリス』の冒頭で、アリスが「絵や会話のない本なんて、どこがおもしろいの?」と言うように、いつの時代にも子どもは視覚と想像力を刺激する本の挿絵に魅了されてきた。絵本の絵も、物語を補う挿絵に似ている。しかし、ページをめくって絵を追うだけで幼児でも楽しめる絵本は、挿絵以上の独特なアートだといえるだろう。

西洋絵本の元型は、一七世紀にモラヴィア出身の教育学者コメニウス(Jan Ámos Komenský, 1592-1670)が考案した、図鑑的な絵入り教科書『世界図絵』(一六五八年)だとされている。そして一九世紀半ばのイギリスで、現在の絵本に近いものが作られるようになった。まだ昔話などに粗雑な木版画をつけた呼び売り本(chapbook)や、簡単な絵のついた文字教本(battledore)しかなかった時代に、良質の絵をふんだんに入れた本を安く子どもに提供しようと考えたのが、印刷業者のエドマンド・エヴァンズ(Edmund Evans, 1826-1905)であった。彼は昔話やマザーグースに美しい色刷りの木版画をつけたトイブック(toy book)を売り出し、これが大当たりした。高い芸術性を求めたエヴァンズに応えたのが三人の挿絵画家で、特に動きのある独創的な絵を得意とするランドルフ・コールデコット(Randolph Caldecott, 1846-86)は、現代の絵本作家にも大きな影響を与え続けている。二〇世紀の変わり目には印刷技術が向上し、絵本(picture book)という言葉も定着しはじ

(82)

The Carpenter.　LXVI.　Faber Lignarius.

We have seen Man's Food and Cloathing: now his Dwelling followeth. At first they dwelt in Caves, 1. then in Booths, or Huts, 2. and then again in Tents, 3. at the last in Houses. The Woodman felleth and heweth down Trees, 5. with an Axe, 4. the Boughs, 6 remaining. He cleaveth Knotty Wood with a Wedge, 7. which he forceth in with a Beetle, 8. and maketh Wood-stacks, 9. The Carpenter squareth Timber with a Chip-Axe, 10.

Hominis victum & amictum vidimus: sequitur nunc Domicilium ejus. Primò habitabant in Speluncis, 1. deinde in Tabernaculis vel Tuguriis, 2. tum etiam in Tentoriis, 3. demum in Domibus. Lignator sternit & truncat Arbores, 5. Securi, 4. remanentibus Sarmentis, 6. Findit Clavosum Lignum Cuneo, 7. quem adigit Tudite, 8. & componit Strues, 9. Faber Lignarius ascit Ascia, 10. Materiem,

whence

図1　『世界図絵』のページより

(1)　コールデコット以外の2人は，様式化した美しい絵で昔話を飾ったウォルター・クレインと，自作の詩と絵で子どもらしさをエレガントに描いたケイト・グリーナウェイで，いずれも高い人気があった。

図2　コールデコット『ジョン・ギルピン』の躍動感あふれる絵

図3　ガァグ『100まんびきのねこ』の原書表紙

める中、当時最新の写真製版技法でカラー印刷された創作絵本の『ピーターラビットのおはなし』（一九〇二年）は、現代絵本の幕開けを告げる一冊となった。

アメリカでは第一次世界大戦後に絵本出版が急成長し、一九三〇～四〇年代に絵本の黄金時代を迎えた。子どもを取り巻く教育・文化環境の整備、児童図書館や児童書出版への関心が高まる中、児童書には幼い子どもの理解力や感性に適した、わかりやすい物語構成、質の高い絵、娯楽性が必要であることが、さかんに言われるようになった。こうした動きに加えて、大戦を逃れてヨーロッパからアメリカに移住した画家たちの活躍もあって、絵本のレベルが飛躍的に向上したのである。初期の代表はワンダ・ガァグの『100まんびきのねこ』（一九二八年）だろう。昔話を思わせる起承転結のある物語、リズミカルな繰り返しのフレーズ、ユーモア、はっきりとした絵が特徴で、当時の絵本作りの精神がうかがえる。この時代に作られたマンロー・リーフ（Munro Leaf, 1905-76）の『はなのすきなうし』（一九三六年）、ロバート・マックロスキー（Robert McCloskey, 1914-2003）の『かもさんおとおり』（一九四一年）、バージニア・リー・バートン（Virginia Lee Burton, 1909-68）の『ちいさいおうち』（一九四二年）などは、今でも古典として愛されている。また、一九四二年から出版が始まった廉価版絵本の「リトル・ゴールデンブックス」（Little Golden Books）は、絵本の大衆化に一役買うと同時に、M・W・ブラウン（Margaret Wise Brown, 1910-52）をはじめ、多くの若手有望絵本作家を起用し、彼らに出版の機会を与えた点も見逃せない。

新しい技法への挑戦

二〇世紀後半になると、絵本の題材や技法は広がり、子どもの内面さえも描き出

図４　バーニンガム『なみにきをつけて，シャーリー』の原書表紙

そうとする作家が出てくる。その筆頭にあげられるのは、アメリカのモーリス・センダックだろう。彼の『かいじゅうたちのいるところ』（一九六三年）は、悪戯を母親にしかられて自室待機を言い渡されたマックスが、森と化した部屋から小船で出奔。離れ小島に住むかいじゅうと出会い、その後帰還する物語は、子どもの心の内奥への旅を扱ったといえる。かいじゅうの絵が子どもの恐怖をあおるとして賛否両論を巻き起こしたが、子どもには広く受け入れられ、今では現代絵本を代表する一冊になった。

イギリスのチャールズ・キーピング（Charles Keeping, 1924-88）による『まどのむこう』（一九七〇年）は、少年が窓にかかるカーテンの隙間からのぞき見た、裏通りの日常風景とそこで起こる悲劇的な事故の顚末を、抑制された文章と独特の絵で表した絵本で、物語る絵本の新たな可能性を見せつけた。また彼は、「絵本＝子どもの娯楽」という図式を覆したといってもいいだろう。しかし、こうした新奇な絵本が注目される一方で、エリック・カール（Eric Carle, 1929-2021）の『はらぺこあおむし』（一九六九年）のように、明るくユーモラスな絵と、繰り返しのあるシンプルな物語で、子どもに愛される絵本も作られ続けている。

二〇世紀末になると、意表をつく手法や物語展開、パロディ、メタフィクションなどを用い、絵や物語の解釈も読者にゆだねるような、従来の絵本の概念を超えた、ポストモダン的といわれる絵本が登場する。例えばジョン・バーニンガムの『なみにきをつけて、シャーリー』（一九七七年）では、見開きページの右と左で異なる物語を展開させ、大人と子どもの価値観の違いを面白く表現している。彼以外にも、アンソニー・ブラウン（Anthony Browne, 1946-）、デイヴィッド・ウィーズナー

図５　ニコラエヴァ『絵本の力学』の原書表紙。表紙にも暗示的な絵本の絵が採用されている

（David Wiesner, 1956-）らがこうした流れを牽引し、活躍を続けている。

一方、幼い子どもには、大人が絵本を読んで聞かせるなど、ちょっとした手助けが必要で、図書館で行われる絵本の読み聞かせの時間はストーリーテリングと並んで人気がある。一九九二年にイギリスが国家事業として始めたブックスタートは、赤ちゃんと親に本や物語に親しんでもらおうと作られたプログラムだ。このときに手遊びなどとともに用いられているのが、小型で表紙も中身も頑丈な厚紙で作られたボードブック絵本である。

絵本の多様化と分析方法の多様化

子どもにわかりやすい絵本作りを重視する二〇世紀初期の絵本論の流れは長く続いたが、二〇世紀後半になって絵本の多様化とともに、絵本を分析評価する方法にも変化が見えるようになる。一九八〇年頃からは、絵本を子ども読者との関係だけでなく、文学や美術の面から研究する動きも出てきた。従来の方法では論じきれなかった、絵と文の相乗効果が生み出す独特の芸術としての絵本に注目し、新しい視点で分析を試みる研究者にマリア・ニコラエヴァ、ペリー・ノーデルマン、ジェイン・ドゥーナンなどがいる。ニコラエヴァは『絵本の力学』（二〇〇一年）で、語りの視点、時間・空間構造、メタフィクション性などに注目し、絵本のダイナミズムと魅力を分析して、絵本とは何かに迫ろうとしているが、彼女も言うように、絵本研究はまだ発達の緒についたばかりなのだ。

（白井澄子）

48

幼年童話――はじめて出会う物語

幼年期の読み物

幼年期とは、イギリスの法律によると、誕生から第二次性徴が始まる思春期（adolescence）すなわち女子一二歳、男子一四歳になる前の時期を指す。これに沿うと、「幼年童話」はこの時期の読み物として定義づけられる。だが、もともと英米では「幼年童話」あるいは「幼年文学」という分類はあまり用いられないことから、ここでは幼年期（infancy）から青年期（youth）までを指す児童期（childhood）の文学に焦点を当てる。

「はじめての本」――絵本から挿し絵入り物語へ

子どもがはじめて読むあるいは見る本は、アルファベット絵本やかぞえ方の本など、識字や算数といった学習の基盤づくりを目的とした絵本である。同様に、この時期に、色や形といった概念を知るための絵本にも出会う。さらに、まだ字を知らない頃から耳で聞いて覚え口ずさむようになるナーサリーライムの絵本が、これに加わる。子どもにとっての「はじめての本」は、例外なく絵本である。

ニコラス・タッカー（Nicholas Tucker, 1936-）は、絵本から物語へと移行する三歳から七歳の時期に最良の仲介役を果たすのが、ビアトリクス・ポター（Beatrix Potter, 1866-1943）の二四冊の〈ピーター・ラビット〉シリーズであるとしている。文も絵もポター自身の創作であるこの絵本シリーズでは、一冊の中で絵よりも字が占める割合の方が多い。子どもが想像して把握することができる範囲の冒険や感情

図１　お気に入りの本を読む少女

図2　プーは幼児のお気に入り

の動きが描かれている。子どもは、本物そっくりに緻密に描かれた着衣の擬人化された動物たちへの感情移入を通して、多様な登場人物を区別し、絵を頼りに文字だけで展開する物語に慣れ、自然に挿し絵入りの物語に関心をもつようになっていくというのである。

古典的な子どもの本

個人差はあろうが、七歳以上になると、次第に古典的な作品を読み始める。一九世紀の印刷業者エドマンド・エヴァンズは安価で優れた絵本を子どもに提供したが、作品内に数ページごとに挿入される絵は、幼い子どもの読解には大きな助けとなる。このことから、挿し絵が効果的に用いられている古典的な作品は、幼い子どもにとって手にとりやすいものであるといえよう。

ジョン・テニエルが挿し絵を手がけたルイス・キャロルの『不思議の国のアリス』（一八六五年）と『鏡の国のアリス』（一八七一年）、あるいはもう少し低い年齢層の子どもが対象の語りかけ口調の絵本『おとぎの〝アリス〟』（一八八九年）は、その好例である。『アリス』と同じく子どもへの語りかけから生まれたラドヤード・キプリング（Rudyard Kipling, 1865-1936）の『動物なぜなに物語』（一九〇二年）も、一話ごとに著者自身による挿し絵が添えられた幼い子ども向けの作品である。A・A・ミルンの『クマのプーさん』（一九二六年）とその続編『プー横丁にたった家』（一九二八年）は、各章ごとに一話完結の物語を集めた構成になっているが、幼児が親近感と優越感の双方を感じる「おバカな」プーを中心に展開され、どの物語も幼い子どもにとって把握しやすい内容となっている。さらに、物語の中で〈命〉を得たぬいぐるみ動物の動きを的確に伝えるE・H・シェパード（Ernest Howard Shep-

図3　エヴリデイマジックの代表作ネズビット『砂の妖精』の原書表紙

ard, 1879-1976）の挿し絵が果たす役割は大きい。同じシェパードが挿し絵を手がけたケネス・グレアムの動物ファンタジー『たのしい川べ』（一九〇八年）では、次々に騒ぎを起こす新しもの好きのヒキガエルが、幼い子どもの人気を集めている。

リアルな子どもらしさを描くことに長けていたイーディス・ネズビットは、一九世紀末から二〇世紀にかけて出現した女性の児童文学作家の代表である。ネズビットは、男の子になりきって一人称で語る『宝さがしの子どもたち』（一八九九年）をはじめ、幼い子どもの視点で物語世界を提示することを得意とした。さらに、『砂の妖精』（一九〇二年）、『火の鳥と魔法のじゅうたん』（一九〇三年）、『魔よけ物語』（一九〇六年）の魔法三部作にはじまる一連のファンタジー作品においては、女性が得意とする家庭生活や日常生活の描写に、不思議や魔法という要素を巧みに滑り込ませた。日常の中にふいに魔法が現れるエヴリデイマジックの手法と併せて、頻繁に挿入される読者への語りかけで、幼い子どもの心をつかんだ。

現実世界と隣接した別世界へも思いをめぐらせ始める年齢になると、メアリー・ノートンの〈借りぐらしの小人たち〉シリーズ、あるいはC・S・ルイスの七冊の〈ナルニア国ものがたり〉シリーズなどが、子どもの愛読書に加わる。これと同時期に、本好きの子どもは、子ども向けに再話されたフェアリーテイルや民話、さらに、比較的やさしい語彙や文体で書かれた神話や伝説あるいは歴史もの、例えばロジャー・ランスリン・グリーン（Roger Lancelyn Green, 1918-87）やローズマリー・サトクリフ（Rosemary Sutcliff, 1920-92）の作品なども読み始める。

子どもからの絶賛と大人からの酷評

一九二〇年代から五〇年代にかけて、イーニッド・ブライトン（Enid Blyton,

図4　奇想天外な
ダールの物語

1897-1968）を愛読した子どもは少なくない。かつてＢＢＣで放映され人気を得たトイランドの住人たちが登場する〈ノディー〉シリーズや〈名高い五人組《フェイマス・ファイヴ》〉シリーズなどは、幼年期の子どもに人気が高く、一九五〇年代には「ブライトン現象」を引き起こしたほどであった。〈ノディー〉の世界には深刻な問題や暴力的な行為は皆無であるうえに、自分より少し愚かではあるが身近に感じられる主人公ノディーは、幼児にとって親しみやすい存在である。しかも、物語の最後に主人公が周囲から受けるものは非難より賞賛の方がはるかに多いことから、子どもの願望を代わりに充足してくれるという点でも、〈ノディー〉は人気を博した。だが、呑気すぎる人種差別の提示ややさしすぎる使用語彙などが批判の対象となり、ついには図書館から排斥されるようになるが、子どもはお小遣いで買ってでもブライトンを読み続けた。

同様に、子どもからの絶大な支持と大人からの痛烈な批判の対象となるのが、一九六〇年代に登場するロアルド・ダールである。ダールは、ライトファンタジーというジャンルで、途方もなく破天荒な物語世界を提示する。幼い子どもにもわかりやすいユーモアやジョークに加え、強者と弱者（常に弱者が主人公）の立場が最後には逆転され幸福な結末《ハッピーエンディング》に至るというフェアリーテイルの筋《プロット》が、ほぼすべての作品に踏襲されているため、概して弱者である幼い子どもを魅了する。主要な挿し絵画家クエンティン・ブレイク（Quentin Blake, 1932-）との絶妙なコラボレーションも人気の一因である。

（笹田裕子）

49

少年少女雑誌——「オモシロクテタメニナル」

すべての子どものための宗教教育雑誌

子どものための定期刊行物は、児童文学の誕生と同時に、同じ人の手で作られた。多芸多才なジョン・ニューベリーがその人である。『リリパットマガジン』（一七五一～五二年）を創始として一八世紀には一一種類の定期刊行物が発行された。その中身はおとぎ話や謎々、唄などで、裕福な中流階級の子どもたちがターゲットだった。

しかし、一九世紀になるとキリスト教普及教会、宗教叢書協会など、教会関係の出版社が、次々に貧しい階層の子どもたちにも届くような布教活動のための雑誌を刊行し始めた。宗教叢書協会が一八二四年に発行した『チャイルズ・コンパニオン』は、中でも最も長続きした月刊誌で、一九三二年まで続いた。同じ年、対抗する福音主義の出版社が『チャイルズ・フレンド』を刊行する。日曜学校の普及で、かなりの数の労働者階級の子どもたちも字を読む能力をつけていたのである。

雑誌なら本よりもずっと安価で手に入るというのも、これらの雑誌が広く普及した原因のひとつである。さらに雑誌が本と違うのは、書き手と読み手が相互コミュニケーションをはかることが可能であったという点だ。

教育と娯楽のための消費物

一九世紀の半ばになると、子ども読者というのが大きな市場価値を持つグループであることが共通認識となってくる。宗教教育のための物語一辺倒だった雑誌にも、

図1　『ボーイズ・オウン・ペイパー』創刊号の表紙

図2　『ガールズ・オウン・ペイパー』創刊号の表紙

段々と世俗化の波が押し寄せてくるようになる。役に立つ実用的な知識が重要視され、歴史小説や冒険ものに加え、科学的知識やパズルなどを掲載した『ボーイズ・オウン・マガジン』が一八五五年に刊行され、四〇〇〇人余の読者を獲得した。この雑誌は主として中流階級の少年向けで一八七四年までしか続かなかったが、一八六六年創刊の『ボーイズ・オブ・イングランド』は、わくわくするような冒険譚を掲載して下層階級の読者をも獲得し、一八七九年の週間発行部数は二五万部だったという。しかし、『ボーイズ・オブ・イングランド』は親や教師たちからは眉をひそめられるような類の扇情的なものであった。

この頃になると、初期の宗教雑誌が男女の性別を問わず、また階級の差をも問わずに読者を集めていたのに対し、明らかに性別、階級別の読者グループが生まれてきていることがわかるだろう。ビートンやブレットの成功の一方では、それほど有名ではないが『ガールズ・オウン・トイメーカー』などの少女向けの雑誌も生まれてくる。

そんな中でイギリスでも最も長命で有名、そして様々な人に強い影響を及ぼした二つの雑誌が誕生した。一八七九年の『ボーイズ・オウン・ペイパー』と、その翌年刊行の少女版『ガールズ・オウン・ペイパー』（通称ＢＯＰとＧＯＰ）である。

『ＢＯＰ』と『ＧＯＰ』の誕生

先述したキリスト教の宗教叢書協会は、識字率の向上した若者たちが、一ペニーで買える質の悪い、扇情的でグロテスクで下品な雑誌、いわゆる「ペニー・ドレッドフル」に夢中になっている現状を憂い、なんとかしてキリスト教徒の青少年にふさわしい健全な娯楽を提供することで、粗悪な読み物から目をそらさせようと試み

図3　『ガールズ・オウン・ペイパー』に載っている刺繍の図案

た。その結果、協会はできる限り宗教色を抑え、娯楽と教養のバランスを取りつつ、魅力ある雑誌を刊行したいとして、これら二つの週刊誌をはじめたのである。
二つ、三つの連載小説、短編、詩、実用的な知識の記事、ゲームやクイズのねたなど多種多様な読み物のほかに、詩や作文を募って優勝作に賞金を出すコンペ、読者からの質問欄など読み手を取り込む手段を駆使し、あっという間に『BOP』と『GOP』は、イギリスのみならず、英語圏の少年少女を魅惑し取り込んだ。さらにこの雑誌は非常に繊細で美しい木口木版の挿絵で飾られており、週刊版にカラーページの絵を加えて一カ月分が月刊誌、一年分が年刊版として出版され、これらは贈物や他の英語圏諸国に送るのに供された。
『BOP』にはジュール・ヴェルヌ（Jules Verne, 1828-1905）やR・M・バランタイン（R.M. Ballantyne, 1825-94）など数多くの著名な作家が冒険物語や学校物語を連載しており、これらは連載後、単行本として発行された。『GOP』の読者は、その兄弟版よりやや年齢層が上で、どちらかというと婦人雑誌的な傾向を持ち、ファッション記事やドレスの型紙、刺繍の図案、料理のレシピなども載せていた。『BOP』と『GOP』の読者は主に中流階級であったが、内容は多岐にわたり、労働者階級の少年少女も取り込めるように工夫がされていた。

雑誌は花盛り

当然のことながら、この二つの雑誌の成功は続々と模倣を生み出すことになり、一九世紀末から二〇世紀初のイギリスは、子ども向けの雑誌の最盛期を迎えることになる。少女工場労働者向けの『ガールズ・ベスト・フレンズ』、『マグネット』や『ジェム』といった物語中心の雑誌も、読者の支持を得て広まった。当時、週刊誌

図4 『ジェム』創刊号の表紙

は唯一の即時の情報源であった上に、単行本よりもずっと読者の反応に敏感な対応を見せる媒体であった。この時代の雑誌の繁栄を支えたのは、様々な印刷に関わる税金の廃止、鉄道網の整備、ガス燈の普及、印刷技術の向上といったテクノロジーの飛躍的な発達であったことは見逃せない。

アメリカでも、児童文学作家メアリー・ドッジ（Mary Dodge, 1831-1905）が編集を手掛けた『セント・ニコラス』（一八七三〜一九四三年）という雑誌は、フランシス・ホジソン・バーネットを始め、英米の有名な作家の作品を載せてアメリカの児童文学の世界を広げた。

テレビとインターネットの時代

二〇世紀になると、学校に行っている生徒たちが雑誌を講読するのはごくあたりまえのことになった。『スクール・フレンド』『スクールガール・ウィークリー』といったイギリスの雑誌の題名は、子どもたちがみな一様に学校に通っているということを示している。読み物だけではなく、マンガ雑誌も刊行されるようになった。

二〇世紀も終わりにさしかかると『ジャスト・セブンティーン』といった女性向け情報雑誌が新たなトレンドを示すようになる。しかしながら、雑誌だけが情報源であった時代は終わってしまった。情報のすばやさと臨場感はテレビに、相互コミュニケーションはインターネットの普及に太刀打ちはできない。おしなべて四〇〇種類以上あったといわれるイギリスの雑誌も種類は少なくなり、超ロングセラーの『BOP』は一九七六年に、『GOP』は一九六五年に、その刊行を打ち切った。一人の購読者がいれば、必ずその六倍の子どもたちが読んでいるといわれ、一世を風靡した少年少女雑誌も、ほぼその役割を終えてしまったようである。（川端有子）

50

動物物語——切っても切れぬ動物との縁

図1　『くつ二つさんの物語』で動物たちに囲まれたヒロイン

図2　『ちょうちょうの舞踏会とバッタの宴会』では，虫たちが楽しい宴に集まってくる

児童文学開花期の動物物語

動物を扱った文学は、神話や昔話のような伝承から、動物寓話、野生動物の物語、ファンタジー、絵本まで実に幅が広く、人がいかに深く動物と関わってきたか、また、動物の物語がいかに多くの可能性に満ちているかを物語っている。

英語圏の動物物語は、一八世紀イギリスにおける児童文学の誕生と同時に生まれたといってもよく、当時、人気を博した『くつ二つさんの物語』（一七六五年）では動物たちがヒロインを助け、『ちょうちょうの舞踏会とバッタの宴会』（一八〇七年）では虫たちが楽しげに集う。しかし、一八世紀の理性と啓蒙主義の時代にあって、人間の言葉を喋る動物を登場させることに抵抗を示すトリマー夫人のような教育者もあった。自然愛好家でもあった彼女は『コマドリ物語』（一七八六年）に、コマドリ一家を登場させたが、「決してコマドリが人間の言葉を話すわけではない」と念をおしている。一九世紀になると、ギャッティ夫人（Margaret Gatty, 1809-73）の『自然のたとえ話』（一八五五～七一年）などに昆虫や小動物どうしの会話が登場し、子どもを楽しませる想像力が理性に勝利したことがうかがえる。

動物への配慮と動物の自伝

一九世紀は、人間と動物の関係が新たな展開を見せ始めた時代でもある。ダーウィン（Charles Robert Darwin, 1809-82）が進化論を唱える一方で、工業化で失われていく自然や野生を惜しむ声と、動物への配慮の意識が急速に高まった。それまで

図4　『シートン動物記』で知られるシートン自身による野生動物のスケッチをあしらった原書表紙

図3　動物の自伝として一世を風靡した，シューエル『黒馬物語』の原書表紙

庶民の娯楽であった「クマいじめ」などの動物をいたぶる娯楽に反対運動が起こり、動物愛護協会発足へと発展したのである。このような中で、動物が語る自伝的物語と、動物愛護、教訓性を見事に結実させたのがシューエル（Anna Sewell, 1820-78）の『黒馬物語』（一八七七年）だ。これは、上流家庭の馬として愛された黒馬が、不運の果てに辻馬車引きの馬になりさがる流転の生涯を馬が自ら語る物語で、「動物の自伝」の代表的作品となった。物語は感傷的だが、働く動物への思いやりに満ち、当時の人々の心に強く訴えかけた。

一九世紀末から二〇世紀初頭にかけて、人間が動物を支配するという考えが薄まる中、カナダ育ちのナチュラリスト、シートン（Ernest Thompson Seton, 1860-1946）が、鋭い観察眼で野生動物の生きざまを追った作品を発表し、野生動物の物語の先駆となった。『シートン動物記』（一八九八年）は、オオカミやクマなど、野生動物を冷静に観察することから生まれた作品で、多くの動物主人公たちはサバイバルの戦いの果てに悲劇的な死を迎えるが、彼らは読者に動物の尊厳について考えさせるきっかけとなった。ジャック・ロンドン（Jack London, 1876-1916）の『野生の呼び声』（一九〇三年）も、シートンの流れをくむ作品である。

野生動物をペットにする話も多く、ローリングズ（Marjorie Rawlings, 1896-1953）の『子鹿物語』（一九三八年）には、少年がペットの子鹿に畑を荒らされ、苦しい決断を迫られる貧農一家の苦悩が、また、モワット（Farley Mowat, 1921-2014）の『ぼくとくらしたフクロウたち』（一九六一年）には、ペットにした野生フクロウの生態と個性がユーモラスに描かれたが、いずれの作品も人間と野生動物の間にある、超えることのできない一線を暗示するところがある。

図５　ときにミュージカルとしても上演される，グレアム『たのしい川べ』の原書表紙

動物ファンタジー

世紀の変わり目にあって、失われゆく田園への感傷と、永遠には続かない子ども期にたいするロマン派的な憧れの結びつきは、イギリスで珠玉の動物ファンタジーを生み出した。ケネス・グレアムの『たのしい川べ』（一九〇八年）では、川ネズミ、モグラ、腕白坊主のようなヒキガエルなど愛すべき登場人物が、現実的な動物世界の生存競争とは無縁の冒険を繰り広げた。ポターの〈ピーターラビット〉シリーズも田園が舞台だが、鋭い動物観察と人間観察から生まれた作品は、時に辛辣な風刺も含み、単なる子ども向けの動物ファンタジーを超えた面白さがある。

人間と動物が交流する一種の理想世界を描いたのが、ヒュー・ロフティング（Hugh Lofting, 1886-1947）の〈ドリトル先生〉シリーズだ。動物の言葉が理解できる獣医のドリトル先生が動物たちとともに様々な問題解決にあたる愉快な物語である。オーストラリアのエセル・ペドリー（Ethel Pedley, 1859-98）による『ドットとカンガルー』（一八九九年）は、荒野で迷子になった幼い少女ドットが雌のカンガルーに助けられる話で、ファンタジーを通して野生動物への関心と保護を訴えた作品でもある。二〇世紀半ばになると、さらに自然破壊や人間中心社会への疑問に目が向けられ、児童文学にも変化が現れる。オブライエン（Robert O'Brien, 1918-73）の『フリスビーおばさんとニムの家ねずみ』（一九七一年）や、リチャード・アダムズ（Richard Adams, 1920-2016）の『ウォーターシップ・ダウンのうさぎたち』（一九七二年）は、人間による自然破壊を非力なネズミやウサギの視点で捉えた、現代人への警告の書である。人間と食用の家畜という微妙な関係の中で展開する、E・B・ホワイトの『シャーロットのおくりもの』（一九五二年）は、子豚の運命を通し

図６　動物物語の傑作，キプリング『ジャングル・ブック』の原書表紙

て動物と人間の関係をシニカルかつユーモラスに描いている。

動物物語の諸相

人間と動物の関わりを描きつつ、人間社会に疑問を投げかけたのが、キプリングの『ジャングル・ブック』（一八九四年）である。オオカミに育てられた少年モーグリを通して、規律正しい動物社会と、それとは対照的な人間社会の違いを鮮明に浮かび上がらせた。Ｊ・Ｃ・ジョージ（Jean Craighead George, 1918-2012）の『オオカミとくらした少女ジュリー』（一九七二年）も類似のテーマを現代的・異文化摩擦的な視点を交えて扱ったもので、いずれの作品でも、人間社会と動物社会の境界線上にいる主人公は、様々な解釈の可能性を秘めている。

現代のリアルな動物を扱った作品には、子どもが動物との関わりを通して成長する過程を追った作品が多いようだ。ピアスの『まぼろしの小さい犬』（一九六二年）では犬を飼うことに強すぎる憧れを抱く少年を、またフォックスの『一一歳の誕生日』（一九八四年）では、猫をめぐって両親に嘘をついた少年の動揺する心を扱っている。また、日本では馴染みが薄いが、少女が乗馬や馬の世話、乗馬仲間とのかかわりの中で成長する姿を描く「ポニー物語」が二〇世紀初期からさかんに書かれ、一つのサブジャンルを形成しているのは英語圏における動物物語の特徴だろう。ファンタジーでは、ブライアン・ジェイクス（Brian Jacques, 1939-2011）の〈レッドウォール〉やケネス・オッペル（Kenneth Oppel, 1967-）の〈銀翼のコウモリ〉などの動物冒険シリーズがよく読まれている。野生動物が絶滅の危機にさらされる一方で、ペットやコンパニオン・アニマルとしての動物への期待がかかる中、人間と動物の関係は今後どのように物語化されていくのだろう。

（白井澄子）

51

家庭物語——子どもの居場所を描く

図1　オルコット『若草物語』の原書表紙

教訓物語から理想の家庭像へ

家庭は生活の場であるだけでなく、将来に備えて子どもをしつけたり教育したりする中で、社会秩序の保持が図られてきた。このとき、物語もまた教訓的な傾向を帯びることになったのである。定松正は、イギリスの教訓物語から家庭物語への分岐点をメアリー・シャーウッド（Mary Sherwood, 1775-1851）やシャーロット・ヤング（Charlotte Yonge, 1823-1901）などの作品に置き、初期家庭物語の特長を「大人の倫理観に即応する善良な子どもが登場」することと述べたが（『イギリスアメリカ児童文学ガイド』二〇〇三年）、これはアメリカの場合にもあてはまるだろう。

家族を描いた一九世紀の物語ですぐに思い浮かぶのがルイザ・メイ・オルコットの『若草物語』（一八六八年）である。オルコットは自分と姉妹の体験をもとに普通に欠点をもつ姉妹の日常をいきいきと描いた。愛情豊かなマーチ家の隣に裕福でも愛情に恵まれないローレンス家を配置したことで、理想の家族像が浮き彫りにされている。母娘の絆が強いが、実際には父は遠方から手紙を通して影響力を行使している。オルコットはその後『八人のいとこ』（一八七五年）では、孤児が一族の大ばやおじたちに養育される話を描き、大家族主義の長所短所や女性の生き方を考察している。

ローラ・インガルス・ワイルダーもまた体験をもとに開拓時代の夫婦が価値観の違いを越え、ともに数々の困難に明るく立ち向かう姿を『大きな森の小さな家』

図2　タウンゼンド『ぼくらのジャングル街』の原書表紙

（一九三二年）以下のシリーズで展開した。作者は個人の生活に政府が介入すべきでないという信念からニューディール政策に反発し、生存のために家族の結束が不可欠だった開拓者の生活を描き、個人の自由や独立精神の大切さを訴えようとしたのである。

一九世紀には孤児の物語も人気があった。多くの場合、孤児はどこかしらの家族に受け入れられて終わるが、これは血縁関係ではない家族の形成でもある。一例がカナダのモンゴメリで、代表作『赤毛のアン』（一九〇八年）では孤児のアンが老兄妹に家族として迎えられ、ついで村の共同体の一員となっている。

二〇世紀の現実を映す

イギリスのイヴ・ガーネット（Eve Garnett, 1900-91）は子だくさんで貧乏な労働者一家の日常を描いた『ふくろ小路一番地』（一九三七年）でカーネギー賞を受賞した。ただし労働者階級を下にみる作者の態度が欠点である。アメリカではエリナー・エスティスが『元気なモファットきょうだい』（一九四一年）で、貧しい母子家庭の生活をユーモラスに描き、評判となった。経済的な苦労をかかえ奮闘する母親に見守られ、子どもたちはのびのびと育っている。周囲も善良な人物ばかりだが、不景気で借家が売り払われ、一家がそこから立ち退く展開には現実の厳しさが反映されている。

イギリスのジョン・ロウ・タウンゼンドは『ぼくらのジャングル街』（一九六一年）で、厳しい現実とそれに直面する子どもを描き、新しい社会派リアリズムを樹立した。ケヴィンとサンドラの兄妹は、二人のいとことおじとそのガールフレンドと暮していた。ある日大人ふたりが行方をくらませたため、子どもたちは自分たち

図 3　20世紀の変化，フィッツヒュー『どこも家族は変わらない』の原書表紙

で家庭を守ろうとする。物語は途中から脱獄囚と密輸事件が絡むスリリングな冒険に発展し、最終的には血縁のおじと子どもたちの再出発で終わる。親の保護遺棄や劣悪な環境の中で、彼らにとって最善ではないが現実的な選択がなされている。

七〇年代以降、白人中産階級中心だった物語に変化が起きる。例えば白人の作家ルイーズ・フィッツヒューは未訳の『どこも家族は変わらない』（一九七四年）で因習的な男女の役割を押し付けようとする黒人一家の父親と子どもたちの反発を描いたが、背景にフェミニズムの影響が読み取れる。ヴァージニア・ハミルトンは、ネイティヴ・アメリカンの血も引くアフリカ系アメリカ人の強みを活かして『わたしはアリラ』（一九七六年）などでエスニック・マイノリティの家族を描き、家族の問題を扱うことで人種や民族を超越した普遍性をもたせることに成功した。ユダヤ系文化を背景にもつE・L・カニグズバーグが描く家族も、アメリカの多文化社会を反映している。

イギリスではバーナード・アシュリー（Bernard Ashley, 1935-）が、小学校の校長だった経験から、移民の受け入れが社会にもたらす影響をふまえた作品を発表する。また、寄せ集められた人形の「家族」が、たがいの愛情と気づかいで本物の家族になる様子を『人形の家』（一九四七年）で描いたルーマー・ゴッデンは、のちに人間界に舞台を移し、一種の職業小説『バレエダンサー』（一九八四年）では、男女の性別役割にこだわり、息子のバレエに反対する父が、偏見を克服する様子を示している。

子どもの居場所を求めて

二〇世紀後半になって離婚家庭が増えると、つぎには再婚で生じた家族の話が書

図4　子どもの居場所，ボーデン『家族さがしの夏』の原書表紙

かれるようになった。イギリスではフィリパ・ピアスの『ペットねずみ大さわぎ』（一九七八年）が該当する。アン・ファイン（Anne Fine, 1947-）は『ぎょろ目のジェラルド』（一九八九年）などで、親の離婚や家庭のトラブルに関わる思春期の少女の心理を描いている。ジャクリーン・ウィルソン（Jacqueline Wilson, 1945-）がこれに続く。アメリカではキャサリン・パターソンなどが家族のあり方を一貫して追求している。

もうひとつの変化は、家族の構成メンバーだろう。一例がイギリスの作家ニーナ・ボーデン（Nina Bawden, 1925-）による『家族さがしの夏』（一九八九年）である。母と死別し、父が客船の機関士をしている主人公は大おば二人の養女だった。あるとき再婚している父の家族の存在を知った。だが心痛むやり取りの末、自分の家族は二人の大おばだと再認識する。アメリカの絵本作家でもあるヴェラ・B・ウィリアムズ（Vera B. Williams, 1927-）は、ヒスパニック系の人々が暮らすアパートを舞台に、アパートの住人が一種の拡大家族として子どもたちを支える話を『スクーターでジャンプ』（一九九三年）に描いている。

これらの様々な作品の多くは、つまるところ子どもの居場所をめぐる物語といえるだろう。きょうだいや肉親、あるいは子どもを育もうとする人々に支えられ、子どもは自分にとっての「家族」を見出すのである。

（西村醇子）

図1　ヒューズ『トム・ブラウンの学校生活』の原書表紙

52

学校物語——学校というシステムの内側

初期の学校物語

寄宿舎や学校を舞台にした学校物語は、どの時代にも人気がある。国力増大が求められる近代社会の中で、上流・中産階級だけでなく労働者階級の子どもにも初等教育がほどこされるようになると、多くの子どもにとって、学校は家庭や路上と同じくらいなじみのある場所になった。学校を舞台にした物語は、読み手が想像しやすく、共感を呼ぶ。学校を舞台にした最初の物語は、フィールディングの『女教師』（一七四九年）といわれているが、これは、当時主流の教訓物語の変形で、女子の寄宿舎や学校は、道徳やマナーを教えるための装置にとどまった。

一九世紀後半、学校物語は、主に男の子を主人公に発展していく。萌芽期には〈クロフトン・ボーイズ〉シリーズ（一八四一年）がよく読まれたほか、実在の名門ラグビー校とトマス・アーノルド校長をモデルにしたヒューズの『トム・ブラウンの学校生活』（一八五七年）が古典として残っている。スポーツ精神とキリスト教教育を軸に、先生、クラスメイト、先輩後輩などの人間関係がユーモラスに描かれ、学業に励む一方で、時に学生街で羽目を外す様子に共感が持てる。他に、キング・ウイリアムス・カレッジをモデルにしたファラー（Frederic William Farrar, 1831-1903）の『セント・ウィニフレッズ』（一八六一年）やハーロウ校校長をつとめたウエルドン（James Welldon, 1854-1973）の『ジェラルド・エヴァーズリーの友情』（一八九六年）など、名門パブリック・スクールのにぎやかな日常のドラマが楽しい。

図2　コーミア『チョコレート・ウォー』の原書表紙

学校という堅牢なシステム

学校という制度は、設立の目的と教育の手段がきわめて明確である。フーコーのいう「規律と訓練」を子どもに教え込み、「従順な身体」を作る場所である。学校という場に内包される権威は、それを乗り越えていくという点で若者の成長に欠かせない。しかし、学校の権威と個人の権威を取り違えた教師は、侮蔑の対象となる。

オルコットの『若草物語』（一八六八年）では、学校に塩漬けライムを持ってきたエイミーがデイヴィス先生に厳しく叱責される。ミセス・マーチは両手を鞭打つという罰に憤り、以後エイミーを学校に行かせない。トウェインの『トム・ソーヤーの冒険』（一八七六年）では、先生の本を破いたベッキーの身代わりに、トムが懲罰を受け、一躍英雄視されるが、ここでいくぶん私情をまじえてトムに鞭をあてるドビンズ先生は、いかにも頑迷でおろかである。いずれも、物語が学校という場に批評を加えている。

学校と生活の場が一体化する寄宿学校の場合、システム性はいっそうきわだつ。バーネットの『小公女』（一九〇五年）の前身『セアラ・クルー、あるいはミンチン学院で起きたこと』（一八八八年）では、地位や金銭にへつらうミス・ミンチンの学院だからこそ、セアラの善良さや想像力と、そこからもたらされる贈り物の奇跡がドラマティックである。他方、コーミアの『チョコレート・ウォー』（一九七四年）では、学校という制度が絶望的なほど堅牢に機能しているために悲劇性がきわだつ。教員の権威志向と、生徒を牛耳るヴィジルズのよこしまな美学は、閉ざされた制度的空間において生徒たちをたたきのめす。厳格なカトリックの男子寄宿学校でなければ表現できない暴力と闇がここにある。

図3　『グレンジヒル』（シリーズ1，2　DVDセット）

学校物語とテレビドラマ

第二次世界大戦後、子どもの成長の場が学校以外に広がり、多様化するにつれて、学校を舞台にした少年少女の青春という定型は、他のジャンルにも発展的に取りこまれていった。特に七〇年代以降、学校に焦点を当てたテレビドラマが登場し、人気を博する。『グレンジヒル』（一九七八～二〇〇八年）は、イギリスの中等学校を舞台に、現実味のある設定の中で、麻薬の問題を扱ったり、ハンディキャップをもつ生徒を登場させたりした。アメリカ西海岸の華やかなスクールライフを描く『ビバリーヒルズ高校白書』『ビバリーヒルズ青春白書』（一九九〇～二〇〇〇年）は、高校から大学までも包含した主人公たちの学生時代を追う。テレビ映画の『ハイスクール・ミュージカル』（二〇〇六、二〇〇七、二〇〇八年）は、高校で上演されるミュージカルづくりを中心に、恋やライバル、仲間の大切さなどを伝え、同時代の中高生視聴者からの絶大な人気を誇る。仲間同士の葛藤や恋愛、教師をはじめとする大人とのかかわりによって子どもたちが少しずつ成長し、仲間の大切さを理解していくという点で、これらのドラマには、ある種の児童文学性が投影されている。

ファンタジーの学校物語

学校は、強いシステム性を持っているので、ファンタジーに移築してもユニークな効果を生む。マーフィー（Jill Murphy, 1949-）の〈ミルドレッドの魔女学校〉シリーズ（一九七四～二〇〇七年）は、上級検定を目指す魔女見習いが通うカックル魔女学校を舞台に、主人公の劣等生ミルドレッドが校長先生や親友に支えられてピンチを乗り越えていく。習得と失敗を鮮やかに対比できる「魔法」は効果的な味つけだ。また、多くの批評家が指摘するように、ローリングの〈ハリー・ポッター〉シ

図4　ローリング『ハリー・ポッターと賢者の石』（1997年）の原書表紙

リーズも壮大な学校物語である。パブリック・スクールの伝統を踏襲したホグワーツ魔法学校では、寮ごとにカラーがあり、競争を通じて互いに研鑽する。ハリーらの成長を段階的に追えることはもちろん、悪の魔法使いがひそかに力をたくわえ、権謀術数が入り乱れるのも、学校というシステマティックな場所を舞台にしているからこそ効果が高い。

ル＝グウィン（Ursula K. Le Guin, 1929-）の〈ゲド戦記〉シリーズ（一九六八〜二〇〇一年）には魔法使いを養成するローク学院という学校が登場し、作品の政治学とからみあう。男性のみに言葉／書物という技術が継承されていた学院の伝統は、『アースシーの風』（二〇〇一年）と外伝の「トンボ」でくつがえされる。「トンボ」によると、今はまじない女として見下されている在野の魔女の手を借りて、ローク学院の礎ができた。女性や先住民などの「他者」をすくいあげてきたル＝グウィンのヒューマニズムに、学校も組み込まれている。

（鈴木宏枝）

53

冒険物語——叙事詩からマンガまで

児童文学成立以前

神意を受けて敵に立ち向かう勇将や、怪物と死闘を繰り広げる戦士の勲をうたった叙事詩は、多くの人々が文字の読み書きとは無縁だった時代から、子どもを含めて万人に親しまれてきた。一五世紀から一六世紀にかけて登場しはじめたブロードサイドやチャップブックと呼ばれる庶民向けの印刷物でも、アーサー王やロビン・フッドなど、長らく語り継がれてきた伝説のヒーローの冒険が人気の素材であった。「巨人殺しのジャック」「トム・ヒッカスリフト」「ジャック・ホーナー」といった民話やバラッドのヒーローも、炉端やベッドサイドの古なじみである。

近代小説成立期に出版された『天路歴程』（一六七八年）、『ロビンソン・クルーソー』（一七一九年）、『ガリバー旅行記』（一七二六年）は、いずれも大人の読者を対象にした作品だったが、縮約版等を通じて子どもにも広く受容された。テーマや表現形式は三者三様だが、これらの作品には、旅、サバイバル、困難の克服、戦い、ふしぎな事物との遭遇など、冒険の要素が豊富に含まれており、今日にいたるまで子ども向けのバージョンが出版されつづけている。なかでも『ロビンソン・クルーソー』はずば抜けた人気を誇り、「ロビンソン変形譚」と呼ばれる一ジャンルを形成するほど数多くの改作群を生むことになった。

冒険小説の黄金時代

子ども向けに本格的な冒険小説が執筆されるようになったのは一九世紀のことで

図1　19世紀の少年向け冒険小説

ある。先駆的な役割を果たしたのは、『アイヴァンホー』（一八二〇年）で知られるウォルター・スコット（Walter Scott, 1771-1832）、『モヒカン族の最後』（一八二六年）で人気を博したジェイムズ・フェニモア・クーパー、『マスターマン・レディ』（一八四一年）で子どもの読者を集めたフレデリック・マリアット（Frederick Marryat, 1792-1848）などの小説家たちである。彼らが開拓した「歴史もの」「フロンティアもの」「海洋もの」は、男女を問わず若い読者に歓迎され、子どもの本の書き手たちに引き継がれた。

　世紀の半ばごろになると、トマス・メイン・リード（Thomas Mayne Reid, 1818-83）、W・H・G・キングストン（William Henry Giles Kingston, 1814-80）、R・M・バランタインなど、海や植民地での活動経験をもつ少年小説作家が活躍しはじめる。リードの『頭皮狩り』（一八五一年）、キングストンの『捕鯨少年ピーター』（一八五一年）、『三人の士官候補生』（一八六二年）、バランタインの『さんご島』（一八五八年）など、実体験を活かした彼らの作品は、波乱万丈なそのストーリーが子どもたちに好まれるいっぽうで、教育的な要素もふんだんに含んでいる点で親たちからも肯定的に受け止められた。勇敢かつ正直で、健康な肉体と不屈の精神を持つ少年主人公が活躍するそれらの物語は、多くの少年読者を帝国の建設者へと育てあげていくうえで大きく寄与したといわれている。イギリスでこのような傾向をもっとも顕著に示したのが、歴史と戦争を好んで描き、愛国主義を鼓舞したG・A・ヘンティ（George Alfred Henty, 1832-1902）の作品である。アメリカでは彼らの作品に加えて、イライジャ・ケロッグ（Elijah Kellogg, 1813-1901）の〈エルム島〉シリーズ、ハリー・カスルモン（Harry Castleman, 1842-1915）の〈ガンボート〉シリーズ、オリ

図2　トウェイン『トム・ソーヤーの冒険』

バー・オプティック（Oliver Optic, 1822-97）の〈ボートクラブ〉シリーズなど、開拓地での生活や野外活動などのテーマで独自性を示す自国の作家のシリーズ本もよく読まれた。また「ダイム・ノヴェル」と呼ばれた安価な出版物では、建国ヒーローや西部の無法者を描いた冒険物語が人気を集めた。

しかし、時代を超えて生き延びる力を持つ作品は、英米ともに最後の四半世紀になってから誕生している。マーク・トウェインは『トム・ソーヤーの冒険』（一八七六年）で、自然の中でのごっこ遊びや悪戯など、子どもの日常生活と密接に結びついた冒険を描き、『ハックルベリー・フィンの冒険』（一八八四年）とともに、児童文学における新しい冒険小説の可能性を示した。また、R・L・スティーヴンソンは『宝島』（一八八三年）で、それまでの少年小説作家たちが金科玉条とした道徳的健全さや現実的な舞台設定にこだわらず、娯楽性豊かな伝奇的冒険小説を完成させた。この系譜に連なるヘンリー・ライダー・ハガードの〈アラン・クォーターメン〉シリーズやアーサー・コナン・ドイル（Arthur Conan Doyle, 1859-1930）の〈チャレンジャー教授〉シリーズなどは、今なお映画やドラマに格好の素材を提供している。また、世紀転換期にはジャック・ロンドンの『野生の呼び声』（一九〇三年）やラドヤード・キプリングの『ジャングル・ブック』（一八九四年）、『少年キム』（一九〇一年）など、新たな冒険的世界を提示する作品も登場した。

新時代の冒険の形

二〇世紀、とりわけ第二次世界大戦後には、支配と征服を目指す大掛かりな旅や悪意ある敵との戦いは、もっぱら宇宙や異世界を舞台にして描かれた。宇宙開発をリードしたアメリカではスペース・オペラと呼ばれる冒険活劇が次々と出版され、

図3　海外書店に並ぶ日本マンガ

イギリスでは神話や伝説に取材した冒険ファンタジーの傑作が数多く生まれた。また自然も主要な冒険の舞台であった。アーサー・ランサムの作品に代表されるような、避暑地で味わう冒険的雰囲気から、アイヴァン・サウスオール（Ivan Southall, 1921-2008）の『燃えるアッシュ・ロード』（一九六五年）やゲイリー・ポールセン（Gary Paulsen, 1939-）の『ひとりぼっちの不時着』（一九八七年）にみられるような、草原や荒野での過酷なサバイバルまで、多様な冒険が書きつづけられている。さらに、『青いイルカの島』（一九六〇年）で知られるスコット・オデル（Scott O'dell, 1898-1989）や、〈ローマン・ブリテン〉シリーズでおなじみのローズマリー・サトクリフらの手になる歴史小説の中にもすぐれた冒険物語を見つけることができる。

女性の関わり方は新時代の冒険物語を特徴づける。女性読者は古くからいたが、女性冒険小説作家が登場し、少女を主人公とした冒険小説が出版されるようになったのは一九世紀末のことである。第二次世界大戦中に発表されたW・E・ジョンズ（William Earl Johns, 1893-1968）の〈ウォラルズ〉シリーズでは、空軍女性補助部隊に属するヒロインが、戦闘機の操縦や敵機の撃墜など通常任務の枠を超えた大活躍を見せ少女読者を魅了した。戦後の作品、とりわけファンタジーやSFでは、このような「戦う少女」はもはや珍しい存在ではない。また、新時代の冒険物語の担い手にはスーパーマンやバットマンのようなコミック生まれの超人ヒーローもいる。近年では鳥山明の『ドラゴンボール』や尾田栄一郎の『ONE PIECE』など日本の冒険マンガが英語圏諸国を含めて世界的な人気を得ているが、同じく超人的な主人公が登場するにせよ、旅と友情が焦点化されているところに、悪との対決を主題としたかつてのアメリカンコミックとの違いを見出せる。

（水間千恵）

54 ファンタジー――拡張現実への流れの中で

図１　「妖精物語について」を含む早い時期のトールキンのアンソロジー（1966年）（アダルト・ファンタジー叢書の一冊）

ファンタジー文学というジャンル

ファンタジーという言葉自体はもともと「空想」の意味であり、「幻想的な作品」を漠然とさすこともあった。しかし、ジャンル名としての「ファンタジー」が定着したのはトールキンの『指輪物語』（一九五四～五五年）をへた六〇年代以降であり、それ以前の児童向けの作品をファンタジーと呼ぶのは、時代をさかのぼっての後付けの呼称となる。したがって本項では、ジャンル名としてのファンタジーを厳密に適用し、二〇世紀後半からの主に若い層向けの小説作品をさすとみなすことにしたい。

むろんファンタジー的な作品群（幻想小説）の本質については、『指輪物語』以前からも種々の論があり、二〇世紀以降の主な論者としてはロジェ・カイヨワ、ツヴェタン・トドロフ、エリック・S・ラブキンらが有名だが、各論者がどの作品を典型とみなすかによって主張する価値観が異なり、一概に比較するのは難しい。ローズマリー・ジャクソンは『ファンタジー――転覆の文学』（一九八一年）の中でミハイル・バフチン、ジョアンナ・ラスなどを加えてこれらの流れをまとめながら、ファンタジーとは「現実にプライオリティを与えないすべての文学」としている。

いっぽうトールキンが創始した大冊の別世界物語を、現代ファンタジーの主流と捉えるのはブライアン・アトベリーであり、彼は「著者自身が自然法則だと信じているものに対する侵犯が、著者の創造世界の重要な一部となっているナラティブがファンタジーである」（『アメリカ文学におけるファンタジーの伝統』一九八〇年）と述べ

図2　ジャクソン『ファンタジー――転覆の文学』の原書表紙

る。いずれにせよ現実を基準においたうえで、現実にありえないもの、侵犯するものとして、ファンタジーがその力と意義を認知されてきたことは確かのようだ。

そうしてみると、「現実」（とわれわれが信じるもの）の変化によって、それに亀裂を入れるはずのファンタジーの様相もまた変化してゆくことになろう。インターネットを含むメディア環境の激変により、かつて現実侵犯的と感じられた多くの「魔法」や「掟破り」が、むしろ現実を誘導し、わずかに先を行くだけのものに変わってしまった。四角四面な現実への抵抗勢力であったはずのファンタジーのアイテムや超自然的能力はその存在意義を失い、例えば現在、開発の進む「環境知能」は、家や家具がしゃべり、屋内のあちこちに妖精がすまう空間を実現しようとしている。テクノロジーの進歩はめざましく、どのようなことも現実侵犯的ではなくなる可能性がある。二一世紀に入ってからは特に、ファンタジーとは何であるかという問題を、これまでの文学的定義の中で取り扱うことは困難である。

最大公約数的には、ファンタジーとはとりあえず、アトベリーの言うように、トールキンの方法論を出発点として生み出された別世界物語群としておくのが妥当ではないかと思われる。

トールキンの方法論

いまさらであるが、トールキンの最大の主張は「第二世界」の「準創造」である。現実世界を「第一世界」とするならば、それを直接的に侵犯、転覆、おびやかすなどの意志を持つことなく、「第二世界」を、神に準じる形で創造する。そのためには、「リアリティの内なる一貫性」が必要となる。どのような世界であれ、その世界が数学の系のごとく一貫し、読者にリアリティを感じさせればよい。目指すべきは一つの自足した世界の体系化であり、まさに「准創造」と呼ぶにふさわしい。

前述のローズマリー・ジャクソンは、このような別世界物語を、その自己充足的な安定性、包括性ゆえに、現実への侵犯力を欠くものとして評価しないが、この型のファンタジーは、日常の細部をゆるがすことはないかもしれぬものの、別の世界観を提示することによって、現実を外側から照らし出す鏡になりうる。フィリップ・プルマンの〈ライラの冒険〉シリーズ（一九九五～二〇〇〇年）が、宗教界を中心に巻き起こした波紋がその好例であろう。

ただジャクソンの主張の中で的を射ていると感じられるのは、こうした別世界物語が、現実に平行するもう一つの疑似現実を作り出すことに終わりかねない、という指摘である。トールキンの求めた「リアリティの内的一貫性」が設定や文体において整合的に追求されすぎると、その中ではすべてが当然となり、ファンタジーの属性の第一としてよく語られる「驚異」（Wonder）が消失せざるを得ない。現実の一瞬の破れ目から永遠が見えるような体験、世界の自明性が崩され、転覆させられることの、無法な喜びもまた失せてしまうのである。

トールキン的なファンタジー文学は、散文的な小説の言葉で地道なリアリティをつむぎだしたことによって、大人を含む多くの読者を引き寄せ、偽史や歴史小説との境界線をもあいまいにした。ファンタジーは危険な非日常性を失いつつ、おだやかにさりげなくフィクションの書棚の中にすべりこんでいったのである。

拡張される「現実」

例えば３Ｄ映像は、今後、ますます私たちの自然な視覚体験の一つになってゆくであろう。「現実」とは、かつては五感による直接体験であると素朴に信じられていたが、今では感覚もアプリオリなものではなく、創られうるものとなった。CGやVFXで創造された実写的映像に、3D処理も加わって、現実以上に鮮烈な感覚体験をさせてくれるとなれば、現実とは何かに対するわれわれの観念もまた見直されざるを得ない。外側に確固とした物理世界があり、それのみが「現実」であるという観念は、この情報の時代にはすでにそぐわないものと感じられはじめている。

かつては「見えざるものを現出させる」ことは文学の特権であったが、それを情報テクノロジーが万人に共有しうる形で達成するとなれば、それは新しい拡張現実になったと言える。見たもの、聞いたものは在るものと認知され、空飛ぶ船も、歩き出す木も、ものいう動物も、わたしたちの「現実」の中に回収されてしまう。

日本のライトノベルの大半が「いま、ここ」の等身大の現実ではなく、妖精や魔物、陰陽師など超自然的な設定を採用していることも、年少読者の「現実」がそれを包みこめるほどに拡大しているからであろう。また女性にとっての現実的な願望充足をになうフォーミュラ・ノベルであったロマンス小説の分野にも、「パラノーマル・フィクション」と呼ばれる、異類すなわち吸血鬼や狼男との恋愛譚が登場している。旧来のファンタジーは日常に溶けこみ、その中に統合されつつある。

しかしファンタジー作品が認知されて環境の自然な一部となり、拡張する現実の範囲におさまったとき、すなわち「虚構」というフレームを失ったとき、本来ファンタジーのもっていた衝撃力——現実の異化、再統合、常識の転覆、隠された世界の暴露など——も薄れてゆくというのは手痛いパラドックスであろう。

（井辻朱美）

図1　『現代ヤングアダルト小説』はYA小説の入門書。写真は第4版の原書表紙

55　YA小説——子どもと大人のはざまで

YA小説とは何か

YA＝ヤングアダルトの定義は様々である。例えば教育界に眼を向けると、全米学力調査（The National Assessment of Educational Progress＝NAEP）はヤングアダルトを「一二歳から二五歳」としているし、心理学事典をひらけば「一般的に二〇〜三五歳ごろまでは成人前期 young adult、前成人期 preadult ないしユース youth などと呼ばれ」るとある（『新版心理学事典』平凡社）。

しかし児童文学・文化分野における「ヤングアダルト」を考えるとき、参考とすべきはアメリカ図書館協会（ALA）のヤングアダルト図書館協会（Young Adult Library Services Association＝YALSA）が示す「一二歳から一八歳」という定義であろう。子どもでもなく大人でもないという思春期の一〇代の若者たち、また出版用語として彼らを対象とした文学を指す。そしてYAと略される。

YA小説は比較的新しいジャンルである。この項ではこの分野がいち早く発達したアメリカを例にとって考えてみたい。

半田雄二によると、子どもの文学は卒業したが大人の文学を読むにはまだ早い年齢層を対象とした作品が意識され始めたのは一九二〇、三〇年代くらいからだという（『ヤングアダルトサービス入門』教育史料出版会）。若年労働の規制や中等高等教育の普及、身体的発育の早熟化により、「身体的、知的発達があっても、社会的認知や責任がいつまでも与えられないモラトリアム（猶予期間）が長期化し、子どもと

図２　1964年にニューベリー賞を受賞したエミリー・ネヴィルの『ネコ君，そういうわけなんだよ』。『ライ麦畑でつかまえて』と比較すると，サリンジャーの先駆性が際立つ

大人で成り立っていたはずの社会に大量の「中間人」が生まれたからである（ヤングアダルトサービス協会著『ヤングアダルトに対する図書館サービス方針』日本図書館協会）。彼らは自らの不安定な立ち位置や、自我と社会的認知のはざまで様々に葛藤し、その葛藤や要求に応える文学作品が必要とされてきたのである。

しかしジャンルとして大きな成長を見せたのは第二次世界大戦後であろう。アメリカ図書館協会は一九五〇年代にヤングアダルトに対する推薦図書の選書を始め、一九五七年には協会の一部会としてヤングアダルト・サービス部会（Young Adult Services Division＝ＹＡＳＤ）を発足。一九九二年にはヤングアダルト図書館サービス協会（Young Adult Library Services Association）となり現在に至る。

こうした若者や作品群に対する「ヤングアダルト」の用語が直ちに定着したわけではない。一〇代の若者に対しては“adolescent”“teen”“teenager”“youth”“young people”など様々な言葉が当てられたし、ＹＡ小説のかわりに「青春小説」（adolescent fiction）や「ティーンエイジ・ノヴェル」（teenage novel）の名称が使われることも多い。しかし一二歳から一八歳という年齢に限定した特殊性や用語の適切な使いやすさなどを考慮して次第に「ヤングアダルト」の呼び名が普及することとなった。

ＹＡ小説初期の流れ

ビバリー・クリアリーやエミリー・ネヴィル（Emily Neville, 1919-97）など早くからこのジャンルで活躍した作家はいるが、エポックメイキングとなったのはやはりＪ・Ｄ・サリンジャーの『ライ麦畑でつかまえて』（一九五一年）である。大人社会の欺瞞や保守的な価値観を徹底的に嫌悪する自我の強い少年は、従来の若者像と

図3　コーミア『果てしなき反抗』の原書表紙。集団の流れに逆らう少年の像

は一線を画し後代に大きな影響を与えた。

その影響が実際に花開いたのが一九六〇年代である。『ライ麦畑でつかまえて』は第二次世界大戦後「強いアメリカ」に酔いしれる風潮の中、核戦争の危機感のもとで書かれた作品という意味で時代を先取りしたが、六〇年代はベトナム反戦運動や市民権運動の拡大で、既存社会への抗議が高まった。その空気を吸って大人のあり方や既成の価値観に疑義を唱える若者像が数多く描かれるようになった。ポール・ジンデル（Paul Zindel, 1936-2003）、リチャード・ペック（Richard Peck, 1934-2018）、ナット・ヘントフらの作品がその好例であろう。

その中で異彩を放ったのがS・E・ヒントンの『アウトサイダーズ』（一九六七年）である。執筆当時、現役のティーンエイジャーであった著者は、同世代の若者たちの純粋さを大人の作家なら書きにくいほどのロマンティシズムをもって謳い上げたからである。また現在も高い人気を誇る『アウトサイダーズ』と並んで、このジャンルの代表作といわれるのが、ロバート・コーミアの『チョコレート・ウォー』（一九七四年）やその続編『果てしなき反抗』（一九八五年）である。社会と個人の力学を度々テーマとしたコーミアは、この作品では学校と学校内の秘密組織をめぐる様々な人間の力関係をえぐり出し、その厳しい結末のあり方も賛否両論を呼んだ。

一九六〇年代の市民権運動の高まりとともに、様々なマイノリティの文学も発達した。その代表格といえるのがヴァージニア・ハミルトンである。ネイティブ・アメリカンとアフリカン・アメリカンの血をひく彼女は、自らの出自やアイデンティティの確立を模索する思春期特有の悩みを現実とファンタジーのないまぜになった

図４　ブルーム『キャサリンの愛の日』は厳しい文学的評価の一方で，ティーンエイジャーに根強い人気がある

独特の文体で描きだした。彼女のみならず、マイノリティの文学は、白人文学にはない社会的視点を提示するとともに、既存の枠にとらわれない文学スタイルを提供し、このジャンルの文学表現の豊かさに寄与している。

タブーを破った様々なYA小説

YA小説が扱うテーマは、家族問題から貧困、戦争といった社会問題まで多岐に渡る。その中で児童文学と一線を画すのが恋愛そして性の問題である。読者の興味の高さとは裏腹に、大人の証ともいえる性の問題は児童文学では特にタブー視されてきたからだ。一九七〇年代にすでにジュディ・ブルームが『キャサリンの愛の日』（一九七五年）で、セックスを詳細に描き賛否両論を呼んだ。現在では、妊娠はもちろん同性愛、性同一性障害などテーマの幅はさらに広がっている。

YA小説は語られる問題の深刻さ、それを緻密に丁寧に伝えようとすることから長編や難解な文体になりがちだが、一九八〇年代頃から読みやすさ、エンターテインメントを重視した良作も多々生まれ、多くの読者を獲得している。その例が『ウィーツィ・バット』（一九八九年）のフランチェスカ・リア・ブロック（Francesca Lia Block, 1962-）や『スター☆ガール』（二〇〇〇年）のジェリー・スピネッリ（Jerry Spinelli, 1941-）、『トラベリング・パンツ』（二〇〇一年）のアン・ブラッシェアーズ（Ann Brashares, 1967-）などだろう。ヘレン・フィールディング（Helen Fielding, 1958-）の『ブリジッド・ジョーンズの日記』がベストセラーになってからはその少女版ともいえる日記形式の作品も数多く生まれ、メグ・キャボットの『プリンセス・ダイアリー』（二〇〇〇年）はディズニー社により映画化された。

（横田順子）

索　引

原則として，人名に続けてその作品名を列記している。

カ　行

サ 行

ナ 行

ハ 行

マ　行

ヤ 行

ラ 行

ワ 行

写真・図版出典一覧

章　扉

第１章　Mark Twain, *The Adventures of Tom Sawyer.* New York: The Modern Library, 2001.

第２章　Jane Pettigrew, *An Edwardian Childhood.* Boston: A Bulfinch Press, 1991.

第３章　第２章に同じ。

第４章　Walter Crane, *The Baby's Opera: A Book of Old Rhymes with New Dresses.* Tennessee: Pook Press, 2011.

第５章　Edith Nesbit, *The Story of the Treasure Seekers.* London: Puffin Books, 1994.

第６章　Brian Alderson and Felix De Marez Oyens, *Be Merry and Wise: Origins of Children's Book Publishing in England, 1650-1850.* London: The British Library, 2006.

第７章　ヴィルジリ・クリスティーナ・幸子，新井由美，山川徹『ジェシー・ウィルコックス・スミスの世界』新人物往来社，2011年。

第１章

1

図１　James Christen Steward, *The New Child: British Art and the Origins of Modern Childhood, 1730-1830.* Berlekey: University Art Museum and Pacific Film Archive, University of California, Berkeley, 1995.

図２　Edith Boyd, *Origins of the Study of Human Growth.* Eugene: University of Oregon Health Sciences Centre Foundation, 1980.

図３　図１に同じ。

図４　図１に同じ。

2

図１　Ina Taylor, *Helen Allingham's England: An Idyllic View of Rural Life.* Oxford: Caxton, 1990.

図２　図１に同じ。

図３　E. P. Thompson, *Customs in Common: Studies in Traditional Popular Culture.* London: The Merlin Press, 1991.

図４　Andrew W. Tuer, *History of the Horn Book,* 1987 1st edition; New York: The Arno Press, 1979 reprint edition.

3

図１　Sally Kevill-Davies, *Yesterday's Children.* Woodbridge: Antique Collectors' Club, 1991.

図２　ピーター・ハント『子どもの本の歴史――写真とイラストでたどる』さくまゆみこ・福本友美子・こだまともこ訳，柏書房，2001年。

図３　Louisa May Alcott, *Little Women.* 1868. London: Penguin, 1989.

図４　United States Department of Labor Children's Bureau, *Infant Care.* Washington: U.S. Government Printing Office, 1932.

4

図1　Elia Kazan, dir. *East of Eden.* Warner Home Video, 1955/2005.

図2　Jane Austen, *Pride and Prejudice.* 1813. New York: Bantam, 1981.

図3　カード。

図4　Adele Faber and Elaine Mazlish, *Siblings without Rivalry: How to Help Your Children Live Together So You Can Live Too.* New York: Harper Collins, 1987/2004.

5

図1　Kenneth Grahame, *The Golden Age.* Pleasantville: Akadine Press, 2000.

図2　Philippa Pearce, *Tom's Midnight Garden.* Oxford: Oxford University Press, 2008.

図3　Ina Taylor ed., *The Art of Kate Greenaway.* Gretna: Pelican Publishing, 1991.

図4　筆者撮影。

6

図1　映画『ライ麦畑をさがして』のパンフレット。トライエム，2001年。

図2　映画『アウトサイダー』のカバー。東芝，1983年。

図3　山川あいじ『チョコレート・アンダーグラウンド』集英社，2008年。

図4　Margaret Mahy, *The Changeover.* London: Penguin, 1995.

7

図1　Pamela Horn, *The Victorian Town Child.* Phoenix Mill: Sutton, 1997.

図2　Kenneth Bagnell, *The Little Immigrant: The Orphans Who Came to Canada.* Toronto: Macmillan of Canada, 1980.

図3　Andrea Warren, *Orphan Train Rider.* New York: Houghton Mifflin, 1996.

図4　図2に同じ。

図5　Randolf Caldecott, *The Babes in the Wood.* London: Routledge, 1880.（『複刻世界の絵本館　オズボーン・コレクション』ほるぷ出版，1980年）

図6　Katherine Paterson, *The Great Gilly Hopkins.* New York: Crowell, 1978.

第2章

8

図1　Desiderius Erasmus, *De Civilitate Morum Puerilium,* 1530; English version by Robert Whittinton (or Whittington), *A Little Book of Good Manners for Children,* 1532; Cited from *On the Civility of Children's Behaviour,* London: Preface Publishing 2008.

図2　John Locke, *Aesop's Fables, in English & Latin, Interlineary, for the benefit of those who not having a master, would learn either of these tongues.* 1705. London: A. Bettesworth, 1723.

図3　John William Adamson ed., *Some Thoughts Concerning Education by John Locke,* New York: Dover, 2007.

図4　James Christen Steward, *The New Child: British Art and the Origins of Modern Childhood, 1730-1830.* Berkeley: University Art Museum and Pacific Film Archive, University of California, Berkeley.

図5　図4に同じ。

9

図1　Charles Dickens. *Oliver Twist.* Ware: Wordsworth, 1992.

図2　Rousseau. *Emile ou de l'eucation.* Paris: Garnier-Flammarion, 1966.

図3　Beverly Cleary. *Beezus and Ramona.* New York: Harper Collins, 2006.

図4　Virginia Euwer Wolff. *Make Lemonade.* New York: Henry Holt, 2010.

10

図1　E. D. Laborde, *Harrow School: Yesterday and Today.* London: Winchester Publications, 1948.

図2　William Mayne, *Sand.* 1964. London: Puffin Books, 1967.

図3　Franklin D. Roosevelt Presidential Library and Museum. 〈http://docs.fdrlibrary.marist.edu/mages/photodb/27-0699a.gif〉

11

図1　〈http://en.wikipedia.org/wiki/File:Oscr_Rex_-_Bar_Mitzwa.jpg〉 2012年9月14日参照。

図2　James Matthew Barrie, *Peter Pan.* New York: Penguin, 2004.

図3　Ernest Hemingway, *In Our Time.* New York: Scribner, 2003.

12

図1　Stephen Lamp ed., *School Dropout and Completion: International Comparative Studies in Theory and Policy.* Dordrecht: Springer, 2011.

図2　Roger White, *Absent with Cause: Lessons of Truancy.* London: Routledge & Kegan Paul, 1980.

図3　J. D. Salinger, *The Catcher in the Rye.* Boston: Brown Little, 1991 (1951).

図4　J. D. Salinger, *Franny and Zooey.* London: Penguin Books, 2010 (1961).

13

図1　Hugh Cunningham, *Children and Childhood in Western Society Since 1500.* 2nd edition, Harlow: Pearson Education Limited, 2005.

図2　Charles Kingsley, *The Water Babies.* 1863. London: Puffin Books, 1994.

図3　Katherine Paterson, *Lyddie.* New York: Dutton Children's Books, 1991.

図4　United States, *Legislative History-S. 3817: Congressional Record,* Vol. 156, 2010.

図5　United States Congress House of Representative Committee on Energy and Commerce, Subcommitttee on Oversight and Investigations, *Sexual Exploitation of Children over the internet: How the State of New Jersey Is Combating Child Predators on the Internet.* Washington: U.S. Government Printing Office, 2006.

14

図1　岩波律子編『パリ20区　僕たちのクラス』EQUIPE DE CINEMA No.176，岩波ホール，2010年。

図2　Elaine Lobl Konigsburg, *The View from Saturday.* Simon & Schuster, 1996.

図3　Shaun Tan, *The Arrival.* New York: Arthur A. Levine Books, 2006.

第3章

15

図1　Eleanor Farjeon, *A Nursery in the Nineties.* Oxford: Oxford University Press, 1980.

図2　Beverly Cleary, *A Girl from Yamhill: A Memoir.* New York: Dell Publishing, 1989.

図3　Roald Dahl, *Boy: Tales of Childhood.* Harmondsworth: Puffin Books, 1986.

図4　筆者撮影。

図5　Amanda Grant, *The Silver Spoon for Children: Favourite Italian Recipes.* London: Phaidon Press, 2009.

16

図1　Iona & Robert Opie and Brian Alderson, *The Treasure of Childhood: Books, Toys, and Games from the Opie Collection.* New York: Arcade Publishing A Bulfinch Press, 1989.

図2　Jane Pettigrew, *An Edwardian Childhood.* Boston: A Bulfinch Press Book, 1991.

図3　図2に同じ。

図4　図2に同じ。

17

図1　Jonathan Gathorne-Hardy, *The Rise and Fall of the British Nanny.* 1972. London: Weidenfeld, 1993.

図2　Sally Kevill-Davies, *Yesterday's Children.* Woodbridge: Antique Collectors' Club, 1991.

図3　P. L. Travers, *Mary Poppins in the Park.* 1952. Florida: Harcourt Books, 1997.

図4　Louise Heren and Susan McMillan in association with Norland College, *Nanny in a Book.* London: Random House, 2011.

18

図1　Eric Carl, *Little Cloud: A Draw-with-Chalk Book (The World of Eric Carl).* New York: Grosset & Dunlap, 2006.

図2　Caroline Lippincott, *Fun with English! Activity Book 1.* Nuway English Publishing, 2008.

図3　Susan J. Schneck, *Shapes and Colors (Preschool) (Step Ahead).* New York: Golden Books, 1999.

図4　Mark Twain, *The Adventures of Tom Sawyer.* New York: Sterling, 2004.

19

図1　西村醇子氏撮影。

図2　Beverly Cleary, *Ramona the Pest.* London: Hamish Hamilton, Children's Books, 1974 (1968).

図3　Arthur Ransom, *Swallows and Amazons.* London: Red Fox, 1993, (1930).

20

図1　ピーテル・ブリューゲル「子供の遊戯」1560年頃。ウィーン美術史美術館所蔵。

図2　『スタンド・バイ・ミー』コロムビア映画，1986年。

図3　Lucy Maud Montgomery, *Anne of Green Gables.* 1908.

図4　ポスター。

21

図1　Astrid Lindgren, *The Adventures of Pippi Longstocking.* New York: Viking Juvenile, 1997.

図 2　Daniel Defoe, *Robinson Crusoe.* London: Wordsworth Classics, 1997.

図 3　Frank Lyman Baum, *The Wonderful Wizard of Oz.* New York: Harper Collins, 2001.

図 4　Alice Walker, *In Love & Trouble: Stories of Black Women.* Florida: Harcourt Books, 2003.

22

図 1　Paula Fass ed., *Encyclopedia of Children and Childhood: In History and Society.* New York: Macmillan Reference USA, 2004.

図 2　Beverly Cleary. *Henry Huggins.* New York: Harper Collins, 2007.

図 3　Philippa Pearce, *A Dog So Small.* London: Penguin, 1995.

図 4　Hans Wilhelm, *I'll Always Love You.* New York: Randomhouse, 1985.

第 4 章

23

図 1　Iona and Peter Opie, *The Oxford Dictionary of Nursery Rhymes.* Oxford: Oxford University Press, 1997 (1951).

図 2　Randolph Caldecott, *The House that Jack Built.* London: George Routledge & Sons, 1878.（『コールデコットの絵本』オリジナル複刻版，福音館書店，2001年）

図 3　J. R. R. Tolkien, *The Hobbit or There and Back Again.* London: Harper Collins, 1999 (1937).

図 4　Iona and Peter Opie, *The Singing Game.* Oxford: Oxford University Press, 1985.

図 5　Kate Greenway, *Mother Goose or the Old Nursery Rhymes.* London: George Routledge & Sons, 1881.（『複刻マザーグースの世界　オーピー・コレクション』ほるぷ出版，1992年）

図 6　筆者撮影。

図 7　Michael Rosen, *Hairy Tales and Nursery Crimes.* London: Collins, 1985.

24

図 1　Daniel Lipkowitz, *The Lego Book.* London: Dorling Kindersley Publishing, 2009.

図 2　Stratford-upon-Avon の Teddy Bear Museum パンフレット。

図 3　Jane Pettigrew, *An Edwardian Childhood.* Boston: A Bulfinch Press Book, 1991.

図 4　Iona & Robert Opie and Brian Alderson, *The Treasure of Childhood: Books, Toys, and Games from the Opie Collection.* New York: Arcade Publishing A Bulfinch Press, 1989.

25

図 1　Caroline G. Goodfellow, *Dolls.* Princes Risborough: Shire, 1998.

図 2　フローレンス・K・アプトン『二つのオランダ人形の冒険』ももゆりこ訳，ほるぷクラシック絵本，1985年。

図 3　Sally Kevill-Davies, *Yesterday's Children.* Woodbridge: Antique Collectors' Club, 1991.

図 4　Andrew McClary, *Toys with Nine Lives: A Social History of American Toys.* North Haven: Linnet Books, 1997.

26

図 1　フィリップ・アリエス『〈子供〉の誕生――アンシァン・レジーム期の子供と家族生活』杉山光信・杉山恵美子訳，みすず書房，1980年。

図 2　Franz Xaver Winterhalter, *Albert Edward, Prince of Wales.* Royal Collection, Windsor Castle.

図3　Elizabeth Ewing, *History of Children's Costume.* London: B.T. Batsford, 1977.

図4　*Kate Greenaway's Book of Games.* London: J. M. Dent & Sons, reprinted 1977.

27

図1　Iona & Robert Opie and Brian Alderson, *The Treasure of Childhood: Books, Toys, and Games from the Opie Collection.* New York: Arcade Publishing A Bulfinch Press, 1989.

図2　Satoshi Kitamura, *What's Inside? The Alphabet Book.* London: Andersen Press, 2000.

図3　Leo Lionni, *The Alphabet Tree.* New York: Dragonfly Books, 1990.

図4　Bert Kitchen, *Animal Alphabet.* Cambridge: The Lutterworth Press, 1984.

図5　Chris Van Allsburg, *The Z Was Zapped.* Boston: Houghton Mifflin Company, 1987.

28

図1　Eleanor Estes, *The Witch Family.* Florida: Harcourt, Inc., 2000.

図2　筆者撮影。

図3　*Charlie and Lola 9.* Burbank: BBC Warner, 2009.

図4　筆者撮影。

29

図1　〈http://moma.org/interactives/exhibitions/2007/spaces for learning/index.html〉

図2　加藤千恵子氏撮影。

図3　Elain Lobl Konigsburg, *From the Mixed-up Files of Mrs. Basil E. Frankweiler.* New York: Atheneum Books, 1967.

30

図1　丸善発行「子どもの本の歴史展」のカタログ，1990年。

図2　David L. Russel, *Literature for Children.* Boston: Pearson Education, 2001.

図3　Lewis Carroll, *Alice's Adventures in Wonderland.* Harmondsworth: Puffin Books, 1994.

31

図1　Ellin Green, *Storytelling: Art and Technique.* 4th ed. Santa Barbara: Libraries Unlimited, 2010.

図2　図1に同じ。

図3　Eleanor Farjeon, *Old Nurse's Stocking-basket.* Oxford: Oxford UP, 1965.

図4　Martha Hamilton and Mitch Weiss, *Children Tell Stories: Teaching and Using Storytelling in the Classroom.* 2nd ed. Katonah: Richard C. Owen, 2005.

図5　筆者撮影。

第5章

32

図1　E. Nesbit. *Five Children and It.* 1902. Ware, Hertfordshire: Wordsworth, 1993.

図2　Jenni Calder, *RLS: A Life Study of Robert Louis Stevenson.* London: Hamish Hamilton, 1980.

図3　John Tosh, *A Man's Place: Masculinity and the Middle-Class Home in Victorian England.* New Haven: Yale UP, 1999.

図4　Anthony Burgess, *Earnest Hemingway and His World.* New York: Charles Scribner's Sons, 1978.

図5　*The Boys Own Magazine*, No. 1, Vol. 1 (1855.1).

33

図1　Elaine Lobl Konigsburg, *TalkTalk: A Children's Book Author Speaks to Grown-Ups.* New York: Atheheum, 1995.

図2　Elaine Lobl Konigsburg, *The Mysterious Edge of the Heroic World.* New York: Atheneum, 2007.

図3　Robert Cormier, *I am the Cheese.* New York: Pantheon Books, 1977.

図4　Sherman Alexie, *The Absolutely True Diary of a Part-Time Indian.* (First Paperback Edition) New York: Little, Brown and Company 2009.

34

図1　Paula Fox, *One-Eyed Cat.* New York: Dell Publishing, 1984.

図2　Maurice Sendak, *Where the Wild Things Are.* New York: Harper & Row, 1963.

図3　映画『秘密の花園』のパンフレット。松竹株式会社，1993年。

図4　Louise Fitzhugh, *Harriet the Spy.* New York: Dell, (Laurel-Leaf Books) 1982.

35

図1　*Harper's New Monthly Magazine,* Vol. LXXXIX, No. 534 (1894.11), p.825.

図2　Peter Hunt, ed., *Children's Literature: An Illustrated History.* Oxford: OUP, 1995.

図3右　*The Goonies*, 1985, Directed by Richard Donner, Warner Home Video, 2001.

図3左　*Indiana Jones and the Kingdom of the Crystal Skull*, 2008, Directed by Steven Spielberg, Paramount Home Entertainment, 2008.

36

図1　Charles Kingsley, *The Water-Babies.* 1863. London: J. M. Dent & Sons, 1928.

図2　David Charles Sloane, *The Last Great Necessity: Cemeteries in American History.* Baltimore: Johns Hopkins University Press, 1991.

図3　図2に同じ。

37

図1　Maurice Sendak, *Outside Over There.* London: The Bodley Head, 1981.

図2　筆者撮影。

図3　E. L. Konigusburg, *From the Mixed-Up Files of Mrs. Basil E. Frankweiler.* New York: Aladdin Paperbacks, 1998.

38

図1　Johann Amos Comenius, *Orbis Sensualium Pictus.*（『複刻世界の絵本館　オズボーン・コレクション』）ほるぷ出版，1979年）

図2　Vladimir Nabokov, *Lolita.* Read by Jeremy Irons. New York: Random House, 1997. CD.

図3　エリア・カザン（監督）*Splendor in the Grass.*（『草原の輝き』）ワーナー・ホームビデオ，1989年，DVD。

図4　Judy Blume, *Are You There God? It's Me Margaret.* New York: Random House, 1986.

第6章

39

図1　*Little Orphan Annie* #52.

図2　Frederick Wertham, *Seduction of the Innocent.* NY: Rinehart, 1954.

図3　Art Spiegelman, *MAUS: A Survivor's Tale.* NY: Pantheon, 1986.

図4　*Classics Illustrated: Huckleberry Finn.* NY: Gilberton, 1945.

図5　*Archie* #476.

図6　Gene Luen Yang, *American Born Chinese.* New York: First Second Books, 2006.

40

図1　Title screen for *The Betty Boop* cartoon series.

図2　Theatrical poster for *Mr. Bug Goes to Town* (1941).

図3　*Tom and Jerry Tales: Wild about Winter.* Werner Home Video, 2006.

41

図1　Paula S. Fass ed., *Encyclopedia of Children and Childhood: In History and Society.* New York: Macmillan Reference USA, 2004.

図2　ジェラルド・S・レッサー『セサミ・ストリート物語——その誕生と成功の秘密』山本正・和久明生訳，サイマル出版会，1976年。

42

図1　John Ronald Rowel Tolkien, *The Lord of the Rings.* HarperCollins, 1999.

図2　筆者撮影。

図3　Prima Game, *Pokémon Mystery Dungeon: Explorers of Sky,* Prima Official Game Guide, 2009.

43

図1　Alison Cole, *Children in Art.* London: Studio Editions, 1994.

図2　William Gaunt, *English Painting.* London: Thames and Hudson, 1964.

図3　図2に同じ。

図4　Janice Anderson, *Children in Art.* London: Bracken Books, 1996.

図5　図1に同じ。

44

図1　『農園の寵児』20世紀フォックス・ホームエンターテイメント・ジャパン，2007年，DVD。

図2　『テンプルちゃんの小公女』ファースト・トレーディング，2006年，DVD。

図3　『カーリー・スー』ワーナー・ホーム・ビデオ，1991年，DVD。

図4　『ミリオンズ』アスミック・エンタテインメント，2004年，DVD。

図5　『ハリー・ポッターと賢者の石』ワーナー・ホーム・ビデオ，2001年，DVD。

45

図1　『おしゃまなロージー』ソニー・ミュージックエンタテインメント，2004年，CD。

図2　*Annie: Vocal Selections from the Motion Picture.* New York: MPL Communications, 1982.

図3　Ludwig Bemelmans, *Madeline and the Bad Hat.* New York: The Viking Press, 1956.

図4　*Unplugged.* Burbank: Reprise Records, 1992. CD.

46

図1　*The Graphic,* London: William Luson Thomas's company, 1897.

図2　Gill Davies, *Staging a Pantomime.* London: A&C Black, 1995.

図3　筆者撮影。

図4　筆者撮影。

第7章

47

図1　Jan Amos Comenii, *Orbis Sensualium Pictus.* Facsim of London : S. Leacroft, 1777.（『複刻世界の絵本館 オズボーン・コレクション』ほるぷ出版，1980年）

図2　Randolph Caldecott. *Diverting History of John Gilpin.* London: George Routledge, 1878.（『複刻世界の絵本館 オズボーン・コレクション』ほるぷ出版，1980年）

図3　Wanda Gág, *Millions of Cats.* New York: Coward, McCann & Geoghegan, 1956 (1928).

図4　John Burningham, *Come away from Water, Shirley.* London: Random House, 2000 (1977).

図5　Maria Nikolajeva, *How Picturebooks Work.* New York: Garland, 2001.

48

図1　*Renoir.* Paris: Galeries Nationales du Grand Palais, 1985.

図2　Alan Alexander Milne, *Winnie-the-Pooh.* London: Egmont Books, 2004.

図3　Edith Nesbit, *Five Children and It.* London: Puffin Books, 1996.

図4　Roald Dahl, *Charlie and the Chocolate Factory.* London: Knopf Books for Young Readers, 1964.

49

図1　*The Boy's Own Paper,* No.1, Vol.1, Saturday, January 18, 1879.

図2　*The Girl's Own Paper,* No.1, Vol.1, January 3, 1880.

図3　*The Girl's Own Paper,* No.9, Vol.1, February 28, 1880.

図4　*The Gem.* No.1, March, 1907.

50

図1　John Newberry, *The History of Goody Two-shoes.* New York: Garland, 1977 (1765).

図2　William Roscoe, ill. by William Mulready. The Butterfly's Ball and the Grasshopper's Feast. London: J Harris, 1807.（『複刻世界の絵本館　オズボーン・コレクション』ほるぷ出版，1980年）

図3　Anna Sewell, *Black Beauty.* London: Puffin Books, 1994 (1877).

図4　Ernest Thompson Seton, *Wild Animals I Have Known.* Mineola: Dover, 2000 (1898).

図5　Kenneth Grahame, *Wind in the Willows.* New York: Signet, 1969 (1908).

図6　Rudyard Kipling, *The Jungle Book.* New York: Random House, 2012 (1894-5).

51

図1　Louisa May Alcott, *Little Women.* Oxford: Oxford University Press, 1994.

図2　John Rowe Townsend, *Gumble's Yard.* Oxford: Oxford University Press, 2001.

図3　Louise Fitzhugh, *Nobody's Family Is Going to Change.* New York: Farrar, Straus and Giroux, 1999.

図4　Nina Bawden, *The Outside Child.* London: Puffin Books, 1991.

52

図1　Thomas Hughes, *Tom Brown's Schooldays.* 1856. New York: Puffin Books, 1977.

図2　Robert Cormier, *The Chocolate War.* 1974. Iowa: Perfection Learning, 1986.

図3　Albert Barber et al., Dir. *Grange Hill Series 1 & 2.* BBC, 2007. DVD.

図4　J. K. Rowling, *Harry Potter and the Philosopher's Stone.* London: Bloomsbury, 1997.

53

図1　筆者撮影。

図2　Humphrey Carpenter and Mari Prichard, *The Oxford Companion to Children's Literature.* Oxford: OUP, 1984.

図3右　Akira Toriyama, *Doragon Ball Z,* San Francisco: Viz Media, 2000.

図3左　Eiichiro Oda, *One Piece,* San Francisco: Viz Media, 2003.

54

図1　J. R. R. Tolkien, *The Tolkien Reader.* New York: Ballantine Books, 1966.

図2　Rosemary Jackson, *Fantasy: The Literature of Subversion.* London and New York: Routledge, 1981.

55

図1　Alleen Pace Nilsen and Kenneth L. Donelson, *Literature for Today's Young Adult,* Fourth Edition. New York: HarperCollins, 1993.

図2　Emily Chenyey Neville, *It's Like This, Cat.* New York: HarperCollins, 1991.

図3　Robert Cormier, *Beyond the Chocolate War.* New York: Dell Publishing, 1986.

図4　Judy Blume, *Forever.* New York: Simon & Schuster, 1976.

参考文献

▒ 第1章

1

Ariès, Philippe. *L'Enfant et la vie familiale sous l'ancien regimé*. Paris: Libraire Plon, 1960; *The Centuries of Childhood: A Social History of Family Life*. New York: Vintage Books, 1962.（杉山光信・杉山美恵子訳『〈子供〉の誕生——アンシャン・レジーム期の子供と家族生活』みすず書房，1980年）

Boswell, John. *The Kindness of Strangers: The Abandonment of Children in Western Europe from Late Antiquity to the Renaissance*. Chicago: University of Chicago Press, 1989.

Cunningham, Hugh. *The Invention of Childhood*. London: BBC Books, 2006.

Fass, Paula S., Editor in Chief. *Encyclopedia of Children and Childhood in History and Society*. 3 vols. New York: Macmillan Reference, 2004.

Higonnet, Anne. *Pictures of Innocence: The History and Crisis of Childhood*. London: Thames and Hudson, 1998.

Schorsch, A. *Images of Childhood: An Illustrated Social History*. New York: Mayflower Books, 1979.（北本正章訳『絵でよむ子どもの社会史——ヨーロッパとアメリカ・中世から近代へ』新曜社，1992年）

Shahar, Shulamith. *Childhood in the Middle Ages*. London: Routledge, 1992.

2

Badinter, Elisabeth. *L'Amour en Plus, Histoire de L'amour Maternel*, XVIIe-XXe siecle. Paris: Flammarion; *The Myth of Motherhood: An Historical View of the Maternal Instinct*. London: Souvenir Press, 1981.（鈴木晶訳『母性という神話』筑摩書房，1991年，ちくま学芸文庫，1998年）

Donzelot, Jacques. *La Police des Familles*. Paris: Les Éditions de Minuit, 1977; *The Policing of Family: Welfare versus the State*. London: Hatchinson & Co., 1979.（宇波彰訳『家族に介入する社会——近代家族と国家の管理装置』新曜社，1991年）

Picard, Liza. *Dr. Johnson's London: Life in London 1740-1770*. London: Weidenfeld and Nicolson, 2000.（田代泰子訳『18世紀ロンドンの私生活』東京書籍，2002年）

Shorter, Edward. *The Making of Modern Family*. New York: Basic Books, 1975.（田中俊宏ほか訳『近代家族の形成』昭和堂，1988年）

Stone, Lawrence. *The Family, Sex and Marriage in England, 1500-1800*. London: Weidenfeld and Nicolson, 1977 1st, 1979 Abridged edition.（北本正章訳『家族・性・結婚の社会史——1500～1800年のイギリス』勁草書房，1991年）

Vincent, David. *The Rise of Mass Literacy: Reading and Writing in Modern Europe*. Cambridge: Polity Press, 2000.（北本正章監訳，岩下誠・相澤真一・北田佳子・渡邊福太郎訳『マス・リテラシーの時代——近代ヨーロッパにおける読み書きの普及と教育』新曜社，2011年）

3

北本正章『子ども観の社会史——近代イギリスの共同体・家族・子ども』新曜社，1993年。

恒吉僚子・ブーコック，S. 編著『育児の国際比較――子どもと社会と親たち』NHK ブックス，1997年。

藤本茂生『アメリカ史のなかの子ども』彩流社，2002年。

宮澤康人編著『社会史のなかの子ども――アリエス以後の〈家族と学校の近代〉』真珠社，1988年。

Schorsch, Anita. *Images of Childhood: An Illustrated Social History.* New York: Mayflower Books, 1979.

4

ストーン，L.『家族・性・結婚の社会史―1500－1800年のイギリス』北本正章訳，勁草書房，1991年。
中根千枝『家族を中心とした人間関係』講談社，1977年。
Faber, Adele, and Elaine Mazlish. *Siblings without Rivalry: How to Help Your Children Live Together So You Can Live Too.* New York: W. W. Norton & Company, 1987.
Fass, Paula S., ed. *Encyclopedia of Children and Childhood: In History and Society.* New York: Macmillan Reference USA, 2003.
Greenberg, Susan H. "The Rise of the Only Child." Editorial. *Newsweek,* 23 Apr. 2001.
Rosenzweig, Linda W. "Sibling." *Encyclopedia of Children and Childhood in History and Society.* New York: Macmillan Reference USA, 2003.

5

アリエス，フィリップ『〈子供〉の誕生』杉山光信・杉山恵美子訳，みすず書房，1981年。
Lewis, C. S. *Surprised by Joy.* Glasgow: Collins, 1977.

6

吉田純子『少年たちのアメリカ――思春期文学の帝国と〈男〉』阿吽社，2004年。
Gallo, Donald R., ed. *Speaking for Ourselves: Autobiographical Sketches by Notable Authors of Books for Young Adults.* Urbana: the National Council of Teachers of English, 1990.
Trites, Roberta Seelinger. *Waking Sleeping Beauty.* Iowa City: the University of Iowa Press, 1997.（吉田純子・川端有子監訳『ねむり姫がめざめるとき――フェミニズム理論で児童文学を読む』阿吽社，2002年）
Trites, Roberta Seelinger. *Disturbing the Universe.* Iowa City: the University of Iowa Press, 2000.（吉田純子監訳『宇宙をかきみだす――思春期文学を読みとく』阿吽社，2007年）

7

Boone, Tory. *Youth of Darkest England: Working-Class Children at the Heart of Victorian Empire.* New York: Routledge, 2005.
Grisworld, Jerry. *Audacious Kids.* Oxford: Oxford UP, 1992.（『家なき子の物語――アメリカ古典児童文学にみる衣の成長』遠藤育枝・廉岡糸子・吉田純子訳，阿吽社，1995年）
Horn, Pamela. *The Victorian Town Child.* New York: New York UP, 1997.
Peters, Laura. *Orphan Texts: Victorian Orphans, Culture and Empire.* Manchester: Manchester UP, 2001.
Pinchbeck, Ivy, and Margaret Hewitt. *Children in English Society vol.1: From Tudor Times to the Eighteenth Century.* London: Routledge & Kegan Paul, 1969.
Pinchbeck, Ivy, and Margaret Hewitt. *Children in English Society vol.2: From the Eighteenth Century to the Children Act 1948.* London: Routledge & Kegan Paul, 1969.

▒ 第2章

8

Cunningham, Hugh. *Children and Childhood in Western Society since 1500.* London: Longman, 1995 1st, 2005 2nd edition.

Giroux, Henry A. *Stealing Innocence: Youth, Corporate Power, and the Politics of Culture.* New York: Palgrave, 2001.

Jenks, Chris *Childhood.* London: Routledge, 1996 1st, 2005 2nd edition.

Locke, John. *Some Thoughts Concerning Education.* London: 1963.（北本正章訳『子どもの教育』原書房，2011年）

Postman, Neil. *The Disappearance of Childhood.* New York: Dell Publishing, 1982.（小柴一訳『子どもはもういない——教育と文化への警告』新樹社，1985年）

Sommerville, C. J. *The Rise and Fall of Childhood.* New York: Sage Publications, 1982.

Stearns, Peter N. *Childhood in World History.* London: Routledge, 2006 1st, 2011 2nd edition.

9

泉千勢・一見真理子・汐見稔幸編著『世界の幼児教育・保育改革と学力』明石書店，2008年。

井野瀬久美惠『イギリス文化史入門』昭和堂，1994年。

小川富士枝『イギリスのおける育児の社会化の歴史』新読書社，2004年。

佐藤啓子『イギリスの家庭と幼児教育』高文堂出版社，2002年。

佐藤淑子『イギリスのいい子日本のいい子——自己主張とがまんの教育学』中央公論新社，2001年。

白井常『イギリス　世界の幼児教育／幼稚園・保育園・保育所シリーズ４』丸善メイツ，1983年。

埋橋玲子『チャイルドケア・チャレンジ——イギリスからの教訓』法律文化社，2007年。

山田敏『イギリス就学前教育・保育の研究』風間書房，2007年。

ワイトブレッド，N.『イギリスの幼児教育の史的展開』田口仁久訳，酒井書店，1992年。

10

木下卓・窪田憲子・久守和子編著『イギリス文化 55のキーワード』ミネルヴァ書房，2009年。

黒岩徹・岩田託子編『イギリス』河出書房新社，2007年。

示村陽一『アメリカの社会——文化的特質と変化』英潮社，1992年。

スノードン，ポール・大竹正次『イギリスの社会——「開かれた階級社会」をめざして』川勝平太監修，早稲田大学出版部，1997年。

出口保夫・小林章夫・齊藤貴子編『21世紀イギリス文化を知る事典』東京書籍，2009年。

日本アメリカ文学・文化研究所編『アメリカ文化ガイド』荒地出版社，2000年。

ローゼン，アンドリュー『現代イギリス社会史1950-2000』川北稔訳，岩波書店，2005年。

11

エリアーデ，ミルチャ『生と再生——イニシエーションの宗教的意義』堀一郎訳，東京大学出版会，1995年。

河合隼雄『大人になることのむずかしさ——青年期の問題』岩波書店，1996年。

ファン・ヘネップ，アルノルト『通過儀礼』綾部恒雄・綾部裕子訳，岩波書店，2012年。

Mahdi, Louise Carus, Steven Foster, and Meredith Little, eds. *Betwixt and Between: Patterns of Mascu-*

line and Feminine Initiation. Illinois: Open Court, 1987.

12

二宮皓『各国における不登校問題の現状』海外不登校問題調査研究会，2000年。

フィン Jr.，チェスター・E. ほか『チャータースクールの胎動——新しい公教育をめざして』高野良一監訳，青木書店，2001年。

Abbott, Edith, and Sophonisba Preston Breckinridge. *Truancy and Non-attendance in the Chicago Schools*. Charleston: Bibliolife, 2009 (1917).

Goodman, Greg S. *Alternatives in Education: Critical Pedagogy for Disaffected Youth*. New York: Peter Lang, 1999.

Lamb, Stephen, ed. *School Dropout and Completion: International Comparative Studies in Theory and Policy*. Dordrecht: Springer, 2011.

Reid, Ken. *Truancy and Schools*. London: Routledge, 1999.

Salinger, J. D. *The Catcher in the Rye*. Boston: Little, Brown, 1991 (1951).

Salinger, J. D. *Franny and Zooey*. London: Penguin Books, 2010 (1961).

White, Roger. *Absent with Cause: Lessons of Truancy*. London: Routledge & Kegan Paul, 1980.

文部科学省 HP〈http://www.mext.go.jp〉

13

コービー，ブライアン『子ども虐待の歴史と理論』荻原重夫訳，明石書店，2002年。

モネスティエ，マルタン『図説児童虐待全書』吉田晴美・花輪照子訳，原書房，2000年。

Cicchetti, Dante, and Vicki Carlson, eds. *Child Maltreatment: Theory and Research on the Causes and Consequences of Child Abuse and Neglect*. Cambridge: Cambridge University Press, 1989.

Cunningham, Hugh. *Children and Childhood in Western Society Since 1500*. Harlow: Pearson Education Limited, 2005.

Cunningham, Hugh. *The Invention of Childhood*. London: BBC Books, 2006.

Kingsley, Charles. *The Water Babies*. 1863. London: Puffin Books, 1994.

Paterson, Katherine. *Lyddie*. New York: Dutton Children's Books, 1991.

14

岩波律子編『パリ20区　僕たちのクラス』EQUIPE DE CINEMA No. 176，岩波ホール，2010年。

Norton, Donna E. *Multicultural Children's Literature : Through the Eyes of Many Children*. Upper Suddle River: Pearson Prentice Hall, 2005.

第3章

15

青山吉信・今井宏編『概説イギリス史』有斐閣，1991年（新版）。

亀井俊介監修『アメリカ　世界の歴史と文化』新潮社，1992年。

川北稔『イギリス　世界の食文化17』農文協，2006年。

近藤久雄・細川祐子『イギリスを知るための65章』明石書店，2003年。

猿谷要『この一冊でアメリカの歴史がわかる！——アメリカの政治・経済・社会・文化のすべて』三笠書

房，1998年。
ショア，ジュリエット・B.『子どもを狙え！キッズ・マーケットの危険な罠』中谷和男訳，アスペクト，2005年。
Anderson, William T., ed. *A Little House Sampler. By Laura Ingalls Wilder, Rose Wilder Lane.* Lincoln & London: University of Nebraska Press, 1988.
Panayi, Panikos. *Spicing Up Britain : The Multi Cultural History of British Food.* London: Reaktion Books, 2008.
www. The FOOD Museum com/ exhibit school lunch. Accessed. 2010/05/01 〈www.foodmuseum.com/exhbitschoollunch.html〉

16

アリエス，フィリップ『〈子供〉の誕生――アンシャン・レジーム期の子供と家庭生活』杉山光信・杉山恵美子訳，みすず書房，1980年。

ヴェーバー＝ケラーマン，インゲボルク『子ども部屋――心なごむ場所の誕生と風景』田尻三千夫訳，白水社，1996年。

ショルシュ，アニタ『絵でよむ子どもの社会史』北本正章訳，新曜社，1992。

Hunt, Peter, ed. *Children's Literature: An Illustrated History.* Oxford: Oxford UP, 1995.（さくまゆみこ・こだまともこ・福本友美子訳『子どもの本の歴史――写真とイラストでたどる』柏書房，2001年）

Pettigrew, Jane. *An Edwardian Childhood.* Boston: A Bulfinch Press Book, 1991.

17

秋島百合子『メリー・ポピンズは生きている――現代英国ナニー事情』朝日新聞社，1991年。

新井潤美『不機嫌なメアリー・ポピンズ――イギリス小説と映画から読む「階級」』平凡社，2005年。

ホーン，パメラ『ヴィクトリアン・サーヴァント――階下の世界』子安雅博訳，英宝社，2005年。

Gathorne-Hardy, Jonathan. *The Rise and Fall of the British Nanny.* 1972. London: Weidenfeld, 1993.

Leach, Penelope. *Child Care Today: Getting It Right for Everyone.* New York: Knopf, 2009.

18

アヴェニ，アンソニー・F.『ヨーロッパ祝祭日の謎を解く』勝貴子訳，創元社，2006年。

尾崎康子・古賀良彦・金子マサ・竹井史編『ぬりえの不思議』ぎょうせい，2010年。

ホイジンガ，ヨハン『ホモ・ルーデンス』高橋英夫訳，中央公論社，1973年。

連続シンポジウム『コ・ド・モ？』編集委員会編『メディアがつくる子どもたち／子ども世界の変貌』赤ちゃんとママ社，2001年。

19

アレン・オブ・ハートウッド卿夫人『都市の遊び場』大村虔一・大村璋子訳，鹿島出版会，2009年（新装版）。
ヴァレンタイン，ギル『子どもの遊び・自立と公共空間』久保健太訳，汐見稔幸監修，明石書店，2009年。
Goodenough, Elizabeth, ed. *Secret Spaces of Childhood.* Ann Arbor: University of Michigan Press, 2003.
英国の青少年育成施策の推進体制等に関する調査報告書〈http://www8.cao.go.jp/youth/kenkyu/ukyouth/index.html〉
London Play〈http://www.londonplay.org.uk/index.php〉

20

岩田託子・川端有子『英国レディになる方法』河出書房新社，2004年。

多賀幹子『いじめ克服法――アメリカとイギリスのとりくみ』青木書店，1997年。

村田鈴子『アメリカ女子高等教育史――その成立と発展』春風社，2002年。

Fass, Paula S., and Mary Ann Mason, eds. *Childhood in America.* New York: New York University Press, 2000.

Rosenzweig, Linda W. "Friendship." *Encyclopedia of Children and Childhood in History and Society.* London: Gale, 2003.

21

亀井俊介『ハックルベリー・フィンのアメリカ――「自由」はどこにあるか』中央公論社，2009年。

高田賢一『アメリカ文学の中の子どもたち――絵本から小説まで』ミネルヴァ書房，2004年。

康岡糸子・近藤眞理子『少女たちの冒険――ヒロインをジェンダーで読む』燃焼社，2006年。

ルーリー，アリソン『永遠の少年少女』麻生九美訳，晶文社，2004年。

McCulloch, Fiona. *Children's Literature in Context.* London: Continuum International Publishing, 2011.

22

キャッチャー，A. H.／A. M. ベック編『コンパニオン・アニマル――人と動物のきずなを求めて』コンパニオンアニマル研究会訳，誠信書房，1994年。

メルスン，ゲイル・F.『動物と子どもの関係学――発達心理からみた動物の意味』横山章光・加藤謙介監訳，ビイング・ネット・プレス，2007年。

リトヴォ，ハリエット『階級としての動物――ヴィクトリア時代の英国人と動物たち』三好みゆき訳，国文社，2001年。

Fass, Paula, ed. *Encyclopedia of Children and Childhood: In History and Society.* New York: Macmillan Reference, USA, 2003.

Shweder, Richard A., ed. *The Child: Encyclopedic Companion.* Chicago: University of Chicago Press, 2009.

第**4**章

23

楠本君恵『まざあ・ぐうす　マザー・グース』未知谷，2010年。

藤野紀男・夏目康子『マザーグース・コレクション100』ミネルヴァ書房，2004年。

鷲津名都江『マザーグースと日本人』吉川弘文館，2001年。

Gomme, Alice Bertha. *The Traditional Games of England, Scotland, and Ireland.* New York: Dover, 1964.

Opie, Iona and Peter Opie. *The Oxford Dictionary of Nursery Rhymes.* Oxford: Oxford University Press, 1951, 1997.

Opie, Iona and Peter Opie. *The Singing Game.* Oxford: Oxford University Press, 1985.

Rosen, Michael. *Hairy Tales and Nursery Crimes.* London: Collins, 1985.

24

フレイザー，A.『おもちゃの文化史』和久洋三監訳，玉川大学出版部，1980年。

Jaffé, Deborah. *The History of Toys: From Spinning Tops to Robots.* Gloucestershire: Sutton Publishing Ltd, 2006.
Kuznets, Lois Rostow. *When Toys Come Alive: Narratives of Animation, Metamorphosis, and Development.* London: Yale UP, 1994.
Mcgillivray, Hamish. *The Magna Book of Teddy Bears: A Treasured Collection of Our Favourite Childhood Toy.* Leisester: Magna Books, 1994.
Opie, Iona & Robert and Brian Alderson. *The Treasures of Childhood: Books, Toys, and Games from the Opie Collection.* New York: Arcade Publishing, 1989.

25

テメル，フランソワ『おもちゃの歴史』松村恵理訳，白水社文庫クセジュ，1998年。
フレイザー，A.『おもちゃの文化史』和久洋三監訳，玉川大学出版部，1980年。
Goodfellow, Caroline G. *Dolls.* Princes Risborough: Shire Books, 2004.
Kuznets, Lois Rostow. *When Toys Come Alive: Narratives of Animation, Metamorphosis, and Development.* New Haven: Yale University Press, 1994.
McClary, Andrew. *Toys with Nine Lives: A Social History of American Toys.* North Haven: Linnet Books, 1997.
Von Boehn, Max. *Dolls and Puppets.* New York: Cooper Square, 1966.

26

アリエス，フィリップ『〈子供〉の誕生——アンシァン・レジーム期の子供と家族生活』杉山光信・杉山恵美子訳，みすず書房，1980年。
カーペンター，ハンフリー／マリ・プリチャード『オックスフォード世界児童文学百科』神宮輝夫監訳，原書房，1999年。
深井晃子『名画とファッション』小学館，1999年。
Ewing, Elizabeth. *History of Children's Costume.* London: B. T. Batsford, 1977.
The Boy's Own Annual, Vol.1. Religious Tract Society, 1879.
The Girl's Own Annual, Vol.1. Religious Tract Society, 1880.

27

カーペンター，ハンフリー／マリ・プリチャード『オックスフォード世界児童文学百科』神宮輝夫監訳，原書房，1999年。
中川素子・吉田新一・石井光恵・佐藤博一編『絵本の事典』朝倉書店，2011年。
Darton, F. J. Harvey *Children's Books in England.* Cambridge: Cambridge UP, 1982.
Opie, Iona & Robert and Brian Alderson. *The Treasures of Childhood: Books, Toys, and Games from the Opie Collection.* New York: Arcade Publishing, 1989.
Russell, David. *Literature for Children: A Short Introduction.* Boston: Pearson Education, 2009.

28

エスティス，エレナー『魔女ファミリー』井上富雄訳，瑞雲社，2002年。

大貫隆・名取四郎・宮本久雄・百瀬文晃編『岩波キリスト教辞典』岩波書店，2002年。

北野佐久子『ハーブ祝祭暦——暮らしを彩る四季のハーバル』教文館，2010年。

ブラッドベリ，レイ『ハロウィーンがやってきた』伊藤典夫訳，晶文社，2006年。
ローリング，J. K.『ハリーポッターと賢者の石』松岡佑子訳，静山社，1999年。
BBC HP〈http://www.bbc.co.uk/〉
BBC News HP〈http://www.news.bbc.co.uk/〉

29

Group for Education in Museums. *Journal of Education in Museums.* No.1 (1980), No. 12 (1991), No.19 (1998). Gillingham, Kent: GEM.

Konigsburg, E. L. *From the Mixed-up Files of Mrs. Basil E. Frankweiler.* New York: Atheneum Books, 1967.

Pitman-Gelles, Bonnie, with an Editorial Committee of the American Association of Youth Museums. *Museums Magic and Children—Youth Education in Museums.* Washington D. C. : The Association of Science Technology Centers, 1981.

Salinger, Jerome David. *The Catcher in the Rye.* Penguin, 1951.

Scottish Museum Councils. *The American Museum Experience— In Search of Excellence.* Edinburgh: Scottish Museums Council, 1986.

30

ハント，ピーター『子どもの本の歴史——写真とイラストでたどる』さくまゆみこ・こだまともこ・福本友美子訳，柏書房，2001年。

カーペンター，ハンフリー／マリ・プリチャード『オックスフォード世界児童文学百科』神宮輝夫監訳，原書房，1999年。

Russel, David L. *Literature for Children.* Boston: Pearson Education, Inc. 2001.

31

松岡亨子『お話を語る』日本エディタースクール，1996年。

Colwell, Eileen. *Story-telling.* London: Bodley Head, 1963.（石井桃子訳『子どもと本の世界に生きて』こぐま社，1994年）

Green, Ellin. *Story-telling: Art and Technique.* 4th ed. Santa Barbara: Libraries Unlimited, 2010.（芦田悦子・太田典子・間崎ルリ子訳『ストーリーテリング』こぐま社，2009年。邦訳版は2010年以前の原書に基づく）

Hamilton, Martha, and Mitch Weiss. *Children Tell Stories: Teaching and Using Storytelling in the Classroom.* 2nd ed. Katonah: Richard C. Owen, 2005.

Sawyer, Ruth. *The Way of the Storyteller.* New York: Penguin Books, 1970 (1942).（池田綾子ほか訳『ストーリーテラーへの道』日本図書館協会，1973年）

第5章

32

河村貞枝・今井けい編『イギリス近現代女性史研究入門』青木書店，2006年。

村田鈴子『アメリカ女子高等教育史——その成立と発展』春風社，2001年。

Tosh, John. *A Man's Place: Masculinity and the Middle-Class Home in Victorian England.* New Haven: Yale

UP, 1999.

33

Konigsburg, Elaine Lobl. *TalkTalk: A Children's Book Author Speaks to Grown-ups.* New York, NY: Atheneum, 1995.

Nel, Philip, and Lissa Paul, eds. *Keywords for Children's Literature.* New York and London: New York University Press, 2011.

34

秋山さと子『子どもの情景』大和書房，1985年。

亀山佳明『子どもの嘘と秘密』筑摩書房，1990年。

河合隼雄『子どもの宇宙』岩波新書，1987年。

河合隼雄『〈うさぎ穴〉からの発信――子どもとファンタジー』マガジンハウス，1990年。

谷本誠剛『児童文学のキーワード』中教出版，1987年。

35

Rogoziñski, Jan. *Pirate!: Brigands, Buccaneers, and Privateers on Fact, Fiction, and Legend.* 1995, New York: Da Capo Press, 1996.

36

明石紀雄編『21世紀アメリカ社会を知るための67章』明石書房，2002年。

猪熊葉子・神宮輝夫・瀬田貞二『英米児童文学史』研究社，1971年。

黒沢眞里子『アメリカ田園墓地の研究――生と死の景観論』玉川大学出版局，2000年。

三谷康行『イギリス観察学入門』丸善ライブラリー，1969年。

Sloane, David Charles. *The Last Great Necessity: Cemeteries in American History.* Baltimore: Johns Hopkins University Press, 1991.

37

ヒューズ，クリスティン『十九世紀イギリスの日常生活』植松端夫訳，松柏社，1999年。

フランクリン，アンナ『図説　妖精百科事典』井辻朱美監訳，東洋書林，2004年。

38

アリエス，フィリップ『〈子供〉の誕生――アンシァン・レジーム期の子供と家族生活』杉山光信・杉山恵美子訳，みすず書房，1981年。

カヴニー，ピーター『子どものイメージ――文学における「無垢」の変遷』江川徹訳，紀伊國屋書店，1979年。

フーコー，ミシェル『性の歴史Ⅰ　知への意志』渡辺守章訳，新潮社，1986年。

フロイト，シグムント『精神分析学入門』懸田克躬訳，中央公論社，1973年。

Coleman, John C. *The Nature of Adolescence.* London: Routledge, 2011.

第6章

39

小野耕世『アメリカン・コミックス大全』晶文社，2005年。

小野耕世『世界コミックスの想像力――グラフィック・ノヴェルの冒険』青土社，2011年。

Yoe, Craig, ed. *Archie: A Celebration of America's Favorite Teenagers.* San Diego: Idea and Design Works, 2011.

40

アリスン，アン『菊とポケモン――グローバル化する日本の文化力』新潮社，2010年。

小野耕世『世界のアニメーション作家たち』人文書院，2006年。

小野耕世『ドナルド・ダックの世界像――ディズニーにみるアメリカの夢』中公新書，1983年。

フライシャー，リチャード『マックス・フライシャー――アニメーションの天才的変革者』田栗美奈子訳，作品社，2009年。

マルティン，レナード『マウス・アンド・マジック――アメリカアニメーション全史（上・下)』権藤俊司・出口丈人・清水知子・須川亜紀子・土居伸彰訳，楽工社，2010年。

41

小島明『セサミストリート百科』教育史料出版会，1994年。

菅谷明子『メディア・リテラシー――世界の現場から』岩波書店，2000年。

ポストマン，ニール『子どもはもういない――教育と文化への警告』小柴一訳，新樹社，1985年。

Arnett, Jeffrey Jensen, ed. *Encyclopedia of Children, Adolescents, and the Media.* Thousand Oaks: Sage Publications, 2007.

Buckingham, David. *After the Death of Childhood: Growing Up in the Age of Electronic Media.* Cambridge: Polity Press, 2000.

Gunter, Barrie, and Jill McAleer. *Children and Television.* 2nd ed. London: Routledge, 1997.

42

甲木義久「『ドラゴンクエスト』――現代日本の新しい神話」『季刊ぱろる　2　電脳遊戯――コンピュータゲーム』パロル舎，1995年。

坂元章『メディアと人間の発達』学文社，2003年。

総務庁青少年対策本部『情報化社会と青少年――第５回情報化社会と青少年に関する調査報告書』大蔵省印刷局，2007年。

中村一郎『ファンタジーのつくり方』彩流社，2004年。

Middleton, Haydn. *Project X: Toys and Games. Computer Games,* Oxford: Oxford University Press, 2009.

Prima Game. *Pokémon Mystery Dungeon: Explorers of Sky:* Prima Official Game Guide, 2009.

Tolkien, John Ronald Rowel. *The Hobbit: or There and Back Again.* New York: HarperCollins, 75th Anniversary ed. 1991.

Tolkien, John Ronald Rowel. *The Lord of the Rings.* New York: HarperCollins, 1999.

43

Anderson, Janice. *Children in Art.* London: Bracken Books, 1996.

Cole, Alison. *Children in Art.* London: Studio Editions, 1994.

Gaunt, William. *English Painting.* London: Thames and Hudson, 1964.

Hurll, Estelle M. *Child-Life in Art.* Boston: L. C. Page and Company, 1898.

Rothenstein, John. *An Introduction to English Painting.* London: Tauris Parke Paperbacks, 2001.

Wullschläger, Jackie. *Inventing Wonderland.* London: Methuen, 1995.（安達まみ訳『不思議の国をつく

る』河出書房新社，1997年）
44
加藤幹郎『映画館と観客の文化史』中公新書，2006年。
北野圭介『ハリウッド100年史講義——夢の工場から夢の王国へ』平凡社新書，2001年。
ジャクソン，キャシー・マーロック『アメリカ映画における子どものイメージ——社会文化的分析』牛渡淳訳，東信堂，2002年。
Zipes, Jack. *The Enchanted Screen: The Unknown History of Fairy-Tale Films.* New York: Routledge, 2011.
45
クラプトン，エリック『エリック・クラプトン自伝』中江昌彦訳，イースト・プレス，2008年。
ダール，ロアルド『チョコレート工場の秘密』柳瀬尚紀訳，評論社，2005年。
Sendak, Maurice. *Maurice Sendak's REALLY ROSIE starring the Nutshell Kids.* (music by Carole King) New York: HarperCollins Publishers, 1975.
レインズ，セルマ・G.『センダックの世界』渡辺茂男訳，岩波書店，1982年。
『アニー スペシャル・アニバーサリー・エディション』ソニー・ピクチャーズエンタテインメント，2009年，DVD。
『チャーリーとチョコレート工場』ワーナ エンターテイメント ジャパン，2006年，DVD。
46
Bennett, Stuart, ed. *Theatre for Children and Young People: 50 years of professional theatre in the UK.* London: Aurora Metro, 2008.
Hanson, Bruce K. *The Peter Pan Chronicles: the Nearly One-hundred-year History of the Boy Who Wouldn't Grow Up.* NY: Birch Lane Press, 1993.
McCaslin, Nellie. *Theatre for Children in the United States: A History.* CA: Players Press, 1997.
Taylor, Millie. *British Pantomime Performance.* Bristol: Intellect, 2007.
Wood, David. *Theatre for Children: A Guide to Writing, Adopting, Directing and Acting.* London: Faber and Faber, 1997.

■ 第７章

47
谷本誠剛・灰島かり編『絵本をひらく——現代絵本の研究』人文書院，2006年。
Lewis, David. *Reading Contemporary Picturbooks.* New York: RoutledgeFalmer, 2001.
Nikolajeva, Maria, and Carole Scott. *How Picturebooks Work.* New York: Garland, 2001.（川端有子・南隆太訳『絵本の力学』玉川大学出版局，2011年）
Nodelman, Perry. *Words about Pictures: The Narrative Art of Children's Picture Books.* Athens: Univ. of Georgia Press, 1989.
Watson, Victor, and Morag Styles. *Talking Pictures.* London: Hodder &Stoughton, 1996.（谷本誠剛ほか訳『子どもはどのように絵本を読むのか』柏書房，2002年）

48

Avery, Gillian, and Julia Briggs. *Children and Their Books: A Celebration of the Work of Iona and Peter Opie*. Oxford: Clarendon Press, 1990.

Hearne, Betsy with Deborah Stevenson. *Choosing Books for Children: A Commonsense Guide*. Urbana: U of Illinois P, 2000.

Hunt, Peter. *An Introduction to Children's Literature*. Oxford: OUP, 1990.

Russell, David. *Literature for Children: A Short Introduction*. Boston: Pearson Education, 2009.

Tucker, Nicholas. *The Child and the Book: A Psychological and Literary Exploration*. Cambridge: Cambridge UP, 1981.（定松正訳『子どもと本』玉川大学出版部，1986年）

49

ハリソン，モリー『こどもの歴史』藤森和子訳，法政大学出版局，1996年。

Cox, Jack. *Take a Cold Tub, Sir!: The Story of the Boy's Own Paper*. Guilford Surrey: Lutterworth Press, 1982.

Drotner, Kirsten. *English Children and Their Magazines: 1751-1945*. New York: Yale University Press, 1988.

Ewing, Elizabeth. *History of Children's Costume*. London: B. T. Batsford Ltd., 1977.

Forrester, Wendy. *Great-Grandmama's Weekly: A Celebration of The Girl's Own Paper 1880-1901*. Guilford Surrey: Lutterworth Press, 1982.

50

矢野智司『動物絵本をめぐる冒険』勁草書房，2004（2002）年。

Blount, Margaret. *Animal Land: the Creatures of Children's Fiction*. London: Hutchinson, 1974.

Cosslett, Tess. *Talking Animals in British Children's Fiction, 1786-1914*. Aldershot: Ashgate, 2006.

Singer, Peter. *Animal Liberation*. New York: HaperCollins, 2009 (1975).（戸田清訳『動物の解放』改訂版，人文書院，2011年。2009年版に基づく邦訳）

Turner, James. *Reckoning with the Beast: Animals, Pain, and Humanity in the Victorian Mind*. Baltimore: Johns Hopkins University Press, 1980.（斎藤九一訳『動物への配慮』法政大学出版局，1994年）

51

定松正編『イギリスアメリカ児童文学ガイド』荒地出版社，2003年。

「児童文学に見る家族の国際比較」プロジェクト編『現代の子どもの本と家族』白百合女子大学児童文化研究センター，2008年。

吉田純子『アメリカ児童文学——家族探しの旅』阿吽社，1992年。

Alston, Ann. *The Family in English Children's Literature*. New York : Routledge, 2008.

Dewan, Pauline. *The House as Setting, Symbol, and Structural Motif in Children's Literature*. New York : The Edwin Mellen Press, 2004.

Tucker, Nicholas, and Nikki Gamble. *Family Fictions: Anne Fine, Morris Gleitzman, Jacqueline Wilson and others*. London: Continuum, 2001.

52

木下卓・久守和子・窪田憲子編『イギリス文化 55のキーワード』ミネルヴァ書房，2009年。

フーコー，ミシェル『監獄の誕生——監視と処罰』田村俶訳，新潮社，1977年。
吉田純子『少年たちのアメリカ——思春期文学の帝国と〈男〉』阿吽社，2004年。
Auchmuty, Rosemary. "School Stories." *The Oxford Encyclopedia of Children's Literature.* Oxford: Oxford University Press, 2006.
Stray, Chris, ed. *Victorian Novels of Public School Life.* London: Thoemmes Continuum, 2002.

53

ハント，ピーター『子どもの本の歴史——写真とイラストでたどる』さくまゆみこ・福本友美子・こだまともこ訳，柏書房，2001年。
水間千恵『女になった海賊と大人にならない子どもたち——ロビンソン変形譚のゆくえ』玉川大学出版部，2009年。
Avery, Gillian. *Childhood's Pattern: A Study of the Heroes and Heroines of Children's Fiction 1770-1950.* London: Hodder and Stoughton, 1975.
Avery, Gillian. *Behold the Child: American Children and Their Books 1621-1922.* London: Bodley Head, 1991.

54

アトベリー，ブライアン『ファンタジー文学入門』谷本正剛・菱田信彦訳，大修館書店，1999年。
カイヨワ，ロジェ『イメージと人間——想像の役割と可能性についての詩論』塚崎幹夫訳，思索社，1988年。
トールキン，J. R. R.『妖精物語の国へ』杉山洋子訳，ちくま文庫，2003年。
ラブキン，エリック・S.『幻想と文学』若島正訳，東京創元社，1989年。
Attebery, Brian. *The Fantasy Tradition in American Literature: from Irving to Le Guin.* Bloomington, Indiana University Press, 1980.
Jackson, Rosemary. *Fantasy: the Literature of Subversion.* London and New York. Routledge, 1981.

55

半田雄二『ヤングアダルトサービス入門』教育史料出版会，1999年。
ヤングアダルト図書館サービス協会『ヤングアダルトに対する図書館サービス方針』半田雄二監訳，日本図書館協会，1999年。
Cart, Michael. *From Romance to Realism: 50 Years of Growth and Change in Young Adult Literature.* New York: HarperCollins Publishers, 1996.
Herz, Sara K. *From Hinton to Hamlet: Building Bridges between Young Adult Literature and the Classics.* Westport: Greenwood Pub. Group, 2005.
Nilsen, Alleen Pace, and Kenneth L. Donelson. *Literature for Today's Young Adults.* New York: HarperCollins Publishers, 1993.
Reynolds, Kimberley, ed. *Modern Children's Literature: An Introduction.* New York: Palgrave MacMillan, 2005.

松本祐子（まつもと・ゆうこ） 30，37

現在　聖学院大学教授，児童文学作家

著書『リューンノールの庭』小峰書店，2002年
『イギリス・アメリカ児童文学ガイド』（共著）2003年
『読書する女性たち』（共著）彩流社，2006年
『８分音符のプレリュード』小峰書店，2008年
『カメレオンを飼いたい！』小峰書店，2011年

水間千恵（みずま・ちえ） 32，35，53

現在　白百合女子大学教授

著書『世界児童文学百科　現代編』（共著）原書房，2005年
『「もの」から読み解く世界児童文学事典』（共著）原書房，2009年
『女になった海賊と大人にならない子どもたち――ロビンソン変形譚のゆくえ』玉川大学出版部，2009年

訳書　ドディ・スミス『真夜中の子ネコ』文溪堂，2008年
トニー・ディテルリッジ『ケニー＆ドラゴン――伝説の竜退治』文溪堂，2009年

横田順子（よこた・じゅんこ） 6，34，55

現在　青山学院大学非常勤講師

著書『英米児童文学の宇宙――子どもの本への道しるべ』（共著）ミネルヴァ書房，2002年
『英国児童文学の黄金時代――子どもの本の万華鏡』（共著）ミネルヴァ書房，2005年
『英米児童文学のベストセラー40――心に残る名作』（共著）ミネルヴァ書房，2009年

夏目康子（なつめ・やすこ） 23，43

現在　津田塾大学講師

著書　『マザーグースと絵本の世界』岩崎美術社，1999年

『英米児童文学ガイド――作品と理論』（共著）研究社出版，2001年

『不思議の国のマザーグース』柏書房，2003年

『マザーグース・コレクション100』（共著）ミネルヴァ書房，2004年

『絵本をひらく』（共著）人文書院，2006年

『マザーグースイラストレーション事典』（共編著）柊風舎，2008年

『はじめて学ぶ英米絵本史』（共著）ミネルヴァ書房，2010年

『英語圏諸国の児童文学Ⅰ――物語ジャンルと歴史』（共著）ミネルヴァ書房，2010年

『英米児童文学　作品・登場人物事典』（共著）松柏社，2012年

訳書　ヴィクター・ワトソン＆モラグ・スタイルズ編著『子どもはどのように絵本を読むのか』（共著）柏書房，2002年

ジェリー・ボウラー『図説クリスマス百科事典』（共訳）柊風舎，2007年

成瀬俊一（なるせ・しゅんいち） 10，36

現在　青山学院大学非常勤講師

著書　『英米児童文学の黄金時代』（共編著）ミネルヴァ書房，2005年

『もっと知りたい名作の世界⑨　指輪物語』（編著）ミネルヴァ書房，2007年

『英米児童文学のベストセラー40――心に残る名作』（共編著）ミネルヴァ書房，2009年

訳書　コリン・ドゥーリエ『ナルニア国フィールドガイド』（共訳）東洋書林，2006年

ジェリー・ボウラー『図説クリスマス百科事典』（共編訳）柊風舎，2007年

コリン・ドゥーリエ『トールキンとC. S. ルイス友情物語――ファンタジー誕生の軌跡』柊風舎，2011年

西村醇子（にしむら・じゅんこ） 15，51

現在　白百合女子大学兼任講師

著書　『英米児童文学の宇宙』（共著）ミネルヴァ書房，2002年

『世界児童文学百科　現代編』（共著）原書房，2005年

『子どもの本と〈食〉』（共著）玉川大学出版部，2007年

『はじめて学ぶ英米絵本史』（共著）ミネルヴァ書房，2011年

訳書　ニーナ・ボーデン『家族さがしの夏』国土社，1998年

レナード・S・マーカス『英米絵本作家7人のインタビュー』（共訳）長崎出版，2010年

堀　いづみ（ほり・いづみ） 28

現在　法政大学ほか兼任講師

著書　『C.S. ルイスの贈り物』（共著）かんよう出版，2013年

訳書　ポール・グッドマン『文学の構造』（共訳）彩流社，2003年

高橋尚子（たかはし・しょうこ）22

現在　白百合女子大学児童文化研究センター研究員

著書　『ナルニア国の秘密の扉』（共著）近代映画社，2006年

『〈都市〉のアメリカ文化学』（共著）ミネルヴァ書房，2011年

訳書　ジュリア・エクルスシェア『世界の絵本・児童文学図鑑』（共訳）柊風舎，2011年

伊達桃子（だて・ももこ）3，17，25

現在　奈良産業大学教授

著書　『英米児童文学ガイド――作品と理論』（共著）研究社出版，2001年

『英語圏の新しい児童文学――クローディアからハリー・ポッターまで』（共著）彩流社，2003年

『現代英米児童文学叢書10　フィリパ・ピアス』（共著）KTC中央出版，2004年

『英語圏諸国の児童文学Ⅰ――物語ジャンルと歴史』（共著）ミネルヴァ書房，2011年

訳書　『世界文学あらすじ大事典１～４』（共訳）図書刊行会，2005～2007年

寺本明子（てらもと・あきこ）45

現在　東京農業大学准教授

著書　『シャロンの華』（共著）笠間書院，1986年

『食品香粧学への招待』（共著）三共出版，2011年

『英語で読み解く生命科学』（共著）建帛社，2012年

内藤貴子（ないとう・たかこ）46

現在　昭和女子大学ほか非常勤講師

著書　『歴史との対話――十人の声』（共著）近代文芸社，2002年

『新・子どもの本と読書の事典』（項目執筆）ポプラ社，2003年

『子どもの本と〈食〉　物語の新しい食べ方』（共著）玉川大学出版部，2007年

『英語圏諸国の児童文学Ⅱ――テーマと課題』（共著）ミネルヴァ書房，2011年

訳書　『子どもと大人が出会う場所――本のなかの「子ども性」を探る』（共訳）柏書房，2002年

『世界文学にみる　架空地名大事典』（共訳）講談社，2002年

中垣恒太郎（なかがき・こうたろう）39，40

現在　専修大学教授

著書　『9.11とアメリカ――映画にみる現代社会と文化』（共著）鳳書房，2008年

『アメリカの旅の文学――ワンダーの世界を歩く』（共著）昭和堂，2009年

『コミックスを描く女性たち――アメリカの女性アーティストたちの100年』（共著）花書院，2009年

『マーク・トウェイン文学／文化事典』（共編著）彩流社，2010年

『マーク・トウェインと近代国家アメリカ』音羽書房鶴見書店，2012年

島　式子（しま・のりこ） 14，33

現在　甲南女子大学名誉教授

著書　『現代英米児童文学評伝叢書10　フィリパ・ピアス』（共著）KTC 中央出版，2004年
『たのしく読める英米の絵本』（共著）ミネルヴァ書房，2006年
『Voices』（編著）晃学出版，2009年
『はじめて学ぶ英米絵本史』（共著）ミネルヴァ書房，2011年
『子どもの世紀――表現された子どもと家族像』（共著）ミネルヴァ書房，2013年
『英語圏諸国の児童文学Ⅰ［改訂版］――物語ジャンルと歴史』（共著）ミネルヴァ書房，2013年
『英語圏諸国の児童文学Ⅱ――テーマと課題』（共著）ミネルヴァ書房，2011年

訳書　マージョリー・ウォレス『沈黙の闘い』（共訳）大和書房，1990年
シンシア・ヴォイト『ダイシーズ・ソング』（共訳）楡書房，1993年
ヴァジニア・ハミルトン『マイゴーストアンクル』原生林，1995年
ロイス・ローリー『カラス笛を吹いた日』BL 出版，2010年
ポール・フライッシュマン文，バグラム・イバトゥーリン絵『マッチ箱日記』（共訳）BL 出版，2013年
アンドリュー・マシューズ文，アンジェラ・バレット絵『シェイクスピア ストーリーズ』（共訳）BL出版，2015年

鈴木宏枝（すずき・ひろえ） 4，20，52

現在　神奈川大学教授

著書　『歴史との対話――十人の声』（共著）近代文芸社，2002年
『暗くなるまで夢中で読んで』（共著）原書房，2002年
『児童文学における〈ふたつの世界〉』（共著）てらいんく，2004年
『世界児童文学百科――現代編』（共編著）原書房，2005年
『子どもの本と〈食〉――物語の新しい食べ方』（共著）玉川大学出版部，2007年
『子どもの本ハンドブック』（共著）三省堂出版，2009年
『ほんとうに読みたい本が見つかった！』（共著）原書房，2009年
『マイノリティは苦しみをのりこえて――アメリカ思春期文学を読む』（共著）冬弓舎，2012年

訳書　『子どもの本を読みなおす――世界の名作ベストセレクト28』原書房，2006年
『宇宙をかきみだす――思春期文学を読みとく』（共訳）人文書院，2007年

髙田賢一（たかだ・けんいち） 11，21，38

現在　青山学院大学名誉教授

著書　『アメリカ文学のなかの子どもたち――絵本から小説まで』ミネルヴァ書房，2004年
『自然と文学のダイアローグ――都市・田園・野生』（共編著）彩流社，2004年
『越境するトポス――環境文学論序説』（共著）彩流社，2004年
『英米児童文学の黄金時代』（共編著）ミネルヴァ書房，2005年
『シリーズもっと知りたい名作の世界「若草物語」』（編著）ミネルヴァ書房，2006年
『シリーズもっと知りたい名作の世界「赤毛のアン」』（共著）ミネルヴァ書房，2008年
『〈移動〉のアメリカ文化学』（共編著）ミネルヴァ書房，2011年

川端有子（かわばた・ありこ）26，49

現在　日本女子大学教授

著書　『少女小説から世界が見える』河出書房新社，2006年

『子どもの本と〈食〉』（共著）玉川大学出版部，2007年

『ものから読み解く世界児童文学事典』（共著）原書房，2009年

『図説　英国レディの世界』（共著）河出書房新社，2010年

『ケイト・グリーナウェイ――ヴィクトリア朝を描いた挿絵画家』河出書房新社，2012年

訳書　シャーリー・フォスター＆ジュディ・シモンズ『本を読む少女たち』柏書房，2002年

マリア・ニコラエヴァ＆キャロル・スコット『絵本の力学』（共著）玉川大学出版部，2010年

神戸洋子（かんべ・ようこ）42

現在　学校法人田中学園白根幼稚園園長

著書　『保育内容シリーズ　言葉』（共編著）一藝社，2010年

『子どもの育ちと「ことば」』（共著）保育出版社，2010年

『知りたいときにすぐわかる幼稚園・保育所・児童福祉施設実習ガイド』（共著）同文書院，2011年

『英語圏諸国の児童文学Ⅰ――物語ジャンルと歴史』（共著）ミネルヴァ書房，2011年

『子育ち・子育て支援学』（共著）保育出版社，2011年

北本正章（きたもと・まさあき）Introduction 1，1，2，8

現在　青山学院大学名誉教授

著書　『子ども観の社会史――近代イギリスの共同体・社会・子ども』新曜社，1993年

『家族本40』（共著）平凡社，2001年

訳書　ジョン・R・ギリス『若者の社会史』新曜社，1985年

マイケル・アンダーソン『家族の構造・機能・感情』海鳴社，1988年

アラン・マクファーレン『再生産の歴史人類学』勁草書房，1999年

ジョン・R・ギリス『結婚観の歴史人類学』勁草書房，2006年

ジョン・ロック『子どもの教育』原書房，2011年

*笹田裕子（ささだ・ひろこ）Introduction 3・4・7，16，24，27，48

編著者紹介参照

佐々木裕里子（ささき・ゆりこ）19

現在　白百合女子大学助教

訳書　ジュリア・エクルスシェア編『世界の絵本・児童文学図鑑』（共訳）柊風舎，2011年

*白井澄子（しらい・すみこ）Introduction 2・5，7，31，47，50

編著者紹介参照

上原里佳（うえはら・りか）Introduction 6, 18

現在　聖学院大学非常勤講師

著書　『ほんとうはこんな本が読みたかった！――児童文学の「現在」セレクト57』（共著）原書房，2000年

『だから読まずにいられない――５つのキーワードで読む児童文学の「現在」新セレクト53』（共著）原書房，2000年

『暗くなるまで夢中で読んで――日本の子どもの本の「現在」セレクト62』（共著）原書房，2002年

『ほんとうに読みたい本が見つかった！――４つのキーワードで読む児童文学の「現在」セレクト56』（共著）原書房，2009年

訳書　ジェラルディン・マコックラン『海賊の息子』偕成社，2006年

鵜沢文子（うざわ・ふみこ）12

現在　白百合女子大学ほか兼任講師

著書　『読み継がれるアメリカ』（共著）南雲堂，2002年

『文学とキリスト教』（共著）青踏堂，2004年

『アメリカ文化への招待――テーマと資料で学ぶ多様なアメリカ』（共編）北星堂書店，2004年

『英語圏諸国の児童文学Ｉ――物語ジャンルと歴史』（共著）ミネルヴァ書房，2011年

『英語圏諸国の児童文学Ⅱ――テーマと課題』（共著）ミネルヴァ書房，2011年

加藤麻衣子（かとう・まいこ）29

現在　青山学院大学ほか兼任講師

著書　『英語文学事典』（共著）ミネルヴァ書房，2007年

『英語圏諸国の児童文学Ⅱ――テーマと課題』（共著）ミネルヴァ書房，2011年

金子真奈美（かねこ・まなみ）41

現在　白百合女子大学兼任講師

訳書　ジュリア・エクルスシェア（編）『世界の絵本・児童文学図鑑』（共訳）柊風舎，2011年

ピエールドメニコ・バッカラリオ「ユリシリーズ・ムーア」シリーズ（共訳）学研パブリッシング，2010～12年（筆名：佐野真奈美）

川谷弘子（かわたに・ひろこ）13

現在　中央大学兼任講師

著書　『英語圏諸国の児童文学Ⅱ　テーマと課題』（共著）ミネルヴァ書房，2011年

執筆者紹介（五十音順，＊印は編著者，執筆分担）

浅木尚実（あさぎ・なおみ）　9

現在　白鷗大学教授

著書　『日本の児童図書賞――解題付受賞作品総覧』東京子ども図書館，1982年

『子どもの本と食――物語の新しい食べ方』（共著）玉川学園出版部，2006年

『保育内容シリーズ　言葉』（共著）一藝社，2010年

『保育をめざす人の保育内容「言葉」』（共著）みらい，2012年

訳書　『まほうのかさ』（共訳）福音館書店，2001年

『子どもに語るアンデルセンのお話２』（共訳）こぐま社，2009年

安藤　聡（あんどう・さとし）　5

現在　大妻女子大学教授

著書　『ウィリアム・ゴールディング――痛みの問題』成美堂，2001年

『ファンタジーと歴史的危機――英国児童文学の黄金時代』彩流社，2003年

『ナルニア国物語　解読――Ｃ・Ｓ・ルイスが創造した世界』彩流社，2006年

『英国庭園を読む――庭をめぐる文学と文化史』彩流社，2011年

『作家と生きた女たち』（共著）金星堂，2002年

『グレアム・グリーン文学事典』（共著）彩流社，2004年

訳書　『世界児童青少年文学情報大辞典』第４～15巻（共訳）勉誠出版，2001～04年

井辻朱美（いつじ・あけみ）　44，54

現在　白百合女子大学教授

著書　『ファンタジーの魔法空間』岩波書店，2002年

『魔法のほうき』廣済堂，2003年

『ファンタジー万華鏡』研究社，2005年

『お姫さま大全』（監修）講談社，2011年

訳書　ハモンド・スカル『トールキンによる「指輪物語」の図像世界』原書房，2002年

デイヴィッド・プリングル『ファンタジー事典』（監修）東洋書林，2002年

ジェーン・チャンス『指輪の力――隠された「指輪物語」の真実』早川書房，2003年

デイヴィッド・デイ『図説トールキンの指輪物語世界――神話からファンタジーへ』原書房，2004年

ジュリア・エクルスシェア編『世界の絵本・児童文学図鑑』（監訳）2011年

編著者紹介

白 井 澄 子（しらい・すみこ）

現在　元 白百合女子大学教授

著書　『英米児童文学の宇宙』（共著）ミネルヴァ書房，2002年

『エリナー・ファージョン』KTC 中央出版，2002年

『英米児童文学百科現代編』（共著）原書房，2005年

『英米児童文学の黄金時代』（共著）ミネルヴァ書房，2005年

『ようこそ絵本の世界へ』（共著）学燈社，2006年

『シリーズもっと知りたい名作の世界　赤毛のアン』（共編著）ミネルヴァ書房，2008年

『カナダを旅する37章』（共著）明石書店，2012年

訳書　『オックスフォード世界児童文学百科』（共訳）原書房，1999年

笹 田 裕 子（ささだ・ひろこ）

現在　清泉女子大学教授

著書　『英米児童文学ガイド——作品と理論』（共著）研究社，2001年

『A・A・ミルン』（共著）KTC 中央出版，2002年

『絵本をひらく』（共著）人文書院，2006年

『英米児童文学のベストセラー40』（共著）ミネルヴァ書房，2009年

『はじめて学ぶ英米絵本史』（共著）ミネルヴァ書房，2011年

『ロアルド・ダールが英語で楽しく読める本』（共著）コスモピア，2017年

訳書　『ナルニア国フィールドガイド』（共訳）東洋書林，2006年

『図説クリスマス百科事典』（共編訳）柊風舎，2007年

『アガサ・クリスティ大事典』（共編訳）柊風舎，2010年

『図説ハロウィーン百科事典』（共訳）柊風舎，2020年

世界文化シリーズ〈別巻〉①

英米児童文化 55のキーワード

2013年3月10日　初版第1刷発行　〈検印省略〉

2021年8月20日　初版第2刷発行

定価はカバーに
表示しています

編著者　白 井 澄 子
　　　　笹 田 裕 子

発行者　杉 田 啓 三

印刷者　中 村 勝 弘

発行所　株式会社　ミネルヴァ書房

607-8494 京都市山科区日ノ岡堤谷町1

電話番号 (075)581-5191

振替口座 01020-0-8076

中村印刷・新生製本

ISBN978-4-623-06276-8

Printed in Japan